鲜卑的荣光

铁血、裂变与融合

杨军 吕净植 著

中国国际广播出版社

图书在版编目（CIP）数据

鲜卑的荣光——铁血、裂变与融合 / 杨军，吕净植著. —北京：中国国际广播出版社，2021.8
（消失的帝国）
ISBN 978-7-5078-4954-7

Ⅰ.①鲜… Ⅱ.①杨…②吕… Ⅲ.①鲜卑－民族历史－通俗读物 Ⅳ.①K289-49

中国版本图书馆CIP数据核字（2021）第164027号

鲜卑的荣光——铁血、裂变与融合

著　　者	杨　军　吕净植
责任编辑	聂俊珍
校　　对	张　娜
设　　计	GF Design Studio
出版发行	中国国际广播出版社有限公司［010-89508207（传真）］
社　　址	北京市丰台区榴乡路88号石榴中心2号楼1701 邮编：100079
印　　刷	环球东方（北京）印务有限公司
开　　本	710×1000　1/16
字　　数	190千字
印　　张	18
版　　次	2021年10月 北京第一版
印　　次	2021年10月 第一次印刷
定　　价	46.00元

目录

引 子
巍巍兴安岭：东亚文明发展的动力源

大兴安岭的苍茫林海终结了延绵八千多公里的欧亚草原。为了生存，大山把大量过剩的人口倾泻到平原地区。源于大兴安岭的民族不断走出丛林，要么朝东奔向松嫩平原的黑土地，要么向西进入蒙古草原，对草原帝国发起强劲的冲击，逼迫他们一路西逃。在这些推动历史发展的民族中，鲜卑不经意间成了第一个“吃螃蟹”者。

蜿蜒 1200 公里的大兴安岭阻断了横亘 8000 公里的欧亚北部大草原，苍茫林海取代了无垠草原，成为自然地理景观的主旋律。但是，这里却不是草原民族历史发展的边缘，而是连接草原与平原的轴心。

法国著名历史学家布罗代尔指出，山区会经常向平原地区倾泻其过剩的人口，大兴安岭也是如此。从远古时期开始，发源于大兴安岭的民族就不断从丛林中走出。他们有的向东进入东北地区的松嫩平原，沿嫩江、松花江顺流而下，征服当地的土著民族，并最终为土著民族的文化所征服，转而成为农耕民族；有的向西进入蒙古草原，构成对草原帝国的最强劲冲击，他们成功地摧毁立国于蒙古草原的游牧帝国之后，却总是步其后尘，建立起新的草原帝国。更为重要的是，他们有的沿大兴安岭东西两麓南下，最终来到游牧经济与农耕经济并存的西拉木伦河和老哈河流域，在这个草原文明与中原农耕文明的交汇地带，他们既从游牧生活中养成了强悍的性格，却也受到中原文化的强烈吸引，不由自主地走向中原地区，与汉族王朝相碰撞，与汉族文明相交融，在他们将自身融入中华文明历史发展长河的同时，也将他们的文化融入中华文明，使之成为中华文明的有机组成部分。在这些由大兴安岭南下的民族中，第一个对中国历史发展进程形成深远影响的就是鲜卑人。

发源于大兴安岭的民族周期性地走出大兴安岭，并不意味着大兴安岭是贫瘠的。正相反，这里的野生资源非常丰富。在浩瀚的绿色海洋中繁衍生息着马鹿、驯鹿、驼鹿、梅花鹿、棕熊、紫貂、野鸡、榛鸡、天鹅、雪兔、原麝等四百余种动物，源于大兴安岭的二十多条大小河流还盛产鲟鳇鱼、哲罗、细鳞、江雪鱼等珍贵冷水鱼类，优越的自然资源吸引着生活在大兴安岭里的人们长期以渔猎采集为生。

也许我们不应该武断地认为渔猎采集经济必定是落后的生产方式，但可以肯定的是，这种经济类型对自然资源的利用是非常不充分的，其所能供养的人口也是非常有限的。大兴安岭的富饶造就了大兴安岭人的执着，他们不愿意改变渔猎的生活方式。当人口增殖之后，他们不得不离开故乡，去寻找新的资源。

从大兴安岭中走出的人们并没有如愿找到像大兴安岭那样资源

目录

丰富的乐土，但他们或者从草原民族那里学会了游牧，或者从东北民族那里学会了农耕，开始了崭新的生活，迸发出全新的活力，成为中国历史舞台上光芒四射的主角。

当然，离开大兴安岭的日子也不会总是一帆风顺。远离故乡、面对陌生环境的人们经常遇到各种困难，甚至在生存竞争中被其他民族打败，不得不重新撤回大兴安岭。这时他们会发现，大兴安岭不仅是他们的故乡，也是他们的避难地。他们可以在敌人不熟悉、不敢进入的茫茫林海中休养生息，并寻找时机再一次投入山林外面的竞争。当东胡人被发源于阴山的匈奴人打败之后，其中一支避居于大兴安岭中的鲜卑山，他们就是后来鲜卑人的祖先。

由于经历长久的风雨侵蚀，大兴安岭的山体大多是浑圆的，并不险峻，既不能抵挡来自西伯利亚的寒流，也不能阻遏游牧民族的扩张，习惯于马背上生活的人们可以轻松地骑在马上穿越大兴安岭。众多民族的进进出出，使得大兴安岭成为连接东北平原与蒙古草原的桥梁，草原对平原的辐射与平原对草原的影响，都是以山区为媒介完成的。在中国北方民族文化共同性的形成过程中，大兴安岭发挥着不可替代的作用，只不过这种作用长久以来一直为我们所忽视。

发源于大兴安岭的民族的迁出和迁入，构成原本封闭的山区与外界的交流，使山区的生活也发生了缓慢的变化。但总体来说，山区的生活就如同大山本身一样，是呈静止状态的。山区的生活、山区的文化甚至可以千百年不变。文化的传播可以在横向上轻易地穿越数百公里的区域，但是在纵向上，却对几百米的高山无能为力。

习惯山外精彩生活的人们无法再适应山区生活的沉寂，对于从大兴安岭走出去的人们来说，故乡是他们魂牵梦系的地方，却也是他们无法回归的地方。

与鲜卑人一道由大兴安岭中迁出的乌桓人一直保持着这样的风俗，在家中饲养一条肥大的猎犬，当有人去世的时候，用它来殉葬。在乌桓人的观念中，这条猎犬可以给亡人的灵魂带路，回到他们的故乡——位于大兴安岭群峰中的赤山。但是他们自己却从未动过回乡的念头，以至于早已忘记了回乡的路。

鲜卑人又何尝不是如此！

当拓跋鲜卑雄踞北方，建立北魏之后，他们已经不知道自己祖先的发源地大鲜卑山在什么地方了。当生活在大兴安岭的乌洛侯人来向北魏朝贡，并告诉拓跋人，在他们的居住地附近有拓跋鲜卑祖先居住的石室时，北魏的王室也就信以为真了，并派人前往祭祀。

沉寂的山区往往为历史所忽略，但是，周期性地自山区走出的人们却在改变着人类历史的进程，使人们将目光再一次转向山区。

自东汉开始的中国历史上最漫长的寒冷期，不仅造成中原地区自然灾害频繁，农业经济衰败，使东汉王朝国力下降，同时也对蒙古草原的草场造成了破坏作用。日趋寒冷的北方变得越来越不适宜居住，游牧民族或是西迁，或是南下。为寒冷的气候所逼迫，生活在大兴安岭中的人们也开始了缓慢的南下进程。

在这场规模宏大的民族迁徙浪潮中，一群原本生活在鲜卑山的人们也离开了这片他们栖息了二百多年的故土，沿大兴安岭山麓南下。由于他们来自鲜卑山，被其他民族称为鲜卑人，渐渐地，他们也自称为鲜卑人了，一个新的民族在形成。

3世纪，鲜卑人在其杰出首领檀石槐的领导下迅速崛起，在此后的三个世纪里，鲜卑人一直在中国北部的历史发展中发挥着主导作用，其声名传遍亚洲大半地区。但是，即使在北魏王朝强盛的时期，鲜卑人也说不清本民族的早期历史。记忆历史对于没有文字的民族来说毕竟是太困难的事情。

唐以后，失去自己政权的鲜卑人渐渐与其他民族相融合，不论是在中原地区，还是在中亚、蒙古草原，鲜卑人作为一个独立的民族都已经不复存在，有关他们的历史与传说就更加不为人所知了。

经过几代历史学家的努力，直到现在我们才能够串起历史文献中的残篇断简，结合考古学新发现的蛛丝马迹，勾勒出这段已经尘封千年的历史，来打开鲜卑人久已忘却的记忆。

第一章

兴安岭的第一个主人：被称为“东胡”的人们

东胡人大概是第一批走出兴安岭的人，老哈河流域成了他们的乐土。在这里，他们被自己的真诚击败，被燕国“好朋友”痛击。他们并没有退回大山，也没有反击。不是因为对付不了燕北长城，而是他们发现了一片更加诱人的地方——蒙古草原。在那里，有更伟大的对手在等着他们，那就是——匈奴。

关于鲜卑人的起源，历史学家有着不同的解释，基本可以达成共识的是，鲜卑人源于另一个古老的民族——东胡。但有的历史学家认为，鲜卑人是东胡族的主流，而另一些历史学家则认为鲜卑人是东胡族的支脉，对于分合非常随意的草原民族来说，这恐怕是永远也说不清楚的话题。只是在东胡受到匈奴人的打击衰落下去以后，鲜卑族才作为一个独立民族发展起来。

一、秦开与长城：东胡与匈奴第一次亲密接触的原动力

在蒙古草原的东部边缘地带，春秋时期散布着林胡、令支、山戎、屠何等部族，与匈奴人一样，他们也都是马背上的民族，以游牧为生。中原地区最北部的诸侯国燕国，自春秋时起，就成为他们劫掠的对象，以至春秋五霸之首的齐桓公不得不出兵帮助燕国对付这些来自北方的敌人。由于这些抢夺者以骑兵为主，来去如风，中原诸华夏国称他们为“骑寇”。

虽然中原的史书都盛赞齐桓公的胜利，但从“老马识途”的故事中我们可以猜想到，中原农耕民族的部队在进入北方草原与沙漠地区作战时，面对异常陌生的自然环境，其付出的代价必然是高昂的。

齐国再也没有组织进入草原的远征，但面对来自齐国的威胁，草原民族也在寻求新的对策。那次战争以后，这些原本各自为战的部族团结起来，结成一个更大规模的族群。与此同时，在他们居住地的西方，内蒙古草原的阴山一带，匈奴族也正在兴起，许多弱小的草原民族纷纷加入匈奴人的队伍中，在匈奴人的旗帜下进行着统一草原的战争，并向中原北部的秦、赵、燕等国发动进攻。中原人本称匈奴人为“胡”，遂将这个位于匈奴人东方的新兴起的强大族

群称为“东胡”。

东胡活动的地域主要是在今天的辽宁省西部至内蒙古自治区中部，从西拉木伦河、老哈河流域到燕山南北。向东，其势力可能曾经达到渤海湾沿岸，向西，以今内蒙古的达赉诺尔湖与匈奴人为界。达赉诺尔古称“大泽”，按《山海经》的记载，中原人是将大泽以东的族群统称为东胡的，至于他们是否真的是一个民族就很难说了。

自春秋时期开始，贯穿夏、商、西周三代的中国历史、持续时间最长的温暖湿润气候期结束了，中国北方特别是蒙古草原的边缘地带变得越来越寒冷而干旱，西拉木伦河、老哈河流域曾经繁盛的农耕经济逐渐萎缩，村庄被废弃，成为东胡人驻牧的地方。燕国的东北疆域开始受到来自东胡的威胁。

从当地发现的燕国青铜器来看，作为西周封国，燕国的势力早已进入辽宁西部的喀左、建平一带。建平牛河梁红山文化遗址表明，这一带早在五千年以前就已经步入文明时代。在商末周初，这里存在着比较发达的农耕经济，某些地区发现的古村落遗址的密度甚至超过了今天的村落密度。与中原地区相同的、以农耕为主要经济类型和相近的文化，是吸引燕国向东北开拓的最主要原因。其实大自然的细微变动正在破坏燕国开拓东北的基础，只不过燕人并没有意识到这一点。

燕人虽然不理解自然环境变迁对人类社会的意义，但是他们却深深地体会到来自东胡的军事压力，自然环境变迁导致的农耕经济与游牧经济的此消彼长，增强着东胡的实力。

在“战国七雄”中，燕国是实力较弱的一方。其所处的地理位置又较偏，南向发展首先遇到来自强大齐国的阻挡。在姬哙为燕王时曾经把王位禅让给重臣子之，太子姬平与子之争夺王位，燕国大乱，齐国乘机伐燕，使燕国受到沉重的打击。在赵国的扶持下，燕公子职得以即位，这就是燕昭王。

燕昭王即位以后，面对残破的燕国，不得不将恢复国力作为第一要务，此时的燕国最需要的是和平的外部环境，已经被内忧外患折磨得千疮百孔的燕国再也承受不起战争了。面对不断侵扰燕国北部边界的东胡人，燕昭王采取了妥协政策。燕国与东胡讲和、结盟，并派出大将秦开去东胡做人质。

关于秦开的身世与经历史书中记载不详，只是称他为燕国的大将，陪伴荆轲去行刺秦始皇的秦舞阳就是他的孙子，由此猜测，秦氏可能是燕国的将门，并有可能是一个武术世家。派出这样一位将军去东胡做人质，燕昭王的目的是非常明显的，他要派一位将军去了解东胡人的军事情况，这位将军还要精通武艺，以便在危难时脱身。显然，燕昭王在与东胡讲和结盟的时候，就在盘算着如何击破东胡。

豪爽质朴的东胡人没有识破燕昭王的阴谋，他们真心地相信：与燕国之间已经是盟友关系了，他们将一起对付共同的敌人，彼此间不会再发生战争。

秦开在东胡受到了热情款待，成为东胡人的朋友，他逐渐了解了东胡人的一切，也包括东胡人在军事方面的弱点。在与东胡人把酒言欢的同时，秦开的心中开始逐渐形成打败东胡人的作战方案。大约在公元前 290 年，秦开逃回燕国，并被燕昭王任命为主帅，率部队向东胡人发起进攻。措手不及的东胡人被这位朝夕相处的“老朋友”打败，不得不远远地向北方退去。

草原民族经常受到类似的欺骗，可是当他们报复的时候，所有史书记载就都开始诅咒他们的残忍。

史书记载称，东胡人在战败之后，向北退却了千余里。从距离上看，东胡人是离开了他们生活数百年的西拉木伦河、老哈河流域，退向蒙古草原边缘的大兴安岭南麓。他们在向大山寻求保护。燕军也没有再向北追击，面对完全陌生的环境，他们不得不停下脚步。燕国与东胡开始了另一种对峙。

北向发展并不是燕国的目的。作为战国七雄之一，燕国与其他六国一样，也在积极谋求逐鹿中原、统一中国。打败北方的劲敌，廓清北疆，不过是为其南下争霸所做的准备工作。可是，东胡虽然战败北迁，燕国却未能实现使其灭亡的目的，在燕国的北疆，劲敌仍旧存在，随时可能东山再起。为避免首尾受敌、两线作战，燕国在北方修建长城，建立起牢固的军事防线，历史学家与考古学家将这段长城称为“燕北长城”。

燕北长城沿燕国在北方新设的上谷、渔阳等五郡的北部边缘修建，西起上谷郡的造阳（今河北独石口以北、滦河上游闪电河一带），向东进入今内蒙古，经多伦旗南，进入河北省丰宁县之北，东经围场，在群山中穿过内蒙古喀喇沁旗东行，越过内蒙古赤峰南境的美丽河，到达辽宁省建平县北境，再经内蒙古敖汉旗中部到达宝国吐乡，向东进入辽宁省北票市境内，越过牛河，进入辽宁阜新，一直延伸到鸡冠山。这段燕北长城的遗址目前尚断断续续地保存下来三百多公里。由阜新向东北，燕北长城经辽宁省的彰武、法库进入吉林省的梨树县境内，然后折向东南，经辽宁宽甸，越鸭绿江进入朝鲜半岛。燕北长城不仅包括蜿蜒不绝的石筑或土筑城墙，还包括一系列规模较大的卫城、规模稍小的障城，以及直径在 10 米至 40 米不等的烽火台。在内蒙古敖汉旗，考古工作者曾发现一处残高 2.5 米的烽火台。城墙、卫城、障城与烽火台，构成针对东胡骑兵的立体防御体系，固守着长城以内的地域。

只有视土地为生命线的农耕民族才会有如此重视守土的军事设施。

燕北长城的实际效用如何已不得而知，但此后中原史书的记载中绝少提到东胡的名字，一直到其与匈奴人之间的那一场灾难性的战争。燕国与东胡隔着一道长城对峙着，但是，燕国没有再受到来自东胡的大规模进攻的真正原因似乎并不在于长城。

对于游牧民族来说，他们需要不断地为其牲畜寻找草场，水草丰美的地方就是他们的家园。他们永远也不会将自己与畜群限制在围墙之内。道理很简单，不论多么美丽的地方，当他们的畜群吃光了草原的时候，他们也不得不弃之而去。游牧人永远也不能理解用围墙圈起一片土地供自家耕种的生活方式，虽然与农耕民族相同，游牧民族也依赖土地谋生，但两者对土地与资源的理解却截然不同。游牧民族蔑视修筑长城的防御方式，如果他们愿意，在长达数千里的防线上，他们总可以找到一个防守薄弱的突破口进入长城，施展骑兵的优势，任意劫掠，如同进入羊圈的狼。

当东胡受到秦开的攻击向北方退却后，水草丰美的西拉木伦河、老哈河流域确实是他们十分怀念的地方，但东胡人没有再次发动对燕国的大规模进攻以夺回西拉木伦河与老哈河流域，不是因为他们对付不了燕北长城，而是他们发现了一片比西拉木伦河和老哈河流域更加诱人的地方，这就是蒙古草原。

自大兴安岭西行，是一望无际的大草原，游牧人的车队可以毫无阻碍地前行，一直进入欧洲的俄罗斯草原。事实上，这也正是匈奴人后来的西迁之路。这片地球上面积最大的草原，对所有的游牧民族都充满了诱惑，在 13 世纪蒙古族最终成为这片大草原的主人以前，这里曾经是无数个游牧民族栖息的地方。充满变化与挑战的大草原最能激发游牧民族的创造力，他们一个接一个地在这方沃土上建立起自己的草原帝国。

受到燕国的打击后，北迁的东胡人意外地发现，阴山以北的蒙古草原是比西拉木伦河、老哈河流域更适宜他们的游牧生活的地方，于是，东胡人不再与燕国进行无谓的军事斗争，转而西向发展。

经过半个多世纪的发展后，东胡人占据了蒙古草原的东部，成为草原上一支不可忽视的力量。模仿中原华夏族的统治模式，东胡人也在构建自己的国家——史书记载中出现了“东胡王”。东胡人的国家包括哪些机构，其地方统治方式如何？我们今天都已经无从得知。东胡人没有文字，没有留下关于本族历史的任何记载，由于中原各国都将注意力放在统一中国的战争上，没有人关注遥远的蒙古草原上的事情，所以中原史书中也没有留下关于东胡人国家的记载，而这一切又都是无法用考古资料来证明的。但可以肯定的是，东胡是第一个试图构建草原帝国的游牧民族，第一个成功地建立草原帝国的民族——匈奴的崛起远在其之后。

东胡人西向发展，不再进攻燕国，燕国却也无力北拓，两者隔长城对峙，呈现出一种互不接触的和平状态。

就在东胡人开始称雄蒙古草原的时候，秦国崛起于中国的西部，一次又一次打败山东六国，并吞六国的趋势已经越来越明显。燕国也受到来自西方秦国的攻击，自顾不暇，因此无力北拓。

燕国无法在战场上抵挡秦军的进攻，为了挽救灭亡的命运，燕太子丹于公元前 227 年派荆轲赴秦国行刺秦始皇，同行的还有打败东胡的燕国名将秦开的孙子秦舞阳。在觐见始皇时，秦舞阳面露怯色，引起秦人的怀疑，他们只允许荆轲独自一人上殿。图穷匕见，荆轲追杀始皇，但因无人相助，行刺未能成功。荆轲与秦舞阳双双被杀。被激怒的秦始皇立即将燕国作为主要攻打的对象。燕国无力抵挡蜂拥而来的秦军，燕王僖与太子丹率领部分燕国的精兵撤退到辽东郡（今辽宁省东部地区）。为躲避秦人的追杀，太子丹隐藏于衍水河畔，后人为了纪念他，将衍水称为太子河。这就是今天辽宁省东部、辽河支流的太子河。

秦国东进占领了上谷、渔阳及右北平等郡，东胡人的故乡西拉木伦河与老哈河流域，便落入秦军的控制之中。

但气候变化对这一地区的影响也更为显著地表现出来——作为农耕经济与游牧经济的过渡地带，这里的自然条件已经越来越难以支持农耕经济的发展了。虽然燕、秦直至西汉，中原王朝一直依靠武力占据着西拉木伦河与老哈河流域，但这里的农耕经济却未得到发展，而是在逐渐衰退，这一地区的游牧化已经是不可逆转的了。至公元 1 世纪，东胡人的后裔鲜卑人与乌桓人重新回到这里，不仅仅是政治、军事斗争的结果，也是自然之手对人类历史发展进程暗中干预的结果。

离开西拉木伦河与老哈河流域的东胡人再也没有回到这片他们世代栖息了数百年的故土。面对中原的一系列变故，东胡人没有出兵参战，也没有试图夺回家园，他们紧张地注视着一个正兴起于蒙古草原中部的民族：匈奴。

二、退守鲜卑山：一次并不成功的西进

公元前 3 世纪，在这个东亚大地悸动的时代里，秦始皇于公元前 221 年结束了诸侯割据混战的局面，统一了中国。与此同时，北方蒙古草原上，匈奴族的英雄冒顿单于也在进行着统一草原的努力。

匈奴，这个发源于阴山的游牧民族，从很早以前就开始南向牧马进入河套地区，并依靠这里优越的自然条件迅速发展，成为中原各诸侯国的劲敌。为了防御匈奴人的进袭，中原北部地区的秦、赵、燕三国都纷纷修筑长城。秦始皇统一中国之后，增筑长城，使原来三国修筑的长城首尾相接，形成闻名世界的万里长城。

由于相信“亡秦者胡”的谶言，秦始皇派名将蒙恬北伐匈奴，企图在自己有生之年消灭秦朝未来可能遇到的敌手。蒙恬虽然获得了一定胜利，从匈奴手中夺回了河套地区，但却远未能灭亡匈奴。匈奴人北迁蒙古草原，但其实力仍在。冒顿单于就是在这样的背景下走上了历史舞台。

冒顿单于是匈奴头曼单于的长子，很早就被确定为单于的继承人。后来头曼单于产生废长立幼之心，便将冒顿送往与匈奴处于敌对状态的月氏部落做人质，而后却发兵攻打月氏，希望借月氏人之手杀掉冒顿。冒顿识破了父亲的用心，夺得一匹良马，从月氏部落拼死逃回。无可奈何的头曼单于为安慰冒顿，调派一万名骑兵归他指挥。冒顿暗中为自己打造了一支鸣镝（响箭），命令手下的士兵，鸣镝射向哪里，所有人就必须立即向同一目标射箭，凡是没有追随鸣镝发射的士兵都要被处死。后来，当冒顿用鸣镝射杀头曼单于的宝马时，所有士兵也都跟着一起射击，宝马立即被射成了刺猬。冒顿知道自己的计划可以实现了，他最终将鸣镝射向了父亲的爱妾——那个想害死自己的女人，然后又将鸣镝射向了他的父亲。结果是不言而喻的，冒顿用这种方式杀死了父亲与继母，成为匈奴人新的单于。

在被蒙恬率领的秦兵逼退到蒙古草原以后，匈奴人无时无刻不在怀念着自然条件更为优越的河套地区，在匈奴权贵看来，头曼单于的软弱是造成失败的重要原因，现在需要一位铁腕单于率领他们纵横草原，打败秦军。冒顿以这种方式杀死自己的父亲后，匈奴的权贵觉得他正是期望中的人物，于是拥立冒顿为新单于。

东胡人也一直在关注着匈奴的这一切变化，匈奴的北撤不能不引起他们的警觉，草原毕竟是有限的，不夺取邻人的疆域，发展是不可能的。东胡人既然希望西向发展，占据原来属于匈奴人的牧地，自然要警惕北撤的匈奴人在草原上发展，将进攻的矛头指向自己。当得知冒顿杀父自立的消息后，东胡人更是惊疑不定，他们猜不出，这位新单于会以何种方式对待相邻的其他游牧民族。

头曼单于的行动计划是足以令东胡人感到放心的，因为他将进攻的矛头指向了西方的月氏，当匈奴人与月氏人处于战争状态时，他们是不可能再向东方的东胡人发动进攻的。但很快，月氏人被匈奴人打败，开始向伊犁河流域西迁，渐渐地离开了蒙古草原的中心，开始了面向中亚的发展，不再关心草原上的事务。以至于若干年以后，当汉武帝派张骞出使西域，要求与月氏人联合进攻他们的宿敌匈奴人时，他们也婉言谢绝了。

月氏人西迁以后，有实力称霸蒙古草原的民族只有匈奴和东胡。冒顿单于面对的最大对手就是东胡。东胡人也意识到了这一点，于是他们对这位新即位的单于发出了试探。东胡王遣使匈奴，向冒顿单于求头曼单于留下的一匹千里马。

冒顿单于召集大臣们商议如何应对东胡王的请求。匈奴的权贵都觉得不应该答应，因为这匹千里马是闻名蒙古草原的宝马，游牧的人们有哪一个不喜爱宝马呢？又有哪一个肯把自己的宝马轻易送人呢？要知道，在草原上，宝马可是身份与地位的象征。冒顿单于不高兴地说：“为了交好邻国，我们怎么能爱惜一匹马呢！”他很爽快地答应了东胡王的请求，将宝马交给东胡的使者带回。所有的匈奴权贵都为之目瞪口呆，很多人都猜测冒顿单于可能是比他父亲头曼单于还要软弱的人，大家开始为匈奴的前途与命运担忧。

东胡王同样也觉得冒顿单于是一个软弱可欺的人，为了进一步证实自己的判断，他再次派出使者，这次是请求冒顿单于将爱妾送给自己。听到这个消息后，所有匈奴的权贵人物都感到气愤，这简直是对匈奴人的侮辱，他们纷纷要求与东胡作战。可是冒顿单于却说：“我们怎么能为了一个女人而与邻国失和呢？”他将自己最喜爱的阏氏送给了东胡王。匈奴的权贵几乎不敢相信这是真的。

东胡王也觉得十分意外，但也非常惊喜，他肯定匈奴新单于是非常怯懦的人，这正是东胡称雄草原的良机。东胡王开始了对匈奴牧地的蚕食。

他再次遣使匈奴，对冒顿单于说：“我们的牧地之间有瓯脱之地千余里，这本来不属于任何一方，只是用来划定我们驻牧地分界线的空地。反正匈奴人也不到这里来放牧，就把这片土地给我们东胡人吧。”冒顿单于召集大臣们讨论是否应该答应东胡王的请求，鉴于前两次冒顿的态度，有的大臣说："反正我们也不去那里驻牧，就给东胡人吧，无所谓的事情。"想不到这一次冒顿单于却勃然大怒，呵斥道："土地是国家的根本，怎么能随便给人呢！"接着他下令处死了所有主张让地的大臣，命令匈奴国内凡是可以上马作战的人立即集合，全力向东胡发动袭击。

从来没有人怀疑过司马迁在《史记》中记载下来的关于冒顿单于发兵东胡的这则传说的真实性，但是，冒顿单于对土地的重视，却完全不像是一位游牧民族的领袖，而更像一位中原农耕国家的君主。在后世，我们也很难发现哪位游牧民族的领袖以保卫土地作为对外战争的号召，这种口号对于游牧民来说，远不如劫掠更具有鼓动力。我们有理由怀疑，上述传说经过了中原史家的处理与润色，被打上了农耕文化的印记。但不管怎么说，匈奴人与东胡人之间肯定爆发了一次大规模的战争。战争的起因不难推测，像秦始皇统一中原地区一样，冒顿单于也要统一蒙古草原，征服东胡人是其统一草原战争的组成部分，只不过冒顿单于需要制造出一个进攻东胡人的冠冕堂皇的借口罢了。

没有任何准备的东胡人被冒顿单于一举击溃，分部向东方退却。大兴安岭再次成为他们抵挡外敌的屏障。

一部分东胡人撤退到大兴安岭里的鲜卑山，另一部分东胡人退到大兴安岭里的乌桓山，周边的民族按他们居住地的山名，将前者称为鲜卑人，将后者称为乌桓人，渐渐地，他们也就称自己为鲜卑人和乌桓人了。

在鲜卑山的周围，一个后来对中国历史发生重大影响的民族——鲜卑族在慢慢地形成，但在两千多年后的今天，历史学家们却说不清楚，如此重要的鲜卑山究竟在什么位置。马长寿先生认为鲜卑山应当在洮儿河以南，或者我们可以笼统地认为，是在大兴安岭南麓；张博泉先生却认为，鲜卑山可能在外兴安岭。两位名学者的观点南北相差近千里。在米文平发现大兴安岭嘎仙洞的刻石之后，更多的学者倾向于认为：位于大兴安岭北麓嘎仙洞所在的山地就是鲜卑山。

鲜卑人自公元前 3 世纪末被匈奴人击溃，退到鲜卑山，至公元 1 世纪自鲜卑山南迁进入蒙古草原，以及西拉木伦河与老哈河流域的故地，二百多年中，他们一直默默地生活在鲜卑山一带，休养生息，在中原的史书中找不到关于他们的任何记载。由当时的形势推测，估计鲜卑人是隶属于匈奴帝国的，是匈奴人统治下的民族。作为被匈奴人征服的民族，他们要向匈奴帝国提供贡赋与劳役，但是，匈奴人并不干涉他们的内部事务，鲜卑人仍旧处于自己首领的管理之下。从蒙古草原撤回大兴安岭，使鲜卑人的游牧经济受到一定的冲击，在苍茫林海中，他们重操远祖的渔猎旧业，捕鱼、打猎、采集野果成为他们主要的谋生手段，无论是畜牧业还是粗放的原始农业都退居次要地位。经济类型的变化无疑限制了鲜卑族人口的增长，这也是鲜卑人在二百年中发展比较缓慢的原因之一。大兴安岭中沉寂的生活逐渐抹去了鲜卑人对东胡先世、对西拉木伦河与老哈河流域，以及对草原、游牧、农耕的记忆。从渔猎经济中，从大兴安岭的山地文明中，他们缓慢地发展出自己的文化，包括自己的语言。

有人认为，“鲜卑”“西伯”“锡伯”都是对同一少数民族语词的不同汉字译写，今天的锡伯族，就是鲜卑人的后裔，所谓“西伯利亚”，就是鲜卑人的地方。但口耳相传的历史千载之后究竟是否可靠，谁也不敢轻下断语。

在鲜卑人撤入大兴安岭的群山之后，匈奴人在冒顿单于的领导下迎来了他们最辉煌的时代，匈奴帝国控制了东起大兴安岭、西达中亚、北及贝加尔湖、南与西汉帝国接壤的大片领土，他们也乘中原秦汉改朝换代之际，重新夺回了河套地区。西汉王朝的建立者刘邦曾挥师北上，欲与匈奴人一决雌雄，却被冒顿单于的骑兵围困在白登山，最终依靠谋士的诡计才得以脱身。西汉王朝无力抵挡匈奴人的进攻，不得不卑辞厚币以求“和亲”。直到汉武帝即位以后，依靠文帝、景帝积累起来的国库中的巨额财富，才再次在战场上与匈奴人一决高低。西汉帝国与匈奴帝国间的这次战争持续了几十年。为从侧翼对匈奴帝国构成包抄，汉武帝派张骞出使西域，去联络匈奴人的宿敌大月氏，并将西域各国置于自己的统治之下，向东则进入辽东、吉林一带。可以说，两大帝国的对决牵动了整个东亚世界。在经历几十年的较量之后，战争以匈奴帝国的失败而告终，但西汉王朝也由盛转衰。

在西汉帝国与匈奴帝国的战争中，由东胡余部发展形成的乌桓人显然比较活跃，他们乘机摆脱匈奴人的控制，南迁居住于汉王朝的沿边塞外，依赖于汉王朝的保护，逃避匈奴人的追击，同时也配合汉王朝进攻匈奴帝国。有一次，他们甚至出兵掘了匈奴单于的坟墓。但在这草原上闹得天翻地覆的时代里，鲜卑人却一直默默无闻，似乎并未借机向匈奴人复仇，似乎他们跟周边的其他民族没有任何接触。这一时期的鲜卑人给我们留下的印象是孤寂的、保守的、不思进取的。很难想象，这样一个民族后来会成为蒙古草原的主人，并建立北朝，成为中国历史上第一个统治黄河流域的北方民族。

西汉王朝对匈奴的打击使匈奴帝国实力大减，其对鲜卑人的控制力因此受到削弱，乌桓人的南迁也为生活在乌桓人北方的鲜卑人提供了进一步发展的空间，于是，鲜卑族步乌桓的后尘，走上了南下的道路。只不过鲜卑各部没有一个统一的领袖，南迁是分散地、和平地进行的，因而没有引起过多的关注。

走出鲜卑山，对鲜卑人最大的影响在于，受山区制约的游牧业迅速发展起来，鲜卑人不再以渔猎为主要的谋生手段。远距离的放牧与迁徙，增强了鲜卑人的机动性，无疑也提高了其军事实力，更重要的是，鲜卑人摆脱了渔猎经济对其人口增殖的束缚，人口迅速膨胀，在冷兵器时代，人口的增长无疑意味着军事实力的增强。

虽然可以肯定，在南下占据乌桓故地以后，鲜卑人的实力明显增强，但是在史书中我们找不到他们与其他民族发生战争的记载，看来，鲜卑人很好地处理了与周边民族的关系，在和平中一点一滴地积聚着力量，直到他们取代匈奴人成为蒙古草原的主人。

公元1世纪，在与东汉王朝的战争中失利的匈奴人踏上了西迁之路，鲜卑各部开始乘机进入蒙古草原，没有西迁的匈奴人还有十多万家，可能超过五十万人，他们都加入鲜卑人的队伍中，把自己称为鲜卑人，从此与鲜卑人一起行动，这使得鲜卑人的实力陡增。但是这部分匈奴人并不是最早加入鲜卑人的异族，可以说，自鲜卑人离开鲜卑山南迁之后，他们就在不断地与其他游牧民族进行着复杂的民族融合。在此过程中，甚至有一些白种人的部族也加入鲜卑人的行列之中，自称是鲜卑人，与来自鲜卑山的鲜卑人通婚，使得鲜卑人开始具有某些白种人的相貌特征。

三、赤髯碧眼老鲜卑：具有白种人特征的“炎黄子孙”

关于鲜卑人的人种问题，学术界比较一致的看法是，鲜卑人属于蒙古人种。在北方民族的族系划分中，鲜卑人与蒙古人同属于东胡族系，他们不仅属于同一人种，而且语言、文化方面也非常接近。可是，我们在史籍中却发现一些另类的记载。

唐代诗人张籍的《永嘉行》开篇即是：

> 黄头鲜卑入洛阳，胡儿执戟升明堂。
> 晋家天子作降虏，公卿奔走如牛羊。

这首诗咏的是西晋灭亡的史事，这正是鲜卑族走向强盛的时代。诗中称鲜卑为“黄头”，也就是黄头发，显然，在唐代诗人的心目中，金发是鲜卑人的相貌特征之一。

无独有偶，唐代著名画家、最擅长画马的韩干，在一幅画作中描绘了鲜卑人的形象。这幅画虽然在宋代以后就已经失传了，但宋代大诗人苏东坡在观赏这幅画时所作的一首诗《书韩干二马》，却保存在苏东坡的文集中：

赤髯碧眼老鲜卑，回策如萦独善骑。
赭白紫骝俱绝世，马中岳湛有妍姿。

显然，在韩干的名画中，鲜卑人的形象是“赤髯碧眼”，也就是说，画家心目中的鲜卑人相貌特征是金发碧眼。

从这些文学和艺术作品中我们可以发现，唐代社会普遍将黄须碧眼看成是鲜卑人的相貌特征。隋唐两代是继鲜卑人建立的北朝之后崛起的王朝，在唐代，黄河流域的鲜卑人还没有完全融入汉族之中，还在一定程度上保存着本民族的风俗文化，可以说，鲜卑人是唐人非常熟悉的一个少数民族。中原汉族对鲜卑人非常了解，对于其相貌特征及风俗文化，唐人是不会搞错的。唐朝人认为鲜卑人的相貌特征是金发碧眼，这不能不引起我们的思考。

如果将注意力移到唐朝以前，我们还可以发现一些鲜卑人具有白种人相貌特征的蛛丝马迹。

《世说新语》中记载，王敦骂晋明帝是“黄须鲜卑奴”“黄头鲜卑奴”，书中还解释说，这是因为晋明帝的相貌特征是“黄须”，也就是金色的胡须。一般而言，人的胡子与头发颜色是相同的，可见，晋明帝应该是一个金发男子。对晋明帝这种奇怪的相貌，史书中也做出了解释，说：“帝所生母荀氏，燕国人，故貌类焉。”“五胡十六国”时期所有的燕国，都是鲜卑人建立的，所谓“燕国人”，就是鲜卑人的另一种表达而已。晋明帝因为生母荀氏是鲜卑人，因而具有了金发的相貌特征。《晋书》的记载说得更为直接：“帝状类外氏，须黄”，明确指出晋明帝黄胡子的长相与其外祖父家相同，也就是与鲜卑人相同。由此推测，在南北朝时期，中原汉人已经将金发碧眼视为鲜卑人的相貌特征。我们似乎可以肯定，鲜卑人属于白种人。

但是，问题远不是如此简单。鲜卑人源自东胡，对此史书记载言之凿凿，可是没有任何记载可以证明东胡人属于白种人。当代考古学家对此问题的研究得出的结论正相反，可以肯定，东胡人是黄种人。学术界一般认为，夏家店上层文化属于东胡族的考古学文化，朱泓教授对夏家店上层文化的颅骨进行研究后得出的结论是：

> 夏家店上层文化居民的基本体质特征属于亚洲蒙古人种的东亚类型，但在个别因素上又混入了某种程度的北亚类型因素。因此，该文化居民的种族类型可概括为：以东亚类型成分为主导地位的东亚、北亚蒙古人种的混血类型。

东胡人为黄种人已成定论，我们可以肯定，鲜卑人本来与东胡人一样，也属于黄色人种，只不过在其后来迁徙与发展的过程中融入了某些白种人的血液。那么，这些白种人的部族是何时何地通过何种方式加入鲜卑人之中的呢？我们需要到匈奴人的历史中去寻找问题的答案。

《史记》与《汉书》都记载着，被冒顿单于征服的民族之中包括丁零人。现在学者多认为，丁零人的后裔发展为铁勒，由铁勒又发展为回鹘（回纥），而回鹘人就是今天维吾尔族的祖先。如果我们从后裔的种族成分去推测其祖先的种族成分的话，自然可以得出丁零人也属于白种人的结论。考古学的发现也支持这种猜测，在漠北草原上一些被认为是丁零人的墓葬中，俄罗斯考古学家发现了粘连在面具上的黄色胡须。学者们基本可以肯定，丁零人原是白种人，自公元前 2 世纪以后，才逐渐混入了部分蒙古人种的血统。

丁零人的居住地在今贝加尔湖附近，在被冒顿单于征服以后，有部分丁零人逐渐南迁进入蒙古草原的中部地区。投降匈奴的汉人卫律就曾被封为丁零王，来统辖这部分丁零人。从史书的记载来看，仅卫律统治下的丁零人就达数万人之多，说明进入蒙古草原中部地区的丁零人是为数不少的。丁零人自贝加尔湖南下并不是出于自愿，而是被征服者匈奴人强迫南迁，成为匈奴人的牧奴。当匈奴受到汉王朝的打击，在漠北草原也无法立足而不得不西迁时，这些丁零人显然是不会随之西去的。史书称没有参加西迁的匈奴人尚有十余万家，这其中可能就包括相当数量的丁零人。在公元 1 世纪，留在蒙古草原的十余万家匈奴人全部加入鲜卑人之中，应该就是在此时，活动于蒙古草原中部地区的丁零人也随着匈奴人一起加入鲜卑人之中，从此也自称是鲜卑人。

鲜卑人中究竟融入了多少丁零人，属于白种人的丁零人在鲜卑族中所占比重究竟有多大，这些问题我们恐怕永远也找不到答案。可是从南北朝至唐代的中原人都将金发碧眼视为鲜卑人的相貌特征来看，融入鲜卑的丁零人的数量肯定不会少。

在进入蒙古草原以后，受丁零人的影响，鲜卑人已经开始具有白种人的相貌特征，但是，在此后与中原汉人的接触过程中，他们却受到华夏文化更为强烈的吸引，因而自称为黄帝的子孙。

公元 431 年，北魏世祖拓跋焘在册封沮渠蒙逊的诏书中提道："昔我皇祖胄自黄轩……""黄轩"是"黄帝轩辕氏"的简称，鲜卑人的皇帝公开宣称自己是黄帝之后裔。现存的鲜卑贵族元详的墓志铭中也称其家世是"启源轩皇"，即祖先是黄帝。另一位鲜卑贵族元宁的墓志铭上写着："其先唐尧之苗裔，汉高之胤胄"，自称是"尧"的后代，并且还跟西汉王朝的建立者刘氏家族拉上了关系。这可能是受到了匈奴人的影响。

西汉初年曾经与匈奴人和亲，西汉王朝将宗室公主嫁给匈奴单于，因此，单于的后裔认为自己是刘氏的外孙。在进入黄河流域与汉族杂居以后，匈奴人改用汉姓，这支自认是汉王朝外孙的匈奴人就取了外祖父家的姓氏，自称姓刘。鲜卑贵族中居然有人自称是汉高祖刘邦的后代，可能是有刘姓匈奴人加入鲜卑人之中，也可能是鲜卑贵族在编造自己家世的时候受到了刘姓匈奴人的影响。但不管怎么说，在鲜卑人中显然已经流传着本民族是黄帝后裔的传说，这表现出鲜卑人对于汉族与中华文明的强烈认同感。

在二十四史中，记载鲜卑人历史的是《魏书》，其中对于鲜卑人的祖先和起源是这样描述的：

> 昔黄帝有子二十五人，或内列诸华，或外分荒服，昌意少子，受封北土，国有大鲜卑山，因以为号。其后，世为君长，统幽都之北，广漠之野，畜牧迁徙，射猎为业。
>
> 黄帝以土德王，北俗谓土为托，谓后为跋，故以为氏。其裔始均，入仕尧世。
>
> 爰历三代，以及秦汉，獯鬻、猃狁、山戎、匈奴之属，累代残暴，作害中州，而始均之裔，不交南夏，是以载籍无闻焉。

从这段记载中我们可以看出，北魏王朝的正统观念是，鲜卑人，或者就狭义而言是鲜卑人的一支拓跋鲜卑，其起源可以追溯到黄帝的小儿子昌意。昌意的后裔中有一个名叫始均的人，是拓跋鲜卑的始祖。始均在尧的时代还曾经出使中原，与华夏族各部保持着较为密切的联系，但其后裔却仅仅活动于北方蒙古草原，不再与中原华夏族诸侯国往来，因此中原的史书中不再有关于他们的记载。按《魏书》的说法，鲜卑人似乎是黄帝族系遗失在异域的支脉，那么，鲜卑人入主中原，也就不是异族对中原汉族的征服，而是同出自黄帝的远裔回归中原认祖归宗来了。

类似的情况也出现在史书对东部鲜卑起源与始祖的记载中。《晋书》称鲜卑慕容氏“其先有熊氏之苗裔，世居北夷，邑于紫蒙之野，号曰东胡”。所谓“有熊氏”，是黄帝的别称，这里不仅认定鲜卑人起源于黄帝，因为鲜卑人源于东胡是众所周知的事实，所以传说的编造者也就顺便上溯，将东胡族也认定是黄帝的后裔了。

在北魏崔鸿所作的《十六国春秋》中，进一步认定东胡属于黄帝的后裔：“昔高辛氏游于海滨，留少子厌越以君北夷，世居辽左，号曰东胡。”“高辛氏”是帝喾的称号，按司马迁的说法，帝喾是黄帝的曾孙。这里认定东胡的始祖是帝喾的小儿子厌越，实际上也就是认定东胡族是黄帝的后裔。

于是，我们发现一个奇怪的现象，在南北朝时期，黄帝不仅被奉为黄种的汉族人的始祖，也被视为具有白种人相貌特征的鲜卑人的始祖。

关于鲜卑人起源及始祖的记载当然是不可信的传说，但是，是谁编造了这则传说呢？其编造这则传说的动机又是什么呢？为什么这种编造的民族与始祖传说能得到鲜卑人的广泛认同呢？

关于这则传说的编造者，我们可以在《魏书》对鲜卑人先世的记载中发现踪迹。

公元 305 年，鲜卑人的桓帝去世。次年，降附鲜卑人的汉人大臣卫操在大邗城立碑纪念桓帝，在碑文中，卫操称拓跋鲜卑是“轩辕之苗裔”，这是称拓跋鲜卑出于黄帝的最早记载，显然，编造这则传说的人就是卫操。

卫操本是西晋人，祖籍在今天山西大同以北。他曾见过拓跋鲜卑的早期首领力微。因为发现晋王朝的灭亡已经不可挽回，卫操后来率其子侄和乡人投附拓跋鲜卑，被任命为辅相，在早期拓跋鲜卑政权中具有相当高的地位。可以说，卫操是早期投附拓跋鲜卑的汉族士人的代表。最早“发明”鲜卑人是黄帝后裔说法的是归附鲜卑政权的汉族文人，而不是鲜卑人自身。历代归附少数民族政权的汉族士人，总是热心于为少数民族统治者编造炎黄子孙的正统谱系，也总是热心于用汉族文化去改造少数民族政权，以便证明自己是扶保正宗华夏王朝的开国功臣，而不是投靠夷狄的中原叛臣，显然，卫操也不例外。

卫操这一举动在当时并未引起大的反响，也没有得到鲜卑统治者的认同。大约八十年后，建立北朝的鲜卑君主拓跋珪采用了另一位汉族大臣崔宏的建议，正式自称是黄帝之后。

崔宏出身清河崔氏——是北方数一数二的名门大族，在非常重视门第的南北朝时期，这种身份具有不可低估的社会影响力。崔宏是北魏建国初期的执政大臣，也是最受鲜卑族统治者信任的汉族大臣，拓跋鲜卑建立的政权定国号为“魏”，就是接受了崔宏的建议。也许我们可以认为，经过支持鲜卑政权的北方汉族世家大族的努力，早期归附拓跋鲜卑的汉族文人编造的传说得到了鲜卑族统治者的认同，最终成为王朝的正统观念。

这则传说的流传，反映的是中原地区的汉族士大夫阶层对鲜卑族统治者的认同，也反映出鲜卑族统治者对中原汉族文化的认同，这不仅构成鲜卑人建立的北魏政权立国于黄河流域的基础，也是后来北魏孝文帝迁都洛阳并实行汉化改革的先声，从中也折射出鲜卑与汉两个民族间的认同，昭示着后来鲜卑族融入汉族的历史发展进程。更为重要的是，这则传说也体现出鲜卑族对中华民族的认同，他们是在用某种方式证明，自己是中华民族的组成部分，与汉族同为黄帝后裔，而不是来自域外的异族异国。

我们不应该忘记，中国历史上曾经存在过金发碧眼的炎黄子孙。

也许我们应该对中华民族的凝聚力有新的认识。

第二章
仰天长啸：蒙古草原的第二个主人

大约从东汉时开始，东亚的气候进入漫长的寒冷季，雪灾、旱灾频繁光顾蒙古草原。为了寻找更好的牧场，也为了躲避东汉政府的持续进攻，北匈奴远走高飞，扑向西方。谁又将成为这片草原的新主人呢？

在鲜卑大山中蛰居了数百年的东胡后裔终于迎来了他们的大英雄——檀石槐。

成也檀石槐，败也檀石槐。和其他草原英雄一样，檀石槐在短短几年内即带领族人创立了一个庞大的草原帝国，把匈奴人彻底赶走。可就在东汉政府被他折磨得即将精疲力竭时，他却突然死掉了。于是，他的帝国迅速地消失了。

公元 48 年，匈奴政权再一次分裂为南、北二部。呼韩邪单于之孙日逐王比，率 4 万多人南下附汉。自此以后，留居漠北草原的北匈奴成为东汉王朝重点打击的对象。

自东汉时期开始，中国的气候趋向于寒冷干旱，年积温逐年降低，发展至南北朝时期，进入了中国历史上温度最低的时代。北匈奴占据的漠北草原最先受到气候变化的冲击，寒冷干旱的气候对草场造成严重破坏，使草场的载畜量下降，北匈奴的游牧业已经无法为其提供足够的食物。根据竺可桢先生的研究，这次气温下降是全球性的，自东向西呈逐渐降低之势。匈奴人自然会注意到，蒙古草原西部的草场受到的破坏远比东部草场小。于是，他们开始向西迁移，以便为畜群找到更好的草场。就这样，在不知不觉中，匈奴人被气候之鞭驱赶向西方，最终出现在欧洲。

曾经叱咤风云的匈奴人离开了蒙古草原，那么，谁将成为蒙古草原新的主人呢？

一、接管蒙古草原：二百年踯躅迁徙后的“意外”收获

大约自公元前 129 年开始，西汉王朝与匈奴帝国进入了全面战争状态。在此后的数十年中，匈奴帝国受到西汉王朝的多次进攻，实力大为削弱，对远离其统治中心的大兴安岭北段的控制力下降，这无疑给鲜卑人的独立发展提供了最佳契机。按照《魏书·序纪》对拓跋鲜卑建国前历史的追溯，此时鲜卑人的著名首领是“毛”，他已经“统国三十六，大姓九十九”。当然，这里所谓的“国”不可能是指国家，而是指鲜卑人比较大的部落，而所谓大姓，有可能是小于部落的氏族组织，其所说的“三十六”“九十九”两个数字也未必可信。但这条记载至少向我们透露了这样的信息，此时的鲜

卑人虽然仍旧生活在其发源地鲜卑山一带，但已经包括许多部落与氏族，具有较强的实力。

在汉与匈奴间的大规模战争开始后不久，生活在鲜卑人南部的乌桓人就已经南下迁居到汉王朝的沿边塞外，积极参与汉与匈奴的战争，鲜卑人占据了乌桓人的故地，自然也就步乌桓人的后尘，开始了南下迁移的过程。

鲜卑人的迁徙最开始是非常缓慢的，似乎他们并没有下决心南迁。就我们现在掌握的资料来看，拓跋鲜卑自大兴安岭北麓南下，才到呼伦湖畔就停了下来，而且受呼伦湖优越自然条件的吸引，这一停就留居了二百年左右。虽然拓跋鲜卑同鲜卑其他各部相比是最后南下的，但其他各部的情况与之类似，在最初都存在一个移动比较缓慢的观望时期。可能鲜卑人在对匈奴与汉王朝的实力进行估计与分析后，还不敢肯定汉王朝可以打败匈奴，甚至不敢肯定匈奴会在汉王朝的进攻下衰落下去。毕竟匈奴帝国一直在与汉王朝的战争中占上风。如果匈奴人赢得了这场战争，那么，现在任何的冒险行动都将给鲜卑人带来灾难性的后果。相比而言，鲜卑人更稳重一些，他们不像乌桓人那样冲动。

鲜卑人南迁之初行动十分缓慢的另一个原因可能是，他们还未决定是应该南下，还是应该西进。宿白先生认为，鲜卑人的南迁路线，虽然基本上是沿大兴安岭南下，但我们现在发现的鲜卑人的遗址，有的是在大兴安岭以东，有的是在大兴安岭以西，这说明鲜卑人南迁时，时而沿大兴安岭东麓行进，时而又走在大兴安岭以西。显然他们在犹豫，是向西进入蒙古草原呢，还是南下回到他们祖先曾经生活过的西拉木伦河和老哈河流域呢？西边的草原对鲜卑人虽然具有较强的吸引力，但那里是匈奴统治的中心，西进意味着与匈奴人全面开战。可以说，在当时鲜卑人与匈奴人之间发动全面战争，对鲜卑人来说是以命相搏，胜则成为蒙古草原的主人，败则面临灭族之灾。犹豫再三的鲜卑人最终还是选择了南下。公元1世纪，当乌桓人进一步南迁进入汉王朝的郡县辖区以后，鲜卑人沿大兴安岭南下，最终进入西拉木伦河与老哈河流域。

在南下的过程中，鲜卑人一直在关注着蒙古草原的变化，他们不断吸纳自匈奴帝国中游离出来的游牧民部落。根据马长寿的研究，《魏书》中记载的拓跋鲜卑75个“内入诸姓”中，有匈奴姓6个、丁零姓6个、柔然姓3个、乌桓与东部鲜卑姓9个、其他各族的姓7个，显然，这个时期鲜卑人的族群中已经融入了匈奴、丁零、柔然、乌桓等民族。鲜卑人与这些加入鲜卑族群的异族通婚，使鲜卑人受到影响、发生变化。南下之后的鲜卑人已经不同于生活在鲜卑山的鲜卑人。迁徙造就了一个新的民族。最典型的例子是拓跋鲜卑，所谓“拓跋”是指那些父亲是鲜卑人、母亲是匈奴人的混血儿，拓跋鲜卑就是这样一个混血的族群。

这种族群间的融合可能在鲜卑人走出鲜卑山之后就已经开始了。扎赉诺尔遗址是目前发现的比较早期的鲜卑人遗址，朱泓教授通过对扎赉诺尔出土的人骨进行研究，得出结论：

> 扎赉诺尔汉代鲜卑族居民的种族特征，可能系以西伯利亚蒙古人种为主体（A组），另外还有一部分可归属为西伯利亚蒙古人种和北极蒙古人种的混血类型（B组）。值得注意的是，在古代对比资料中，扎赉诺尔A组的鲜卑族居民在体质特征上与外贝加尔地区的匈奴人最为相似。

可以说，鲜卑人在最终出现于蒙古草原以前，就已经融入了许多草原民族的血统，成为草原民族多源血统融合成的民族。鲜卑是新兴的草原民族，也是草原民族的代表。

东汉以后，匈奴分裂为南匈奴与北匈奴，实力大为削弱，不仅鲜卑人，几乎所有草原民族都意识到，匈奴人注定将被汉王朝打败。于是，曾经被匈奴征服、受匈奴奴役的各草原民族纷纷背叛匈奴，站在汉王朝一边，向北匈奴展开进攻。在这种形势下，鲜卑人各部也加快了南下的进程。

东汉初年，鲜卑人虽然迅速南下，但是他们还在小心翼翼地保持与匈奴人的关系，没有与匈奴发生正面冲突。因为刚刚建立的东汉王朝尚面临许多亟待解决的内部问题，没有表现出对匈奴人的绝对优势。在这种情况下，鲜卑人还是不愿意得罪匈奴人的。东汉初年，鲜卑人有时甚至还与匈奴人一起进兵侵袭东汉的边郡。持同样态度的还有乌桓人。鲜卑、匈奴以及赤山乌桓逐渐成为东汉王朝北方的三股强大势力，而且他们经常进攻东汉王朝的边塞。

公元45年，匈奴与鲜卑分兵侵犯东汉的北边各郡，匈奴进攻上谷郡、中山郡，鲜卑则侵扰辽东郡。只不过鲜卑人遇到了东汉辽东太守祭肜的迎击，被杀数千人，不得不撤退。

祭肜，字次孙，颍川颍阳（今河南许昌）人，是东汉开国元勋“云台二十八将”之一的征虏将军颍阳侯祭遵的堂弟。祭肜镇守辽东郡前后近三十年，而这三十年正是鲜卑人迅速南迁、北方局势风云变幻的时期。虽然在对鲜卑人的战争中大获全胜，但祭肜并不乐观，因为他注意到，草原上最强盛的民族是匈奴、鲜卑与乌桓，如果这三个游牧民族联合起来南下，绝不是新建立的东汉政权所能抵御的。经过一番思考，祭肜确立了拉拢鲜卑与乌桓，使之与匈奴作战的策略。

公元 49 年，祭肜向塞外的鲜卑发出了可以修好的信号，并且分析利害，让他们清楚和汉帝国友好往来的益处。对于前来归附的鲜卑人，祭肜赏赐大量财物，使他们意识到，劫掠汉王朝的边郡所得到的财物并不比归附汉王朝所得到的赏赐多，而且还要冒巨大的风险。能开三百斤硬弓的祭肜的勇武是鲜卑人十分清楚的，他们自然不愿与这样的勇士为敌。于是，鲜卑著名首领偏何表示愿意归附汉王朝。

受偏何的影响，鲜卑其他部落也纷纷表示顺从，接受东汉政府的领导，鲜卑大人于仇贲、满头等先后被封为王、侯。向汉王朝进贡名马的鲜卑首领，都得到了远远超出其马价的赏赐。青、徐二州每年用于赏赐鲜卑人的财物达到 27000 万钱。

鲜卑人意识到，归附汉王朝才是正确的选择，与宿敌匈奴人决裂的时候到了。

偏何代表归附汉王朝的鲜卑首领们主动向辽东太守祭肜表示，他们愿意帮助汉王朝作战，以回报朝廷对他们的恩德。祭肜的答复是："如果你们真的想为朝廷立功，就应该回去进攻匈奴人，拿到匈奴人的首级，就可以向朝廷证明你们的诚心。"偏何等鲜卑首领都仰天发誓："我们一定会立功报效！"随即他们率领鲜卑人向匈奴人的左伊秩訾发动了进攻，斩杀两千余匈奴人，真的拿着人头来辽东郡请功，祭肜如约给予鲜卑人重赏。此后，鲜卑人与匈奴人开始了长期的拉锯战。偏何还在祭肜的授意下，出兵打败侵扰汉朝边境的赤山乌桓，此后，与鲜卑人同出自东胡的乌桓人自然站在了鲜卑人一边，鲜卑、乌桓与匈奴"三虏连和"的趋势不复存在，转而呈现出鲜卑与乌桓联手对付匈奴的局面。

在对匈奴人开战以后，鲜卑人与汉王朝的关系进一步密切，鲜卑各部纷纷表示归附汉王朝，各部首领都送儿子来汉王朝做人质，以证明自己对汉王朝的忠诚。汉王朝在宁城（今河北万全县）修建南北两部质馆来安置这些鲜卑部落首领的子弟，最多时送人质来的鲜卑部落达到 120 部。

历史学家都认为，是祭肜的智计使得北方各族自相攻击，东汉王朝坐收渔人之利。东汉皇帝也对祭肜的军功赏赐有加。公元 69 年，祭肜升任九卿之一的太仆时，皇帝赐钱百万，而且为他置办了在首都住宅中的所需的日常用品。但我们从后来的历史发展进程看，与其说鲜卑人是受了祭肜的利诱才对匈奴人发起了进攻，不如说这是鲜卑人为称雄蒙古草原迈出了至关重要的一步，他们要以汉王朝为后盾，取代匈奴人成为大草原的主人！

对匈奴人的战争加速了鲜卑人的南迁过程。由于得到汉王朝的支持，至公元1世纪中叶，鲜卑人已经广泛分布于东起辽东半岛、西至敦煌的狭长地带，占据了漠南草原的大部分地区，较早归附东汉的南匈奴反而局限于河套一隅之地。由此我们可以看出，在鲜卑人助汉攻匈奴的过程中，获利最大的不是汉王朝，而是鲜卑人。

综观鲜卑人的南迁过程，我们可以将这一长达二百年的民族大迁徙分为前后两个阶段。起初，鲜卑人是沿大兴安岭两侧南迁，主要活动于蒙古草原的东部边缘，最终进入西拉木伦河与老哈河流域。在这个东胡人曾经生活过的地方，鲜卑人与同是出自东胡的乌桓人杂居，并在积蓄力量。第二阶段的迁徙则是东西向的，虽然也有部分鲜卑人东向进入辽东半岛，但这一时期鲜卑人迁徙的主流是一路向西，抢占漠南草原。在北匈奴西迁以前，鲜卑人就已经占据了漠南草原的大部分地区，为其后来建立草原帝国与北朝奠定了基础。经过这一番西进以后，鲜卑人活动的中心地区也不再是西拉木伦河与老哈河流域，而是西移至今河北、山西的北部，后来统一鲜卑各部的檀石槐就是在这里兴起的。汉王朝接待鲜卑人质子的宁城之正北塞外，是今河北省张北地区；略偏东，则为今内蒙古正蓝旗的闪电河；偏西，则是今内蒙古商都一带，这里成为鲜卑人新的中心。

东汉王朝几乎继承了西汉王朝的一切，其中也包括对匈奴人的战争。但真正打败北匈奴的不是实力远逊于西汉的东汉王朝，而是大自然的威力。

东汉初期，由于气候的原因，匈奴人已经开始向西迁徙，东汉北部边患减轻，云中、五原、北地、朔方、定襄、雁门、上谷、代郡等北边诸郡不再是匈奴侵袭的主要对象，河西诸郡转而成为汉与匈奴战争的前沿。公元 73 年，汉军兵分四路，分别出平城（今山西大同市东北）、高阙（今内蒙古杭锦后旗东北）、居延（今内蒙古额济纳旗东南）、酒泉（郡治禄福，今甘肃酒泉市）。前三路都没有遇到匈奴的主力部队，只有西进的窦固在天山打败北匈奴的呼衍王，一直追击到今新疆巴里坤湖一带。公元 74 年，窦固与耿秉、刘张再次率部队进军西域，连战告捷，汉王朝基本恢复了对西域的控制。此后，不愿西迁而在漠北又难以生存的匈奴人纷纷南下投降汉王朝，仅公元 87 年一年之中，北匈奴就有 58 部 20 万人降汉。公元 89 年，窦宪、耿秉再次大破北匈奴于稽落山（今蒙古汗呼赫山脉）。公元 91 年，汉军围北单于于金微山（今新疆西北部阿尔泰山），斩五千余人。北匈奴从此离开了蒙古草原。

伴随着汉王朝对匈奴战争的节节胜利，以及北匈奴主体部分的西迁，鲜卑以漠南草原为根据地，开始进入漠北草原。

汉王朝可以打败匈奴人，但却无法征服蒙古草原。大自然决定了这里只能是游牧民族的家园，农耕民族不可能将这里开垦为良田。习惯以农业为生的汉族无法在草原上定居，所以，当汉王朝战胜匈奴人之后，不得不眼睁睁地看着草原落入另一个游牧民族的手中。

天限南北，不是采取有形的屏障，而是采用经济类型。游牧的生活方式是草原民族抵御外来进攻的最有力武器。

昔日强盛一时的草原民族都被匈奴人打败，实力受到削弱，一时难以复兴，当匈奴人西迁时，有实力接管蒙古草原的只有鲜卑人。当然，此时乌桓人的实力也是不可低估的，但由于族源相同，乌桓人也站在了鲜卑人一边。二者关系是如此密切，以至北魏初期的鲜卑人将归附于他们的所有非汉族统称为“乌桓”。

在鲜卑进入漠北草原以后，留在这里没有西迁的十余万家匈奴人都加入鲜卑人之中，自称是鲜卑人，并站在鲜卑人的旗帜下东征西讨，鲜卑的实力陡增。但是由于气温仍在持续下降，漠北草原的生存环境变得越来越恶劣，生活在这里的鲜卑族及其他游牧民族的部落纷纷外迁，因而鲜卑人虽然成为整个蒙古草原的主人，但其主要居住地仍旧在漠南草原。在这里，鲜卑各部曾经一度统一起来，全部隶属鲜卑人的大英雄——檀石槐。

二、千呼万唤始出来：鲜卑第一英雄檀石槐

当鲜卑人生活在鲜卑山一带的时候是否有过统一的部落联盟，我们已经无从考究，但可以肯定，其南下迁移过程是各部落独立进行的，并不存在统一的领导。鲜卑人能够迅速地扩散到整个漠南草

原，在某种程度上也是得益于他们各部落的各行其是。鲜卑人的南迁没有引起当时人的关注，以至在史籍中没有留下相关的记载，也是出于同样的原因。

在占据漠南草原以后，由于鲜卑人的分布区呈东西狭长状态，东部与西部间距离遥远、交通困难，东部与西部的鲜卑人之间的交往反而不如他们各自与南方的汉王朝和北方的匈奴多。东部与西部的鲜卑人对待汉王朝的态度也存在一定的差异，东部以偏何为代表，大多与东汉关系密切，而西部的鲜卑人与汉王朝却更多地处于若即若离的状态。当他们进入漠北草原并试图控制全部蒙古草原的时候，鲜卑人越来越意识到团结的重要性，他们需要统一的领导来凝聚鲜卑人的力量。时势造英雄，在这种形势下，檀石槐应运而生。

檀石槐大约生活在公元 137 年至 181 年，这是后代学者推算的大致年代。他的父亲名叫投鹿侯。据说，投鹿侯从军打仗，一去三年，他的妻子在家却生了个儿子。投鹿侯归来发现后大怒，质问妻子到底是怎么回事，据史书记载，他的妻子回答道："尝昼行，闻雷震，仰天视而雹入其口，因吞之，遂妊身，十月而产。"投鹿侯把孩子扔到荒郊野岭，但他的妻子却悄悄地通知娘家人，让他们偷偷将这个孩子捡回去抚养。这个孩子就是后来的檀石槐。

真实的情况显然是，檀石槐是投鹿侯之妻的私生子，他的生父到底是谁，这在当时恐怕是只有投鹿侯的妻子自己才知道的秘密，后代的历史学家自然无从得知。当时鲜卑妇女的社会地位比较高，除军事行动之外，社会生活的大多数领域，都是妇女握有最终决策权。投鹿侯明明知道妻子与人私通，但没有掌握真凭实据，自然也是无可奈何。

死里逃生的檀石槐由外祖父家收养，慢慢长大，在草原艰苦生活的磨炼下，到十四五岁时已经具有成年男子的体魄。而使他闻名草原的是一次规模不大的战斗。

一个鲜卑小部落的首领卜贲邑率人抢了檀石槐外祖父家的牛羊。在草原生活中，这原本是十分常见的事情。对农耕民族来说，没有明确宣战时，他们与邻人自然就是处于和平状态；而对草原民族而言，在没有正式缔结和平盟约时，他们与邻人自然就是处于战争状态的。在游牧民族的价值观中，劫掠并不是可耻的事情，而是他们表现勇武的机会，是他们增加财富的可选择的手段。草原生活是艰苦的，不仅因为游牧人要应对恶劣的自然环境和随时可能到来的猛兽，还因为游牧人要随时提防自己的同伴与邻居。草原民族的精力常常被浪费在这种内耗之中，所以一旦当他们在一位杰出领袖的领导下团结起来，消弭内部的争斗之后，他们就会爆发出令世界为之震撼的力量。

檀石槐得知外祖父家的牛羊被掠走的消息后，单枪匹马向劫掠者追去，在几乎杀死了所有劫掠者之后，檀石槐赶着被掠走的牛羊归来。外祖父家所在部落的其他人都不敢相信，这个十四五岁的孩子孤身一人竟能够打败他们部落所有男人都对付不了的劫匪，但是，摆在他们面前的牛羊却又使他们不得不相信。檀石槐的勇武一时间传遍了各部落，仅仅十几岁的檀石槐迅速被拥立为本部的首领。

鲜卑人此时最基层的社会组织就是由亲属家庭组成的部落，在鲜卑人中，原始的民主风尚还比较流行，部落成员公推他们认为合适的人选来担任部落的首领。在鲜卑人心目中，首领首先需要具备的素质就是勇武，只有勇武的战士才能领导他们抵御强敌与猛兽。

十几岁的檀石槐在成为部落首领之后表现出非凡的才能。他勇敢、公正，能够非常好地处理部落内的所有问题，也能协调好与其他部落的关系，深得本部人的拥戴。在他的领导下，其部落越来越强大，周边的鲜卑部落纷纷归附。檀石槐在今山西省阳高县以北三百余里的弹汗山（今河北尚义南大青山）建立了自己的王庭，东征西讨，大约在公元 2 世纪中叶以后最终统一了鲜卑各部，并领导鲜卑人打败了北方的丁零、西方的乌孙，以及东方的扶余人，完全控制了蒙古草原。按《魏书》的记载，檀石槐控制下的地区南北达七千余里，东西达一万二千余里，苍茫大漠，巍峨祁连，竟全部成为鲜卑牧羊纵马之地，檀石槐的声势一时无两。

从未有哪位鲜卑人的首领控制过如此之多的部落，统治过如此广阔的地域，历来分散自主的鲜卑人也没有统治广土众民的制度。为了对所属各部进行有效的管理，檀石槐借鉴匈奴人将帝国分为左、中、右三部分的方法，将其统治下的所有部落划分为东部、中部、西部三大区域。自汉朝的右北平郡以北，东至辽东郡塞外与扶余、秽貉各族的居住地相接，为东部，共包括二十多个较大的部落，由东部大人弥加、厥机、素利、槐头统辖；自东汉右北平郡以北，西至上谷郡以北，为中部，共包括十多个较大的部落，由中部大人阿最、阙居、慕容统辖；自汉上谷郡以北，西至敦煌郡以北与乌孙人居住区相接，为西部，共包括二十多个较大的部落，由西部大人置鞬落、罗日律、推寅、宴荔游统辖。三部大人直接控制较大的部落，由较大的部落领导较小的部落，而所有的鲜卑大人都听命于檀石槐。现代学者大多猜测，东部大人槐头统治的部族后来发展为鲜卑宇文部，而中部大人慕容就是后来建立诸燕政权的鲜卑慕容氏的祖先。

但是，檀石槐所确立的统治方式决定了鲜卑人并未形成自己的国家，他们只是建立起一个空前庞大的军事大联盟。在军事大联盟内部，东、中、西各部以及各部大人之间的关系是非常复杂的。这个联盟只是一个松散的军事贸易同盟。各部“割地统辖，各有分界”，部落联盟的意义并不是把分裂的邑落合而为一，只是在不改变邑落内部组织的基础上联合起来，对于若干和共同利益有关的公共事业，特别是对外贸易、军事攻守等方面采取一致的行动罢了。

檀石槐统一鲜卑诸部之际，正是东汉王朝走向衰落之时，游牧民族与农耕民族间势力的此消彼长对檀石槐十分有利。鲜卑人已经取代匈奴人成为蒙古草原的主人，各游牧民族都处于檀石槐的领导之下，其控制的地域面积甚至远远超过了东汉的疆域，檀石槐与鲜卑权贵开始重新定位鲜卑与汉王朝的关系了。一句话，今非昔比，他们不愿意再以汉王朝附庸的身份出现在蒙古草原上，那会降低他们在草原民族中的威望。

在统一鲜卑各部与蒙古草原之后，檀石槐开始对汉王朝的北部各郡进行试探性进攻。他需要充分了解汉王朝的实力，才能准确判断出是否可以彻底打败这个农耕帝国。

公元 156 年秋，檀石槐率军攻打云中（今内蒙古托克托东北），开始了与东汉王朝间的拉锯战。158 年，鲜卑侵扰东汉的北疆，东汉王朝派张奂率南匈奴的部队出塞迎击，斩鲜卑二百人；159 年，鲜卑攻进雁门关，杀东汉边防将士数百人，抄掠而去；164 年，鲜卑千余骑袭扰辽东属国；167 年，檀石槐所属骑兵数万人分数路杀入缘边九郡，杀掠无数。

鲜卑人的连年进犯使汉王朝应接不暇。但是，檀石槐已经统一草原，北方形势发生了根本性变化这一点却未能引起汉朝君臣的充分重视。因为在此之前，也曾有鲜卑人的部落对汉王朝的边郡构成严重威胁。101 年，辽东鲜卑攻入渔阳郡，杀太守张显；121 年，鲜卑首领其至鞬杀云中郡太守成严；126 年，鲜卑人杀代郡太守李超。在不到三十年的时间里，竟然有三位东汉王朝的地方最高行政长官死于鲜卑人之手。汉王朝的君臣们认为，檀石槐与这些鲜卑人的首领是没有区别的，他们竟然想用西汉初年应对匈奴人的办法来应对檀石槐，提出与檀石槐进行“和亲”。汉王朝遣使册封檀石槐为王，要将公主下嫁檀石槐，并每年送给鲜卑人一定数量的礼物，但是檀石槐拒绝了。檀石槐已经看透了汉王朝的腐败无能，他指挥鲜卑人加大了对汉朝北方各郡的攻击力度，汉王朝幽州、并州、凉州所属各郡每年都要受到鲜卑人的侵扰。

在如何对付鲜卑人的问题上，汉王朝的大臣们意见不一。以蔡邕为首的主守派认为，鲜卑“兵利马疾，过于匈奴”，作战中“来如飞鸟，去如绝弦”，再加上现在东汉王朝的情况已远远不及汉武盛世，在这种情况下与鲜卑骑兵进行大规模战争无疑是危险的。蔡邕强调汉军应该以坚守边塞的防御战为主。

以辽东太守夏育为代表的主战派则自恃有和鲜卑作战并获胜的经验，狂妄地认为，只要征调幽州各郡的部队，集中兵力出塞，去蒙古草原寻找鲜卑人的主力与之决战，用不了一年半载就可以彻底打败鲜卑人。

我们今天反观这段历史可以发现，蔡邕的建议虽然失之保守，但的确是已处于内外交困状况的汉帝国在当时不得不采取的对策。但是，立功心切的田晏买通宦官王甫游说汉灵帝，最终，在公元177年，汉灵帝派夏育、田晏、臧旻各率骑兵一万，分三道出兵塞外，进攻鲜卑。檀石槐命令三部大人分别迎战，汉军大败而归，三路主帅仅率数十名骑兵狼狈地逃回塞内。

汉王朝的君臣们没有意识到的另一个问题是，在当时全球气温下降的过程中，漠北草原受到寒冷气候的破坏，气候之鞭正在将鲜卑人驱赶向南方。如果不愿意像匈奴人那样远走异域他乡，鲜卑人就必须赢得对汉王朝的战争，以便可以南进获取生活物资。

《魏书》记载了在檀石槐领导下鲜卑人的强盛，但也指出，在檀石槐统治期间，鲜卑人中已经出现了食物匮乏现象。这一问题时时困扰着檀石槐，甚至当他漫步于老哈河河畔的时候，脑海中仍然萦绕着这个难题。当看到老哈河中鱼很多的时候，檀石槐马上想到，可以通过捕鱼来补充食物来源。由于不善于捕鱼，檀石槐发兵“汗国”，俘虏了一千多家“汗人”，让他们居住在老哈河河畔为鲜卑人捕鱼。

我们在其他史书中找不到这个“汗人”与“汗国”究竟是指东北亚的哪一个民族。有人认为，“汗”可能是“韩”的同音异写，“汗国”就是“韩国”。当时在朝鲜半岛的南部居住着三韩民族：马韩、辰韩和弁韩，“汗人”可能指的就是三韩之人。三韩民族确实精通海上捕捞业，但问题是，没有任何证据可以证明，在檀石槐的时代，鲜卑人的势力已经达到朝鲜半岛南部。

发兵远征仅仅是为了掳获渔夫，可见鲜卑人的食物匮乏已经相当严重。老哈河之鱼恐怕也不能从根本上解决这一问题，南下劫掠汉王朝的北边诸郡就成为最现实可行的解决办法。因此，檀石槐不可能与汉王朝和亲，他不能断绝这最后一条解决鲜卑人食物匮乏的渠道。

檀石槐面对食物问题束手无策，而汉王朝的君臣们则对檀石槐与鲜卑人束手无策。

就在东汉王朝无力抵御南下的鲜卑人的时候，命运再一次将这一切轻轻拨转。公元 181 年，鲜卑人的英雄檀石槐病逝，年仅 44 岁。

失去了杰出的领袖，草原民族往往很难克服其致命的弱点——内部的纷争。当各个部落都倾心拥戴的领袖不再存在，没有什么可以阻止草原民族的内部分裂。分裂中的草原民族，他们最大的敌人就是他们的同伴，他们因此失去了一切活力，再也无力向草原以外进军了。

檀石槐去世三年后，汉王朝统治下的中原地区爆发了黄巾大起义。这场轰轰烈烈的农民大起义虽然被镇压下去，但是在镇压黄巾起义的过程中，各地军阀的实力大增，呈尾大不掉之势，不再听命于中央，东汉王朝名存实亡，中原各地陷入军阀割据混战的局面。中原政权已无力北伐草原，也许这是命运对鲜卑人的青睐。

三、暗杀：低成本肢解鲜卑帝国的新尝试

檀石槐对鲜卑人历史发展的另一个重大影响在于他确立了首领的世袭制度。他要像中原的皇帝一样，将自己开创的事业留给儿子，而不肯再由各部来选举他的接班人。显然，世袭制是鲜卑人摆脱原始社会、建立草原帝国的必经之路，檀石槐的选择应该说是正确的，是符合鲜卑人历史发展需要的，但是他却没有一个可以继承他的事业、领导鲜卑人建立草原帝国的儿子。

檀石槐去世后，其子和连成为鲜卑人的最高首领。他的才能远远比不上他的父亲，而且既贪婪又荒淫无度，处事有失公平，当年辅佐檀石槐的诸部大人、元老重臣对和连的不满情绪越来越强，和连对诸部的指挥已经开始失灵。

和连并不是檀石槐的长子，也不是他唯一的儿子，我们由此可以肯定，鲜卑人还没有确立起嫡长子继承的观念，应该是受到部落选举制遗风的影响，是在檀石槐诸子中选举公认比较贤能的继承人为最高首领。和连为人如此，他的其他兄弟也就可想而知了。

不久后，和连在进攻汉北地郡时，在廉县被汉军的弩箭射死，他的儿子骞曼年纪尚小，无法担当起最高首领的重任，于是鲜卑诸部大人公推和连的侄子魁头继承和连的位置，这就为后来的权力之争埋下了种子。

骞曼长大以后，要求魁头让位，魁头不肯，两兄弟各拥部众刀兵相见，鲜卑人的军事大联盟宣告瓦解，内部陷入分裂。各部大人多数没有参与骞曼与魁头争夺最高领导权的斗争，他们拥兵自重，自行其是，坐观成败，不肯听命于两兄弟的任何一位，实际上已经处于半独立的状态。

在骞曼与魁头的战争还没有分出胜负的时候，魁头去世了，但问题并未因此而得到解决，魁头的小弟弟步度根继承了魁头的位置，继续与骞曼为敌。骞曼渐渐不敌，部众离散。但步度根所部再一次因权力斗争而出现分裂，步度根之兄扶罗韩率众数万自立为大人，分出独立发展。檀石槐以后的世系关系见下图：

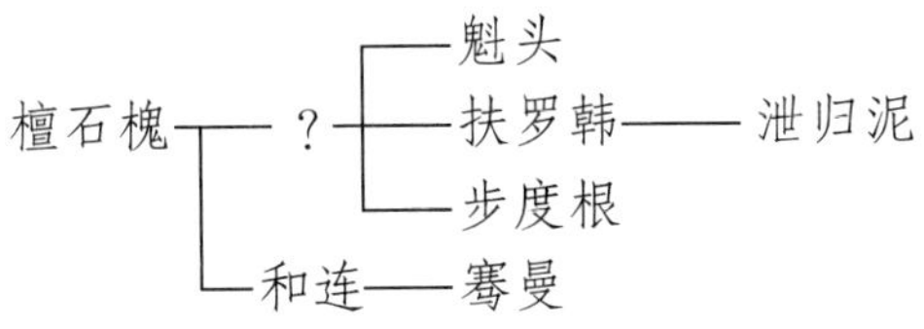

檀石槐留下的鲜卑精兵就这样在他几个孙子的内斗中被消耗殆尽。而其他诸部大人对檀石槐所部的敬畏之心也日渐降低。他们不再认为，鲜卑最高首领非檀石槐的后裔莫属，开始按着古老的选举制传统，寻找新的才能出众的人选来担任鲜卑人的最高首领。渐渐地，轲比能成为众望所归的人选。

关于轲比能的身世，史书中没有任何记载，只是称他为“小种鲜卑”。现在历史学家们也搞不清楚，“小种”的意义究竟是什么。多数学者猜测，“小种”可能指的是小部落，因为在檀石槐委任的诸部大人中没有轲比能，也就是说，在檀石槐建立的鲜卑军事大联盟中，轲比能肯定未能进入最高领导层，而是属于诸部大人之下的小部落首领。

轲比能所属的鲜卑部落，最初也是檀石槐军事大联盟的成员，其活动范围大约在今天内蒙古河套平原和土默特平原及其北部地区，在檀石槐划定的三部中，属于中部。

东汉末年袁绍取冀州，黄巾军、黑山军溃散的一部分人逃入鲜卑，轲比能对这部分人进行招纳收留，因此其势力有所增强。随着东汉末年北方地区政治形势的变化，轲比能部逐渐向今山西、河北塞外以东迁徙。在这个过程中，轲比能的领导才能逐渐显示出来。他不仅军事才能远胜檀石槐的所有后代，而且以为人勇健、持法公平、不贪财物而闻名。轲比能因此被鲜卑人推举为大人。

轲比能的势力强大起来以后，也加入了对最高首领位置的争夺战，在杀害扶罗韩并将其部众及其子泄归泥纳入本部之后，轲比能基本上控制了当年檀石槐三部之中的中部。至此，鲜卑各部大体上可以划分为三个大的部落集团：一是步度根集团，拥众数万，据有云中、雁门、北地、代郡以及太原一带；二是轲比能集团，拥众十多万，据有自高柳以东的代郡、上谷等地；三是檀石槐任命的“东部大人”素利、弥加、厥机所控制的各部，分布于辽西、右北平和渔阳塞外。由于蒙古草原气温的进一步降低，活动于漠北草原的鲜卑部落比较少，鲜卑人主要分布于漠南草原，并乘中原割据混战之机，向原汉朝的沿边各郡迁徙。

东汉末年，中原封建政权对北方边塞郡县的控制力大大削弱，215年，出现了曹操迫使汉献帝下诏罢除云中、定襄、五原、朔方郡的情况。后来，这些郡被侨迁到陉岭以南（今山西境内），使得塞外这一地区出现权力真空。轲比能兼并各支分散的鲜卑势力，还有逃到小种鲜卑活动地区的汉人，占领云中、五原等地，占据了原来匈奴人居住的地区，拥有了自云中、五原以东达辽河流域的广大地区，并建立了鲜卑庭。

这是一个混战的时代，不论是中原汉地，还是北方鲜卑，都是如此。

当轲比能在鲜卑崭露头角的时候，曹操已经在北方割据混战的群雄中脱颖而出。在官渡之战打败袁绍以后，挟天子以令诸侯的曹操逐步统一了中国北方。檀石槐死后鲜卑内部陷于混乱局势之中，原来一直依附于鲜卑的乌桓人开始脱离鲜卑集团，发展自己的势力，其中辽东、辽西、右北平三个郡的乌桓人势力最为强大，并结成联盟，被称为“三郡乌桓”。三郡乌桓与割据北方的袁绍关系十分密切，曾帮助袁绍打败了其竞争对手公孙瓒，并在袁绍死后收留了他那受到曹操追杀的儿子袁尚。曹操不顾众谋士的劝阻，断然出兵攻打三郡乌桓，并将投降的乌桓人改编为他手下的骑兵，率领他们进入中原地区作战。从此乌桓骑兵成为曹操统一中国北方的得力助手，英勇善战的乌桓人在各地屡立战功，“三郡乌丸（桓）为天下名骑”，但是他们也因此再也没有回到西拉木伦河与老哈河流域，没有回到东北三郡。

曹操打败三郡乌桓，为鲜卑东部各部消灭了一个强有力的竞争对手，乌桓人被曹操强制南迁进入中原，将西拉木伦河与老哈河流域完全留给了鲜卑人，战败逃散的乌桓人也有相当一部分进入鲜卑诸部，这一切都使得鲜卑东部各部落的实力大为增强。

轲比能却没有将东部各部作为主要的对手，他把主要精力用来对付西方的步度根集团。步度根是檀石槐的孙子，只有打败步度根，轲比能才能为自己争夺到正统地位。

步度根的部众远少于轲比能，个人的军事才能也无法与轲比能相比，在战场上节节败退的步度根不得不考虑对付轲比能的其他方法。一方面，退到太原、雁门二郡的步度根主动降附新建立的曹魏政权，以便利用曹魏政权的势力对轲比能构成牵制；另一方面，步度根也对轲比能手下的将领进行策反工作。步度根暗中派人去见他的侄子泄归泥，对泄归泥说：“你的父亲就是被轲比能杀害的，你与轲比能有不共戴天之仇，现在你怎么不想着报杀父之仇，反而给你的杀父仇人当部下呢。别看轲比能现在对你很好，这正是要设计杀你的表现。你不如回到我这里来吧，我们是骨肉至亲啊。”泄归泥于是率所部投奔了步度根，这使轲比能的实力受到较大的削弱。

机敏的轲比能马上认识到了问题的关键所在。当内部斗争难决高下时，来自外部的支持就显得至关重要了。

轲比能开始调整与曹魏政权的关系，为稳固在草原和占领区的统治，他向曹魏政权进贡，接受“附义王”的封号，希望能得到曹魏政权的支持，至少是求得曹魏在他与步度根的战争中保持中立。为赢得曹魏政权的好感，轲比能先后两次将两千多家流落在鲜卑中的中原汉族人送回代郡和上谷郡。轲比能还上书辅国将军鲜于辅，称：“我夷狄虽不知礼义，兄弟子孙受天子印绶，牛马尚知美水草，况我有人心邪。”言语间无比恳切，表明不愿寇抄曹魏边境，要求与曹魏和平相处。魏帝为求得北边安宁，也曾明令边将对鲜卑采取怀柔政策，双方军事冲突有所减少。

不仅如此，聪明的轲比能还积极要求与曹魏政权进行互市贸易。他曾亲自带领手下的部落大人三千多人，驱赶牛马七万多头与曹魏贸易。这种贸易使轲比能所部获利很大。更为重要的是，农耕经济与游牧经济的互补性，决定了对中原的贸易可以使轲比能得到许多草原上紧缺的物资，甚至是军事物资，能够进一步增强轲比能部的实力。

在与曹魏政权的接触中，轲比能开始受到中原文化的影响，学到了许多草原生活不能带给他的统治经验，也学会了使用权术，不再仅仅靠武力来解决问题。轲比能认识到，他与步度根之间相互残杀，并纷纷求助于曹魏政权，这正是所谓“鹬蚌相争，渔翁得利”，无论是自己还是步度根，都不可能是最终的胜利者，结局只能是两败俱伤，从中获利的反而是曹魏。经过一番思考，在战场上已经取得优势地位的轲比能主动向步度根求和，表示愿意与他和平相处，双方联手对付他们共同的敌人，条件是他摆脱曹魏并州刺史的控制，北上回到草原。轲比能还向步度根保证，他绝不允许任何人伤害步度根，因为他毕竟是鲜卑人的英雄檀石槐的孙子。为了表示自己的诚意，轲比能还主动向步度根提出联姻的请求。步度根大喜过望，率所部离开并州北上。并州刺史派将军苏尚、董弼率部队拦击，轲比能亲自率领手下精锐骑兵一万人接应步度根，在楼烦与魏军展开激战，杀苏尚、董弼，几乎全歼曹魏的部队。

轲比能以这种方式解决了同步度根间的矛盾，使步度根转而拥戴自己，从而统一了檀石槐三部中的中部与西部，但是他最终没有能够像檀石槐那样统一鲜卑的所有部落。

占据西拉木伦河与老哈河流域，实力大为增强的鲜卑东部诸位大人不肯听命于轲比能，在这些当年曾经追随檀石槐的大人们看来，轲比能在各方面都远逊于檀石槐，没有资格领导他们。更为重要的是，他们是檀石槐委任的大人，地位要远高于自命为大人的轲比能，当他们受命为大人统率一方部落的时候，轲比能不过只是一个默默无闻的小部落的首领而已。

对于东部各位大人，轲比能软硬兼施，但最终也未能令其就范，双方的矛盾最后还是诉诸武力。东部诸位大人虽然不及轲比能勇武，但是其部众却多于轲比能。双方旗鼓相当，战争从一开始就陷于胶着状态。

当轲比能与东部诸大人苦苦相峙的时候，中国历史早已经步入了三国时代。经过东汉末年的群雄割据、相互兼并，最终形成魏、蜀、吴三国鼎立的局面，南方的蜀、吴两国联合对付北方的曹魏。面对诸葛亮的北伐，曹魏政权非常不愿意看到在自己的后方出现一个强大的鲜卑部落集团，他们要削弱轲比能，因而暗中对轲比能集团进行内部离间。曹魏大将牵招在黄初年间被任命为雁门太守，他利用轲比能与步度根的矛盾，唆使步度根乘轲比能与东部诸大人混战之机，袭击轲比能，杀了轲比能的弟弟苴罗侯。这样一来，轲比能与步度根之间重又处于势不两立的状态。

曹魏政权的态度自有其合理的一面，因为与轲比能作战的东部鲜卑大人素利、弥加早在曹魏政权建立之初就已经归附并受封为归义王，是曹魏的属民。轲比能进攻素利与弥加，曹魏虽然受到来自南方的蜀、吴两国的牵制，无力直接出兵帮助，但毕竟不能坐视不理。228 年，素利去世以后，由于其子尚幼，曹魏册封其弟成律为王，仍旧与轲比能为敌。

轲比能一时难以决定对曹魏政权应该采取何种态度。他首先想到的是讨好曹魏，以便曹魏可以在他与东部鲜卑大人的战争中保持中立，在 231 年的四月，轲比能率领其统辖下的丁零大人儿禅一起到幽州（今北京）向曹魏进献名马，以求缓和与曹魏的关系。但此后不久，一个偶然事件改变了轲比能的想法。

就在这一年的二月，蜀汉丞相诸葛亮开始了他一生中的第四次北伐。在诸葛亮的指挥下，蜀军进围祁山（今甘肃西礼县东），并造木牛流马解决军粮运输问题，摆出与曹魏打持久战的架势。曹魏政权因大司马曹真生病，派司马懿领兵抵御蜀军。司马懿采取坚守不出的战略，据险而守，蜀兵难以突破司马懿构筑的防线，两军对耗，旷日持久，蜀道运输困难，蜀军的军粮供应开始出现问题。为打破僵局，诸葛亮遣使者到鲜卑，邀请轲比能与蜀国联合，夹击曹魏。正在受到曹魏困扰的轲比能马上答应了诸葛亮的请求，亲自率部队进军至北地郡石城（今甘肃皋兰县西北），要与诸葛亮首尾相应，夹击魏兵，曹魏统治阶层大为震动。

可是，当轲比能刚刚要展开大规模军事行动的时候，蜀魏之间的战事却发生了意想不到的变化。五月十日，在诸将的积极要求下，司马懿出兵与蜀军决战，结果大败而归，被杀三千人。六月，蜀军粮尽，不得不退兵。魏将张郃追击蜀军，至木门谷（今甘肃天水西南）遇伏，中箭而死，蜀军退回四川，魏军后撤。诸葛亮第四次北伐宣告结束。得到这个消息后，轲比能无奈收兵回到草原。

虽然没有与魏兵进行正面作战，但轲比能这一举动却使曹魏的统治者深刻意识到，轲比能已经对其政权构成现实的威胁。这一次虽然侥幸躲过了鲜卑与蜀军的南北夹击，但谁能肯定，轲比能不会在诸葛亮下次北伐时乘机发动对魏国的大举进攻呢？于是，乘与蜀、吴都没有战事的间隙，魏明帝命令大将牵招出兵讨伐轲比能。

但是此时轲比能的军事实力已经非常强大，号称控弦之士十余万人，魏军与轲比能所部正面决战并没有获胜的把握。如果魏军不能迅速取胜，与轲比能的战争拖延下去，正给南方的蜀、吴两国以可乘之机。一旦陷入南北两线作战的局面，后果将是不堪设想的。因此，牵招受命后，迟迟没有发兵。经过与其他魏将反复商议，最终，牵招还是采用了幽州刺史王雄的计谋，派刺客韩龙出塞暗杀轲比能。

关于韩龙的身世以及刺杀轲比能的经过，史书中没有留下任何记载。我们只知道，在235年，轲比能遇刺而死，其弟代统部众。轲比能的弟弟显然才能远不及他，在曹魏政权看来，其弟是不足为虑的，甚至在史书中都没有留下他的名字。轲比能统一鲜卑各部的努力最终失败，鲜卑各部开始进入独自发展时期，在一个相当长的时间里，甚至没有哪一位鲜卑首领动过统一鲜卑各部的念头。

轲比能死后，发源于大鲜卑山的拓跋鲜卑迁徙到盛乐地区，从此开始了其漫长的整合鲜卑诸部的过程。但在这一时期，最有影响的鲜卑部落并不是拓跋部，而是由与轲比能对立的东部鲜卑发展形成的鲜卑宇文部、段部和慕容部。

第三章
目标锁定中原：东部鲜卑的南向之路

草原民族被寒冷的气候驱赶着，不约而同地奔向黄河流域。可要在中原立足，他们即使不能从马背上跳下来，抛弓箭而操耒耜，至少也要了解农业经济的重要性，学会欣赏中原农耕文明。

鲜卑段部最先抵达这里，却不幸沦为典型的反面教材；慕容部吸取教训，倾心汉化，可天不遂人愿，抛给他们一个强劲的对手——前秦；宇文部更干脆，还没进入中原，就在与慕容部的竞争中败下阵来，不得不退回大山，是福，是祸？

宇文部没有消亡，在故乡，他们传承了东胡族系的血脉与传统。也许这是上天对他们的一种补偿？

寒冷的气候将草原民族驱向黄河流域，对一家一户的农民具有丰富管理经验的中原地方官员，面对保持部落组织的北方民族却束手无策，加上黄巾大起义后中原地区不存在强有力的中央政权，这一切都使得黄河流域的民族关系陷入无序状态。

取代曹魏的西晋虽然最终统一了中国，但它却是中国历史上屈指可数的短命王朝之一。长达 16 年的八王之乱拖垮了本来就十分虚弱的西晋王朝。南匈奴后裔刘渊看准了时机，于 316 年起兵轻松灭掉了西晋。但是刘渊建立的汉——赵国未能成为继西晋之后的正统王朝，匈奴人没有能力控制全部黄河流域，进入黄河流域的少数族纷纷在中原建立自己的政权。因为曾经在中原立国的少数族主要有匈奴、鲜卑、羯、氐和羌，传统史家称这一诸族混战时期为“五胡乱华”。晋王室南渡，在江南建立东晋，而北方黄河流域各族建立的短暂政权多达16个，因此我们称这一历史时期为东晋十六国时期。

一、顽固坚持旧传统的反面教材：昙花一现的段部

在东方，曾经与轲比能对峙的鲜卑诸部经历了重新组合，在西晋时期，最终形成段部、宇文部和慕容部三大鲜卑部落。其中，最先崛起的是鲜卑段部。

关于段部的起源，史书中没有明确记载。有的学者认为，鲜卑段部很可能是以某些鲜卑小部落为主，融入大量汉族流民和其他少数族成员的混合部落，将其视为鲜卑人是比较牵强的。这一部落之所以被称为段部，只是因为其首领姓段，仅从这一点来看，其历史也不会很悠久。在东部鲜卑三大部中，宇文部与慕容部的姓氏都是复姓，明显不是出自汉姓，只有段部的姓氏看上去像是汉姓，因而有人怀疑，段部的首领也许是鲜卑化的汉人。

关于段部的族属问题，还有一点令人困惑，那就是《魏书》是

将段氏称为“徒何”的。

“徒何”既是地名，也是族名。一般认为，“徒何”与“屠何”是对同一少数民族语词的不同汉语译写。屠何是先秦时代古东胡族的一支，虽然其名称出现于先秦文献中，但我们仅知道，这个部落曾经向周王朝朝贡。春秋时，曾与东胡其他部落一起侵扰过燕国，并与齐桓公的部队作过战。有的学者认为，屠何是早期东胡人的一支；有的学者认为屠何是东胡族的祖先；还有人认为屠何是与东胡族并存的另一个部族，与东胡人无关。从现有的文献记载来看，很难断定诸家之说谁是谁非。

相传在先秦时代屠何族曾经在屠何城，即今辽宁锦州附近建立了无终国，因为这个缘故，汉代将设立在屠何城的县命名为徒何县，不过译名采用了“徒何”，而不是“屠何”。此后，徒何也就成为一个被一直沿用的县名。现在我们也说不清楚，《魏书》里将段部称为徒何，究竟是指段部是先秦时代的屠何古族的后裔，还是指段部的发源地在汉代的徒何县境内。不过，从慕容部在慕容廆的率领下迁居徒何之大青山，并以这附近的大棘城为根据地向外发展来看，汉徒何县辖区应该一直处于慕容部的控制之下，不会是段部的发源地，《魏书》所表达的更可能是前一层意思。但屠何古族究竟如何已无法弄清，其与段部的关系显然更无从谈起。

有人认为，当拓跋鲜卑建立的北魏统一中原后，便把鲜卑这一名称据为己有，而将东部鲜卑的慕容部、段部称为东部、白部，或将段部称为徒何，将宇文部称为匈奴。如果真是这样的话，我们再从徒何出发研究段部的族源，就变得没有任何意义了。

鲜卑段部的居住地大体上在今天的河北省抚宁、迁安及辽宁省的建昌、朝阳南部一带。根据马长寿的研究，段部所属的鲜卑部落很可能早在东汉时期就已经迁入辽西地区了。

关于段部的早期历史史书记载非常有限，但我们可以看出，段部首领的家族最初社会地位是很低的。相传段部先祖段日陆眷曾被卖到渔阳乌桓大人库辱官家里为奴。有一天，乌桓诸部大人聚于幽州，大家手里都拿着唾壶来接痰，唯独库辱官没有，为显示自己的高贵和与众不同，库辱官命日陆眷张口相接，将痰直接吐在日陆眷的口中。日陆眷直接咽下，并向西拜天，口中念道："但愿神将主人的智慧和福禄都随痰移入我的身体之中。"日陆眷因此得到了库辱官的信任。后来渔阳地区闹灾荒，库辱官委任日陆眷率领一部分部众前往辽西地区求食，日陆眷乘机脱离库辱官的控制，独立发展，招亡纳叛，树立自己的势力，吞并周边鲜卑和乌桓族的小部落，逐渐发展成为具有较强军事实力的大部。

段日陆眷去世后，其弟段乞珍成为段部的首领；段乞珍之后，日陆眷的儿子段务勿尘、孙子段就六眷相继统领段部。到了段就六眷的时代，鲜卑段部已经拥有骑兵四五万人，成为北方政治舞台上一支重要的力量。段部一直臣属于西晋，永嘉初年，晋朝封段务勿尘为辽西公。务勿尘的部下，除段氏子弟之外，如飘滑和屠瓮等都拥有很强的势力，晋朝因此并封之为亲晋王。

永嘉年间，石勒攻打冀州，段部曾在王浚的率领下在今河北省邢台西北大战石勒。张宾和孔苌在与石勒交谈时曾提道，鲜卑部族之中，段部鲜卑是最英勇、彪悍的。这次战争虽然以王浚的失败告终，段部首领也被俘虏，但鲜卑段部的强悍因此而闻名天下。

学者们认为，段部之所以能够在东部鲜卑中率先崛起，主要是因为其居住地靠南，因而能大量吸纳汉人。据马长寿研究，段部统治下的汉人，大概有以下几方面的来源：一是自汉末、魏晋以来留在幽州和逃往鲜卑的汉族的子孙；二是段部在段就六眷时期从代郡、上谷、广宁三郡掳掠来的汉人；三是魏晋时期幽州、冀州等地因受不了王浚的暴政，主动逃入鲜卑的汉人。段部始终向晋朝称臣，这是吸引中原汉族流民进入段部的重要原因。我们也不应忽视地理方面的因素，段部控制区是连接中原地区与东北地区的交通枢纽，为躲避战乱而北迁的中原移民要经过的第一站就是段部控制区。

段部虽然依靠汉族流民的势力而崛起，但却未能充分发挥这一优势。自段日陆眷开始的三代段部首领，重视的都是征战与劫掠，不知道引进汉族先进的技术在统治区内发展农业生产，也没有借鉴汉族先进的管理方式来统治投附的汉人，却希望用其他鲜卑人都已经在逐渐抛弃的部落制来管理汉人。段部虽然强盛一时，但最终也未能建立自己的国家，虽然东征西讨，英勇善战，最终却难以保存其胜利的果实。段部强调的是弓马，除了弓马，他们一无所有。

进入中原的少数民族，即使他们自己不能从马背上跳下来，抛弓箭而操耒耜，由骑士转变为农民，至少也要了解农业经济的重要性，并学会欣赏中原农耕文明，才能够从中汲取营养，发展本民族的文化，才能在中原建国立足。在这方面，段部显然是最典型的反面教材。

西晋时许多进入中原的少数族首领都已经受到汉文化的熏染，开始为自己取汉语名字，而见于史书记载的段部首领的名字却都与汉语无关，反映出段部首领即使在鲜卑人中也是文化层次较低者。他们自身的较低素质决定了他们只能认识到武力的作用，而不具备欣赏和学习汉文化的最基本素质。也许这是段部最终衰落的根本原因。

段就六眷去世时其子尚小，段部面临着继承危机，这也是没有明确继承法的鲜卑各部常常遇到的难题。按照在段部中的威望，最有可能成为段就六眷继承者的是其堂叔段羽鳞、其堂弟段末波以及他的亲弟弟段匹磾。段匹磾卷甲奔丧，想在就六眷的葬礼上杀掉自己的两位竞争对手，但事情泄露，段羽鳞与段末波联手派部队截杀段匹磾，段匹磾单骑逃回驻地，发兵进攻段羽鳞与段末波，段部正式分裂并开始内战。

段匹磾因无法抵御来自段氏和中原石勒的南北夹击，最终索性率领全部人马投降了石勒。段末波自称幽州刺史，驻扎在辽西，段末波死后，部人拥立其叔祖、日陆眷的弟弟护辽为本部首领。由于受到中原地区后赵政权的进攻，护辽后来投奔了新兴起的鲜卑慕容部，他的弟弟郁兰则投降了后赵政权。后赵将新征服的鲜卑五千人交由段郁兰统领，在其死后，由其子龛代统所部。石虎去世后，后赵内部发生了冉闵之乱，段龛率部迁居山东，后来在这里投降了慕容部，但却没有得到应有报偿，反而被慕容儁弄瞎了双眼，随后杀掉了。可以说，自段就六眷去世以后，段部就已经不再是一支独立的势力了。

段部的主体部分应当是并入了石勒建立的后赵政权，因为段氏与石勒具有特殊的关系。早在段就六眷的时代，石勒曾擒获段部第一勇将段末波。但石勒没有处死段末波，而是奉之为上宾，置酒饮宴，并认段末波为义子，放他回段部。对石勒感恩戴德的段末波此后小解时从来不对着南方，别人问他为什么，他回答道："因为我的父亲在南方。"

石勒是羯人，后赵是羯人建立的政权。虽然史书中称羯族出自匈奴，但我们可以肯定羯族具有白种人的相貌特征，与匈奴族并不同源，应该是从前匈奴人统治下的一个白种人部族。对于这个白种人部族的起源史书中没有任何记载，有的学者从其信仰胡天，也就是祆教，推测其可能来自中亚。段部分裂后，段匹磾及段末波的部众大多投降了石勒，如果我们考虑到鲜卑人也具有白种人的相貌特征的话，那么，这恐怕不仅是因为段部的居住区与后赵相邻，其中可能还有种族方面的原因。

349 年石虎死后，诸子争立，互相残杀，后赵陷入内乱。后赵大将冉闵于 350 年正月杀石鉴，自称皇帝，国号大魏，史称冉魏。冉闵称帝之后，为稳固自己的统治，下令将羯族全部处死，令下当日，羯人就被杀了二十多万。在冉闵挑起的民族仇杀中，白种的羯人被灭族，从此在中国历史上完全消失，这就是冉闵之乱。在这一场大劫难中，甚至有很多高鼻多胡须、相貌类似白种人的汉人被误杀。段龛在此时率段部残余势力迁向山东，恐怕也是为了逃避冉闵的迫害。由此推测，在投降后赵以后，段部中的鲜卑成员可能一部分在冉闵之乱中遇害，其汉族成员则重新加入中原汉族社会之中，而不会再受到段部的操控。就这样，曾经盛极一时的段部迅速消融。

段部能够迅速兴起，是因为其内部不存在鲜卑人的强固的血缘组织，可以迅速大量吸纳汉族成员，但这也正是其部落迅速瓦解的原因。在失去军事方面的强势地位之后，段部既没有保持部落完整性的血缘纽带，也不存在统治汉人的行之有效的方法。段部自日陆眷算起，至分裂投降后赵以前，不过经历了三代人的发展，其强盛时间甚至不到三十年。综观东部鲜卑的历史，段部的昙花一现，更好像是此后慕容部兴起的序曲。

二、学习汉文化的新途径：趁乱吸纳汉族流民的慕容廆和他的前燕政权

相对于段部而言，慕容部的历史要悠久得多。

学者一般认为，檀石槐三部中的中部大人慕容，就是慕容部的

首领。如果这种猜测可以成立的话，则至晚在公元 2 世纪，慕容部就已经迁入漠南草原，而且在当时是比较强大的鲜卑部落。但是按照下面我们将要介绍的《晋书》的记载来看，慕容部的名称起源于 3 世纪以后，檀石槐的中部大人慕容，恐怕与后来的慕容部风马牛不相及。从另一个角度看，如果在檀石槐时代，慕容部的首领已经是中部的大人，慕容部必定是鲜卑中非常有影响的大部，那我们也就无法解释为什么在此后近百年时间里慕容部不仅默默无闻，而且还实力缩减，迁居辽西了。

可以肯定的是，至晚在公元 3 世纪早期，慕容部已经在其首领莫护跋的率领下迁入辽西地区，从此开始了其漫长而艰难的发展历程。史书中记载，慕容部曾经追随司马懿的部队讨伐在曹魏时割据辽东的公孙氏政权，其首领莫护跋因为战功卓著而被曹魏封为率义王。由此推测，慕容部更可能是在轲比能遇刺、鲜卑各部分立发展之际，较早投降曹魏政权的一支鲜卑人小部落。他们之所以会来到辽西，并不是出于自愿的迁徙，而是从军征伐之后留驻当地的结果。

关于慕容部名称的来历，《晋书》的记载称其首领莫护跋进入辽西地区以后，见到当地居民流行戴步摇冠，他非常喜欢，便抛弃了鲜卑人的传统发式，改为束发戴步摇冠，因而他所率领的部落被其他鲜卑部落讥讽为“步摇”。后人不解其意，音讹为“慕容”，莫护跋与其部众将错就错，也就以慕容作为部落的称号了。

在辽宁省北票市西官营子的北燕冯素弗墓中，考古学家发现了慕容部的步摇冠实物，似乎这种说法已经得到了考古方面的佐证。但问题是，如果当时北方汉族中真的流行这种冠饰，慕容部不会等到进入辽西才接触到这种东西。也有人认为，步摇不论是作为冠饰还是作为女子的发饰，其发源地都是在中亚或西亚，后来才传入中国。如果这种猜测可以成立的话，这种自西向东传播的文化要素，更可能是由东迁的慕容部带入辽西的，而不是慕容部进入辽西以后才学着戴步摇冠。

对上述说法古人已经持怀疑态度了，因此他们另外杜撰出一种解释，说慕容部鲜卑人“慕二仪之德，继三光之容，遂以慕容为氏”。所谓“二仪”就是“两仪”，指阴与阳，“三光”是指日光、月光和星光。姑且不论慕容部确定自己的部落名称时有没有如此高超的汉文学修养，单纯从这种解释片面按“慕容”二字的汉语意义解释来看，就有很大问题。因为一个鲜卑人的部落，是不大可能用汉语来命名的。

莫护跋去世后，他的儿子木延成为慕容部的首领，号称“左贤王”。从其采用匈奴人的官号来看，慕容部早期更多的是受到匈奴文化而不是汉文化的影响，他们的先世应该有过在蒙古草原与匈奴人杂居的经历。木延之子涉归担任慕容部的首领时，受封为鲜卑单于，在其去世后，他的儿子慕容廆成为慕容部的首领。

自涉归的时代起，慕容部已经接受了中原汉族统治者早已实行的嫡长子继承制。慕容廆之所以能够成为慕容部的新一代领导人，固然是因为他才能出众，但主要还是因为他是涉归的嫡长子。慕容廆成为慕容部的首领之后，他的庶长兄吐谷浑不得不远走他乡，其后裔迁徙至青藏高原边缘并建立了吐谷浑国。这种继承制虽然有其弊端，但其最大的优点在于，能够将因继承问题导致部落分裂的可能性降至最小。

嫡长子继承制在慕容部的确立也不是一帆风顺的。涉归在世时就已经确定嫡长子慕容廆为其继承人，擅长相人的安北将军张华还曾经在慕容廆很小的时候就预言他“长大之后必为杰出人物，能够济世安民”。但在涉归去世后，涉归的弟弟耐还是与慕容廆展开了对慕容部领导权的争夺。在耐被慕容部人杀死后，慕容廆的领导地位才得以最终确立。

慕容廆即位初期曾经与晋王朝为敌，率部劫掠辽西郡，因而受到晋军的讨伐，在肥如一战中，慕容廆惨败。见西向发展受阻于晋王朝，慕容廆转而向东发展，于 285 年出兵攻破位于慕容部东北方的扶余国的都城。扶余王依虑自杀，王室子弟退到沃沮。慕容廆俘获扶余一万多人，转卖为奴隶。晋王朝得知消息后，命东夷校尉何龛派部队迎立依虑之子为扶余王，杀慕容廆的部将孙丁，并赎回被卖为奴隶的扶余人。复国后的扶余国成为慕容部的死敌。慕容廆的东向发展方案不仅因此受阻，还在无形中为自己制造了一个敌国，可谓偷鸡不成蚀把米。

这两次失败使慕容廆深刻地认识到，与中央王朝对立极不利于慕容部的发展。慕容廆感慨地对部下说：“势力的强弱是明显的，我们怎么能与晋王朝抗衡呢？”于是，在 289 年，慕容廆派人向晋朝称臣，晋朝顺水推舟，封其为鲜卑都督。同年，慕容鲜卑又因为其所居之地偏僻，迁居到今辽宁义县一带，后又继续南下，重新定居于今辽宁锦州附近。

慕容鲜卑越是向南迁移，远离自己的原住地，越是靠近汉族聚集区，其部落成员就越是能够较快地摆脱落后的生产方式，更好地吸收汉族的先进文明，逐渐由牧民转化为耕种小块土地的农民，最终使其整个部落由游牧转向农业的定居生活。

慕容廆在位的时候，慕容鲜卑充分利用其居住地接近汉族地区的优势，积极吸收进入东北的中原流民。当时归附慕容鲜卑的流民络绎不绝，仅进入辽西地区的流民就比当地的土著居民多出十倍。为了更好地安置这些普通流民，慕容鲜卑还效仿东晋政府，设立侨置郡县来管理他们。除较好地安置普通流民外，慕容部还特别注意招纳、任用汉族的士人、官吏。在汉族士人的帮助下，慕容部迅速壮大起来。

慕容廆统治慕容部长达 49 年，在 65 岁时去世，临终前指定嫡长子慕容皝即位，这也从一个侧面反映出慕容廆受汉文化影响之深。但这次权力交接进行得并不顺利。慕容皝的庶长兄慕容翰担心受到迫害而出逃，慕容皝的同母弟慕容仁干脆起兵割据辽东，与统治辽西的慕容皝分庭抗礼。至 335 年，乘气候严寒、渤海结冰之际，慕容皝率部队踏冰过海袭击辽东半岛，才彻底打败了慕容仁，重新统一慕容部。

自慕容廆时代起，慕容部已经开始了汉化进程。慕容廆已经明确提出“农业是国家的根本，是当务之急”，他还在江南地区广求桑种，在辽东地区发展养蚕业。慕容廆在其统治区建立学校，推广汉式教育与儒学。即使是在政务非常繁忙的情况下，慕容廆也不忘抽出时间到学校去听大学问家刘赞讲课。慕容皝、慕容翰兄弟都精通儒家经学，慕容皝当政时期进一步扩大学校的规模，使在校的学生人数达到千余人，这在辽东是史无前例的。慕容皝本人还经常到学校讲课，并亲自编写了汉文课本《太上章》，以代替原来的课本《急就篇》。如此关心教育的君主在中国历史上是不多见的。

慕容部经慕容廆、慕容皝父子两代的经营，已经成为以农耕经济为支柱、以儒学为统治思想、以汉文化为主流文化的东北强国，但在名义上却还隶属于晋王朝。

在慕容皝统治的十五年中，慕容部东征西讨，进一步确立了其在东北亚的优势地位。就在打败慕容仁重新统一慕容部后的第二年，即 336 年，慕容皝亲自率领五万精兵，在柳城附近打败了段部与宇文部的联军。此后，段部的首领不得不南下投降后赵，在东北的势力完全瓦解。345 年，慕容皝再次大举进攻宇文部，宇文部的首领远逃漠北，宇文部的残余部众五千余家被迁往昌黎郡，置于慕容部的严密控制之下，宇文部被彻底征服。至此，慕容部统一了东部鲜卑三大部。

在慕容皝统治期间，东北地区已经不存在可以与慕容部相抗衡的势力。但是，他没有来得及进军中原就去世了。慕容皝临终前对身边的人提到，他在不久前的一次狩猎中，看见一位穿红袍骑白马的老人向他摆手，并对他说：“这里不是你打猎的地方，你还是回去吧！”后来他就在追射一只白兔时因坐骑跌倒而受伤，从此一病不起。慕容皝去世时年仅52岁。

慕容儁作为慕容皝的继承者，最终称帝，建国号为燕，不再使用晋朝的年号。为了将之与慕容部后来建立的政权相区别，史书中一般称慕容儁政权为前燕。

传说慕容廆生前经常对人说：“我一生修善积福，因而我的儿孙会占据中原的。”到慕容儁出生时，慕容廆感叹道：“这个孩子骨相不凡，此事当应验在他身上！”

慕容廆是否有算命看相的本事我们不得而知，但慕容儁即位时，统治中原地区的后赵政权却因其君主石虎病死，诸子争夺王位而内战不断。350年，慕容儁举兵南征，进攻后赵。就在慕容儁的部队节节进逼时，后赵发生冉闵之乱。351年，慕容儁趁冉闵与石祗激战之际，率大军西进，燕军一路势如破竹，尽收幽、蓟之地。冉闵战胜石祗之后，兵力激增到三十万，于352年反过来与慕容部进行决战，但兵败被擒，被慕容儁斩于龙城。

除掉冉闵之后，前燕的疆土向南扩展至黄河以北，成为中国北方最大的割据政权。慕容儁又收服了段氏鲜卑余部，向北打败丁零、敕勒，降服匈奴单于贺赖头部众三万余人，向南击败晋军，占领了黄河以南的广大地区。慕容儁随即迁都至邺城，重修铜雀台。前燕政权达到极盛。

慕容儁雄心勃勃，以统一天下为己任。他打算先取关西地区的前秦，然后南下吞并东晋。为此，前燕极力扩充兵力，规定每户只留一名劳动力，其他的统统要去当兵，想在第二年将军队扩充至150万，然后进军洛阳。但未等到慕容儁出兵，此举就已经在前燕内部激成叛乱。360年，被内讧搞得头昏脑涨的慕容儁带着满腹遗憾离开人世，其子慕容暐即位。

慕容儁临终前将弟弟慕容恪召到病床前，对他说："我儿子还小，两大敌国未灭，他恐怕承担不起这个重任。我想仿效宋宣公立弟的做法，把国家交给你执掌。"慕容恪答道："太子虽然年纪小，但天性聪明，定能胜任，我们不能乱了正统。"慕容儁生气地斥责慕容恪："我们兄弟之间，你还说这些违心的话做什么！"慕容恪说："陛下认为我能够胜任国事，难道您就不认为我也能够辅佐少主吗！"慕容儁去世后，大臣们曾准备按其临终遗言，立慕容恪为帝，慕容恪不同意，而是率领大臣们立慕容暐为帝。但是，这种维护嫡长子继承制的做法却埋下了前燕灭亡的祸根。

慕容暐不仅庸弱无能，还是十六国时期出名的荒淫之君，他的后宫所养的嫔妃总计四千多人，加上侍从，宫廷总人数近四万人。据说当时皇室一天的消费就折合黄金近一万两。不仅皇室荒淫无度，前燕的各级官吏也腐化堕落，利用权势强占土地，广泛建立私人庄园，有的甚至封山占水。由于前燕官员大肆掠夺劳动力资源，导致国家所掌握的民户甚至少于私家大族所掌握的民户，前燕政府的赋税收入连年递减，出现了国库空竭的窘迫状况，无法维持日常的开支。广大民众怨声载道，甚至铤而走险，群起反抗，再加上统治阶级内部争权夺利，前燕的军事实力日益削弱，在与前秦和东晋的竞争中开始处于被动地位。

公元369年，东晋桓温率领五万大军北伐前燕，一路长驱直入，一直抵达枋头。慕容暐惊慌失措，打算逃回和龙（今辽宁朝阳）。慕容垂极力劝阻，并亲率大军迎击，大败桓温。但慕容垂这次击退晋军，不仅没有挽救前燕岌岌可危的统治，反而使前燕统治者内部的矛盾激化，慕容垂最终也不得不逃往前秦。

当桓温北伐节节胜利时，前燕曾以割让虎牢（今河南荥阳汜水镇西）以西的土地为条件，请求前秦出兵协助抵御桓温的部队，前秦出兵两万接应前燕。但在战争结束后，前燕反悔食言，前秦遂以此为借口，派王猛率步骑三万，进攻前燕。公元370年，前燕都城邺城为前秦部队攻陷，前燕灭亡。如果连慕容廆的开创时期也计算在内，慕容氏从建立自己的政权到前燕最终灭亡，共经历了四代八十多年的时间。

从慕容廆打败三部、开国于辽西，到慕容皝东征西讨、称雄东北，再到慕容儁打败后赵、消灭冉闵、迁都中原，我们可以发现，慕容部经历了三代人的发展才达到鼎盛时代，而其灭于前秦却显得非常突兀。这一切并不能全部归罪于慕容暐的荒淫。前燕灭亡的根本原因在于自慕容儁进军中原之后，就与十六国其他的君主一样，走上了穷兵黩武的道路，抛弃了父祖时期重视农业生产以积累国力，重视儒家思想与汉文化以凝聚人心的正确做法，因而也就必然会重蹈北方民族政权“骤亡”的覆辙。

前燕虽然亡于前秦，但仅过十余年间，前秦就为慕容鲜卑所建立的另外一个政权——后燕所推翻。前燕的覆灭并不代表慕容鲜卑的灭亡，慕容鲜卑经过近百年的发展，枝蔓众多，部族繁盛。十多年之后，他们又建立了后燕、西燕、北燕和南燕等几个政权。

三、短暂复国：真命天子慕容垂和他的跳蚤子孙们

来自西北的氐人建立的前秦，在灭亡前燕以后基本上统一了中国北方。自西晋灭亡以来，中国北方第一次处于同一个政权的统辖之下。前秦的统治者苻坚因此为胜利冲昏了头脑，不顾群臣的劝阻，举倾国之兵进攻东晋，想灭亡东晋最终统一中国。但淝水之战的惨败，不仅使苻坚统一中国的美梦化为泡影，也使被前秦征服的各部族发现了复国的机会，北方重新陷入分裂和战乱之中。

淝水之战之后，前燕王子慕容垂也开始了重建燕国的努力。

慕容垂是慕容皝之子，本名慕容霸。慕容皝经常当着自己的弟弟们夸赞慕容垂："此儿阔达好奇，终能破人家，或能成人家。"对他的宠爱甚至超过了已经被确立为世子的慕容儁。慕容儁因忌生恨，在其即位以后，以慕容垂小时曾从马上掉下来摔断了门牙为借口，命他改名为慕容缺。后来为了符合图谶中的预言，才又改名为慕容垂。

在慕容皝时代，慕容垂就已经以英勇善战闻名，但由于受到

慕容儁的猜忌，在慕容儁在位期间郁郁不得志。慕容暐即位后，慕容恪辅政，执掌前燕的大权，慕容垂被封为吴王。在慕容皝的诸子中，慕容恪排行第四，慕容垂排行第五，兄弟俩年纪相仿，感情亲密，慕容恪多次建议慕容暐重用慕容垂。他甚至说："吴王将相之才十倍于臣，先帝因为臣年长，所以用我辅政。臣死之后，愿陛下委政吴王，可谓亲贤兼举。"

真正令慕容垂名闻天下的是他击败东晋桓温之战。慕容垂率八千燕军大败桓温的北伐军，斩首三万人。可是，这次辉煌的胜利却引来慕容暐的猜忌，担心他功高难制、图谋篡位。前燕虽然打了大胜仗，统帅慕容垂却被免职。继慕容恪之后在前燕执政的慕容评还阴谋杀害慕容垂。在这种形势下，打败桓温后仅一个多月，慕容垂就不得不出逃前秦。

前秦苻坚听说慕容垂来投非常高兴，亲自出迎，拉着慕容垂的手说："天生贤杰，就是要让他们一起共成大业的啊！朕要与你共成大业，让卿荣归故里。"

当苻坚要发动进攻东晋的战争时，前秦大臣纷纷劝谏，只有慕容垂表示支持，他对苻坚说："我国现在如此强大，自然应该吞并东晋，不要给子孙后代留下祸患。当年晋武帝出兵江南灭亡吴国时，所依靠的大臣也不过是三两人而已，这种事关键在于陛下自己做出决断，何必听从众人的意见。若听从大众的意见，岂能建立统一天下的丰功伟业？"苻坚非常高兴地说："与吾共定天下者，独卿而已。"从此坚定了南伐的决心。

后人多认为，此时的慕容垂已在寻求前燕复国的契机，所以才会鼓动苻坚南征，以便自己乱中取利。淝水之战前秦惨败，各路部队均损失惨重，只有慕容垂率领的部队全身而退，因此有的学者猜测，慕容垂可能与东晋暗中勾结，前秦的失败与他的通敌有着直接关系。

淝水兵败后苻坚率余部奔往慕容垂。慕容宝曾劝说其父慕容垂杀掉苻坚："现在前秦兵败，委身于我们，正是天赐恢复燕国、灭亡前秦的好时机。"但慕容垂认为时机尚未成熟，便借口去邺城祭拜祖先，与苻坚分道扬镳。

公元 383 年，丁零人翟斌起兵叛秦，慕容垂乘机与之联合，大破邺城秦军，树起了反秦复燕的大旗。次年，慕容垂自立为燕王。就在这一年，慕容冲也率部叛秦，攻入关中之后，于 385 年在阿房（今陕西咸阳）称帝，建立了西燕。386 年，慕容垂称帝，立其子慕容宝为太子，定都中山（今河北定州），史称后燕。

早在前秦灭亡前燕时，苻坚曾将前燕最后一个君主慕容暐全家以及前燕的鲜卑人四万多人迁往首都长安一带。关中地区一下子成为鲜卑人新的聚居地。在前秦强盛时，许多大臣担心这些鲜卑人在前秦首都附近造反，难以对付。赵整有一次在宴会上鼓琴而歌："阿得脂，阿得脂，远徙种人留鲜卑，一旦缓急语阿谁！"向苻坚委婉地表达了这种忧虑，但是并未引起苻坚的注意。

苻坚对待投降前秦的鲜卑人十分优厚，纳慕容暐的女儿清河公主为妃，宠冠后宫。慕容暐的小儿子慕容冲在前燕灭亡时只有 12

岁，但长得非常俊美，因而被苻坚召入宫中，成为苻坚身边最受宠的娈童。因为慕容冲姐弟俩都得宠于苻坚，当时首都长安流传着这样一首民谣："一雌复一雄，双飞入紫宫。"后来在权相王猛的劝谏下，苻坚才把慕容冲送出宫。

前秦的氐族精兵在淝水之战中消耗殆尽，对关中地区的控制力因而受到削弱，关中地区的鲜卑人乘机起兵反秦。慕容暐的儿子慕容泓在关中举兵，称济北王，当时任平阳太守的慕容冲也在河东起兵，与慕容泓一同西进长安。不久，谋臣高盖等人认为慕容泓德望不如慕容冲，而且用法苛刻严峻，于是杀慕容泓，改立慕容冲为皇太弟。慕容冲于 385 年称帝，史称西燕。

得知慕容冲将要发兵长安的消息之后，苻坚派人给他送去了一件锦袍，并对慕容冲说："卿远道而来，万事草创，一定很辛苦吧！今送一袍，以表明我的心迹。朕对你情谊如何？怎想到竟然出现如此变故！"希望他顾及从前的情谊。慕容冲的答复是："孤今心在天下，岂顾一袍小惠！"不过他答应放苻坚一马，如果苻坚主动投降，他可以保全苻氏一族。失望的苻坚从长安出逃，后来为羌人姚苌所杀，强盛一时的前秦就这样灭亡了。

鲜卑人攻克长安之后怀念故乡，希望东归，不愿意继续留在关中，慕容冲却希望立足关中建立自己的帝业。最终，鲜卑人杀害了年仅 27 岁的慕容冲，在慕容忠的领导下开始走上了归乡之路。此后几经波折，这支鲜卑人最终在今山西省境内安顿下来，拥立慕容永为西燕皇帝。西燕强盛时占有今河南、山西两省的大部分地区。

慕容永是慕容廆的弟弟慕容运的孙子，并不是前燕王室的正宗后裔。为了保全自己的地位，他在即位之后，大肆诛杀慕容皝一系的子孙。慕容永的做法激起了慕容垂的仇恨。

一开始，西燕与慕容垂建立的后燕是并存的，两者都打着复兴前燕的旗号，号召慕容鲜卑加入自己的队伍。慕容永失德，394年，慕容垂率兵出征讨伐西燕，西燕贾韬潜开门放后燕兵进入，慕容垂擒杀慕容永，西燕就此灭亡，其所统辖的八郡、78800余户均被后燕接管。自慕容泓起兵讨伐苻坚算起，西燕一共仅存了十年。至此，慕容垂的后燕大体上恢复了前燕的统治区域，开始进入鼎盛时期。

曾经统一中国北方的前秦政权此时已为羌人姚苌建立的后秦所灭，后秦的势力局限于关中，与前秦不可同日而语。正在慕容垂踌躇满志地谋求进一步开拓后燕疆土的时候，他遇到了一个新的强敌，这就是兴起于北方的拓跋鲜卑。

315—376年，拓跋鲜卑也曾建立过自己的政权，国号代，但最终为前秦所灭。淝水之战后，拓跋珪重建代政权，后来改国号为魏，也就是北魏。鲜卑拓跋部与慕容部不仅是同族，而且其首领世代通婚，因而，在拓跋珪复国之初，实力较弱时，是依附于后燕的。390年，在后燕赵王慕容麟的支持下，拓跋珪在意辛山（今内蒙古二连浩特西南）打败北方游牧部落贺兰、纥突邻及纥奚三部。第二年的四月，后燕又派镇北将军兰汗率兵大败进攻拓跋部的贺染干与贺讷；六月，后燕派赵王慕容麟率兵生擒贺讷。在后燕的扶持下，拓跋部的势力发展迅速，已开始具有与后燕一决雌雄的野心。慕容麟收兵回朝曾对慕容垂说：“臣留心观察拓跋珪的动向，很担心他会成为我国的祸患，不如将他软禁在朝中，任命他的弟弟治理拓跋部。”但慕容垂刚愎自用，没将拓跋珪放在眼里。就在这一年的七月，拓跋珪派他的弟弟拓跋觚出使后燕，慕容垂之子慕容宝扣留了拓跋觚，要求拓跋珪进献良马。拓跋珪因此与后燕绝交。

在灭亡西燕之后，慕容垂马上将矛头指向拓跋珪，于 395 年，以太子慕容宝为主帅，与辽西王慕容农、赵王慕容麟等统兵 8 万讨伐北魏，另遣范阳王慕容德、陈留王慕容绍率兵 18000 人为后援。从后燕出兵的规模及将帅的人选来看，慕容垂是志在必得，可是后燕的军事行动进展得并不顺利。

就在慕容宝的部队与北魏的部队相持之际，拓跋珪获知了慕容垂生病的消息，于是就向后燕军散播慕容垂已死的谣言。慕容麟的部将慕舆嵩等误以为慕容垂真的病死了，暗中图谋奉慕容麟为燕主，事泄被杀。慕容宝、慕容麟因此互相猜疑，无心继续对北魏作战，慕容宝决定撤军。

当燕军回至参合陂时，狂风大起，僧人支昙猛对慕容宝说：“这阵风来得又急又大，这是魏兵将至的征兆，我们应该派部队防御。”慕容麟大怒，说支昙猛散布谣言、扰乱军心，要杀掉支昙猛。慕容宝制止了慕容麟，虽然他也不相信北魏会追袭而来，但出于谨慎，还是派慕容麟率骑兵 3 万殿后掩护。慕容麟根本不将支昙猛之言放在心上，一边行军，一边率领部下打猎，没有任何戒备。当拓跋珪的部队出其不意地向后燕军发起进攻时，措手不及的燕军争相涉水逃命，人马自相践踏而死的数以万计。有四五万后燕士兵在投降后被北魏坑杀，慕容宝仅率数千骑逃走。

第二年，后燕皇帝慕容垂亲征北魏，途经参合陂时特意设坛祭奠在参合陂之战中阵亡的后燕将士。面对遍野的累累白骨，后燕全军放声痛哭，声震山谷。本已生病的慕容垂悲感交集，当场呕血，以致病势加剧，后燕不得不因此再次撤军。慕容垂不久病逝。

得知慕容垂病逝的消息后，拓跋珪大举进攻后燕。397 年，在柏肆之战中，后燕先胜后败，此后一路败退。这一年十月，北魏攻克中山，后燕的疆土被北魏拦腰斩为南、北两部分。南部的慕容鲜卑部众由慕容德率领，于 398 年南迁滑台（今河南滑县）立国，建立南燕政权。

南燕立国于败军之际，实力非常弱，所能控制的不到十城。滑台又处于北魏和东晋之间，两面受敌，慕容德于 400 年称帝，最强盛时号称有步兵 37 万、骑兵 5 万多。但仅仅十年之后，慕容德的侄子慕容超在位时，就被东晋的刘裕灭掉了。

在北魏攻克中山以后，后燕的君主慕容宝逃回慕容部故地，定都于前燕故都龙城，其势力逐渐北缩，仅保有东北西南部一隅之地。大敌当前，后燕内部统治者之间争权夺利的斗争反而愈演愈烈。399 年，慕容宝被兰汗等诱杀于龙城。慕容宝之子慕容盛即位以后，后燕内部叛乱频仍，慕容盛本人最终也在叛乱中被杀，由慕容熙继续执掌政权。

慕容熙是慕容垂的小儿子，是慕容盛的叔父，曾与慕容盛的母亲丁氏私通，所以，在慕容盛去世后，丁氏就以国内混乱应立长君为借口，废了太子慕容定，立慕容熙为燕王。此后不久，因为慕容熙宠爱苻氏，丁氏忌恨，图谋废掉慕容熙，消息泄露，反被慕容熙逼令自杀。

慕容熙是十六国中出了名的荒淫之主，大规模兴修宫殿，四处游玩打猎，根本不顾百姓的死活。在他即位之后，征发两万余人修筑宫殿，当时正逢盛夏，因为得不到休息，很多人因为饥饿、中暑而死去。慕容熙为其宠爱的苻氏修建承华殿的时候，要从北门外往城里运土，最终土的价格几乎与粮食相同。

更为荒唐的是，在他的皇后苻氏去世后，慕容熙竟哭得昏死过去，在苻后已经装殓入棺之后，他又命人将棺材打开，与苻后的尸身温存交接。慕容熙在都城边为苻后大起陵墓，方圆数里，还对负责工程的人说："一定建好，朕随后也就要入此陵了。"慕容熙命文武百官吊祭苻后，派专人监察，凡是没有流泪的，都被视为不忠，要严加治罪，百官不得不暗中准备各种办法以达到现场催泪的效果。给苻后出殡的时候，因为灵车建得过于高大，无法通过城门，慕容熙下令将都城的北门拆毁，以便灵车通行。一些老人暗中说："慕容氏自毁城门，恐怕国家不会长久了。"

冯跋兄弟乘慕容熙出城为苻氏送葬之机，在城内发动叛乱，拥立高云为主。赵洛生自城中逃出，赶往陵园报告慕容熙。慕容熙不以为然，说："这些鸡鸣狗盗之徒不足为虑，朕回城就杀了他们。"

可是，慕容熙率随行部队进攻都城时，士兵纷纷逃散，慕容熙发现无法攻克都城，只好退守龙腾苑，最终还是被冯跋与高云杀掉了。颇具幽默感的高云命令将慕容熙安葬在苻氏的陵墓中，帮助他圆了“朕随后也就要入此陵”的梦想。后燕自慕容垂立国至此，共经历了二十六年。

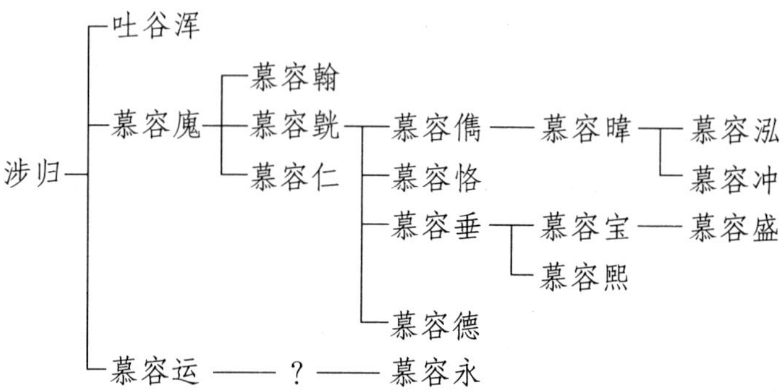

慕容氏世系图

大多学者认为高云是汉人，只不过其家族长期与鲜卑人居住在一起，深受鲜卑人的影响。冯跋的族属目前还无法落实，可以肯定，两人都不是鲜卑人。在379年，慕容宝的庶长子慕容会因不能继承王位而发动叛乱时，高云曾率部队打败慕容会，因此被慕容宝认作义子，赐姓慕容，从此改名慕容云。因为有这层关系，冯跋拥立高云，希望能得到鲜卑人的认同。高云即位后，虽然复姓归宗，改名为高云，但保持了鲜卑人的国号“燕”，史称北燕。实际执掌北燕政权的则是冯跋。从最高统治者的族属来看，北燕不属于鲜卑人建立的政权，但在北燕统治阶层中，鲜卑人仍旧发挥着主导作用，因而通常仍将北燕视为鲜卑人建立的割据政权。

不久，冯跋派人刺杀了高云，自己即位称王。“燕”的国号没变，但帝王再一次改变了姓氏。冯跋是十六国时期少见的贤明君主，他废除了慕容熙时代的所有苛捐杂税，休兵息武、免除劳役，重视发展农业生产，提倡教育。在冯跋的治理下，北燕的社会开始复苏。

冯跋去世后，接任的是他的弟弟冯弘。

冯弘将自己的原配夫人王氏及所生之子冯崇废掉，另立侧室慕容氏为皇后，立慕容氏所生之子王仁为太子。冯崇与其弟冯朗、冯邈惧怕被继母所害，投降了北魏。此后，北燕受到北魏的连年进攻。432 年七月，北魏拓跋焘亲自带兵征讨北燕，不过两个月，北燕数郡先后失守。434 年，魏军又攻北燕，冯弘被迫向北魏称臣，并献上三个女儿。当 435 年北魏大军再一次讨伐北燕时，冯弘出逃。北燕自高云开国至冯弘出逃，共存在了三十年。

北燕灭亡以后，皇室子弟冯业，曾带领三百余人，从东北渡海流落到今广东一带，并投靠了宋朝。南朝的宋朝任命他做了岭南的地方官。后来他的孙儿冯融做到罗州（治所在今广东化州市东北）刺史，冯融的儿子冯宝曾任高凉太守，他的妻子就是鼎鼎大名的“冼夫人”。北燕冯氏另一个比较有名的后人是北魏的文明太后冯氏，她是进行汉化改革的北魏孝文帝的祖母。

鲜卑慕容部是鲜卑人中建立割据政权最多的一支，前燕、后燕、西燕、南燕、北燕等诸燕政权，以及后来的吐谷浑政权，都是慕容部建立的。但是，在北燕灭亡以后，除了远在青藏高原边缘的吐谷浑，慕容氏已经没有自己的政权存在了。由于诸燕政权都提倡汉文化，提倡儒学教育，这里的鲜卑人比较早地开始汉化，在诸燕政权灭亡以后即迅速融入汉族之中，“慕容”也因此逐渐成为汉族的一个复姓。

慕容部较早地抛弃了游牧生活，非常重视发展农业生产，自莫护跋率部迁居辽西之后，慕容部就再也没有面向草原发展。当他们势力强大起来以后，他们更倾向于南下逐鹿中原，而不是西进回到鲜卑人早期活动的中心地区西拉木伦河和老哈河流域。他们追随的是农耕民族的足迹，而不能再像游牧人那样浪迹天涯。因而，如同农耕民族很难在与游牧民族的战争中获胜一样，慕容部也很难战胜崛起于草原的拓跋部。在他们失败以后，他们既不能撤入蒙古草原，也不能退回大兴安岭深处，因为他们在内心深处已经鄙视游牧，这才是他们迅速融入汉族之中的真正原因。

虽然慕容部再也没有回到西拉木伦河与老哈河流域，但这个水草丰美的地区仍旧在孕育着新的游牧部族，东胡族的传统还在这里沿袭与传承。在鲜卑人汉化并在历史上消失之后，东胡族系的契丹人又在这里兴起，契丹人建立的辽政权控制中国北方，与北宋对峙，成为新的北朝。

四、延续了东胡祖脉的匈奴人：退回大山的宇文部

大约在公元 2 世纪初，鲜卑宇文部进入东北亚的西南部地区，

逐渐成为与鲜卑慕容部、鲜卑段部鼎足而立的势力，虽然他们也自称是鲜卑人，但从族源上讲，他们很可能并不是鲜卑人。多数学者认为，宇文部是鲜卑化的匈奴人，应该是北匈奴主体部分西迁之后留在蒙古草原并加入鲜卑人的匈奴人的一支，他们在语言与风俗上都与鲜卑人存在明显的差异。但可以肯定，在迁入辽西地区以前，宇文部中就已经存在比较重的鲜卑人成分，并已经鲜卑化了。

宇文氏自称是南单于的远支，《周书》与《北史》都称宇文部“自阴山南徙，始居辽西”，这些恐怕都是错误的。如果居住在蒙古草原南部的阴山，从这里迁入辽西，从方位上讲就不会是“南徙”，而一定得称“东徙”了。公元2世纪初，匈奴南单于的势力也达不到这里。再者，南匈奴经常与汉军联合进攻鲜卑人。作为报复，鲜卑人于123年在曼柏打败南匈奴，并于次年击破南匈奴，杀渐将王。在这样的政治、军事形势下，有一个匈奴人领导的鲜卑人部族自平城北的阴山东迁进入辽西，显然是不可能的。加入鲜卑的匈奴人大多出自北匈奴，宇文部当也不例外。只不过在宇文氏为自己编造始祖起源传说时，北匈奴早已西迁，仅有南单于在，为证明自己的帝王世系，就不得不假冒是南单于的远亲了。

宇文部最早见于史书记载的著名首领是宇文莫槐，《魏书》和《北史》在为宇文部立传时，都称为“匈奴宇文莫槐传”。这反映出唐代及其以前的史学家都很清楚，宇文部是鲜卑化的匈奴人；另一方面也说明，宇文部在宇文莫槐以前的历史没有任何相关的线索可寻。大约宇文部也经历了一个诸部混合的过程，才最终形成了这个以鲜卑化的匈奴人为主体的新部落，因此，关于其早期的历史，恐怕就是宇文部人自己也说不清楚。

宇文莫槐生性残暴，对部下十分严厉，最终为部人所杀。可能去世较早，儿子尚小或根本没有留下儿子，因为我们发现接替他的是他的弟弟宇文普拨。至少在普拨以后，宇文部已经确立起世袭制的传统。普拨之后的首领是其子宇文丘不勤。此时宇文部已经与拓跋鲜卑建立起姻亲关系，丘不勤娶的是拓跋鲜卑平文帝的女儿。丘不勤去世后继任宇文部首领的是其子宇文莫廆、其孙宇文逊昵延、其重孙宇文乞得龟。

至晚在宇文莫廆担任首领时，宇文部已经与慕容部发生大规模战争。302 年，宇文莫廆派其弟宇文屈云进攻慕容廆，但被慕容廆打败，另一支进攻慕容部统治中心大棘城的部队也被慕容廆打败。但此时宇文部的势力还比较强盛，其首领沿用匈奴人的习惯，自称“单于”，自视为北匈奴之后蒙古草原的统治者，漠南各部慑于其武力，都不敢与宇文部争锋。而慕容部则刚刚兴起，实力有限，所以在与宇文部的战争中处于守势。

宇文逊昵延即位后，也曾率部大举进攻慕容廆。此时慕容廆的庶长子慕容翰已经以勇健闻名于草原各部，逊昵延对其部下说：“慕容翰果敢勇猛，他日必为我部的祸患，应先取慕容翰。如果打败慕容翰，大棘城指日可下。”逊昵延分出一支骑兵专门进攻慕容翰。得到这一消息后，慕容翰设下了埋伏，并派人伪装成鲜卑段部首领段末波的使者，去见逊昵延说：“慕容翰总是与我们过不去，我们早就想除掉他了。听说您要讨伐他，这真是太好了，我们已经做好了一切准备，配合你们进攻慕容翰，请尽快出兵。”逊昵延大喜，指挥部队兼程前进，结果正中慕容翰的埋伏，大败而归。

这次战争对宇文、慕容两部的发展都是至关重要的。在此战之后，两部间的强弱之势出现了逆转，慕容部由弱变强，宇文部却从此衰落下去。从宇文莫廆至宇文逊昵延，父子两代称雄大漠的局面至此结束了。相传宇文部不知从何处得到三枚玉玺，常常以此向邻部夸耀，称自己的部落是得到上天佑助的。但这一战失利以后，宇文部的首领却再也不提此事，而是派出使者去拓跋部求助，并再次与拓跋部联姻，以获得拓跋部的支持。

到宇文乞得龟担任首领时，宇文部已经连续三代与慕容作战，足可以称得上是慕容部的世仇了。301 年，宇文乞得龟再次大举出兵进攻慕容廆，但再次惨败，乞得龟单骑逃归，仅以身免。慕容部乘胜进军，长驱直入，攻克宇文部的都城，宇文氏三代囤积的珍宝全部为慕容氏所有，史书称慕容部“收资财亿计”。为彻底镇压宇文部的反抗，慕容廆下令将宇文部控制下的数万户居民迁往慕容部的统治中心大棘城一带，宇文部从此一蹶不振。

在慕容皝时代，宇文部首领宇文逸豆归曾纠集余部，企图反攻，但最终为慕容部击退。至 345 年，慕容皝为彻底消除后顾之忧，亲自率师北伐，宇文部一战即大败，其首领远走漠北。慕容皝再次将宇文部控制下的居民迁往昌黎，并在其聚集区修筑了榆阴、安晋二城，派军队驻守。此后，鲜卑宇文部就从史书的记载中消失了。不过，在北魏之后建立北周的宇文氏，自称出自宇文部，但随着北朝的瓦解，隋唐帝国的建立，这部分宇文部的后裔逐渐融入汉族之中，宇文也成为新的汉族复姓。

宇文部虽然退出了政治舞台，但是其部族组织却很可能顽强地保存下来。西拉木伦河与老哈河流域正是大兴安岭与中原地区的过渡地带，是北方民族南下的必经之路，这种地理位置决定了西拉木伦河与老哈河流域不会长期地保持沉默。慕容鲜卑不重视这里，他们重视的是农业，因此西拉木伦河与老哈河流域丰美的水草对于他们已不存在任何吸引力；拓跋鲜卑也不重视这里，自盛乐至平城，他们的目光始终注视着中原地区，在孝文帝迁都洛阳以后，他们也不可避免地走上了汉化的道路，注定与这片孕育游牧部族的沃土无缘了。

但就是在这片被忽视的土地上，在唐初兴起了另一个游牧民族——契丹。在武则天统治时期，契丹人的叛乱已经使华北震动，对中原地区的统治构成一定的冲击。但此后，契丹人的发展却久历曲折，因为这里紧邻中原，是历代统治者着力控制的地方。安史之乱以后，唐王朝对北方的控制力下降，契丹人以及陪伴他们的奚人，再次由西拉木伦河与老哈河流域兴起，建立起称雄北方的辽王朝。契丹人与奚人都自称是宇文部的后裔，但是他们之间的关系究竟如何，却已经无从考究，这一地区被历史遗忘的时间毕竟上百年了。

就在契丹人称雄燕山南北与蒙古草原的时候，在大兴安岭的北麓，鲜卑人的故乡，一个新的族群在悄然兴起，这就是室韦。实际上，早在唐代，室韦就已经发展为规模庞大的族群，只不过由于契丹人的阻隔，他们与中原地区的交往有限，因而没有引起中原王朝的重视而已。当中国北方历史舞台上的聚光灯几乎全部打在契丹人身上的时候，室韦人注定只能默默地站在舞台边缘的黑暗角落里。契丹人灭亡之后，紧接着是发源于长白山的女真人兴起，这个勃兴的民族迅速占领了历史舞台的中央位置，辽金之际北方政治局势变化异常迅速，室韦人来不及做出反应，就已经被挤到了配角的位置上。也许这与他们所处的地理位置有关，遥远的大兴安岭北麓显得有一点与世隔绝，至少也是消息闭塞的。也正是因为这个原因，大兴安岭北麓的民族要想进一步发展，就必然自这里走出，或者西迁进入蒙古草原，或者沿大兴安岭南下，进入西拉木伦河与老哈河流域。

又过了一个多世纪，室韦诸部几经变迁，一个被称为蒙兀室韦的部落在蒙古草原的东部边缘发展壮大起来，这就是后来横扫大半个欧亚大陆的蒙古人的祖先。史书中称室韦人是宇文部的后裔，但由于室韦人也是一个庞杂的族群，学者们至今仍不敢肯定，是否可以因此认为蒙古人也是宇文部的后裔。

在鲜卑以后，东胡族系最有影响力的民族就是契丹、奚、室韦与蒙古，他们或者是宇文部的后裔，或者多多少少与宇文部有一点联系，由此看来，慕容部虽然曾经对宇文部构成沉重打击，却并未能灭亡宇文部。宇文部的余众，或西向进入蒙古草原，后来可能也是从这里赶着他们的畜群来到西拉木伦河与老哈河流域，最终发展为契丹与奚；或是向北避入大兴安岭，就像曾经保护过鲜卑人的祖先一样，大兴安岭也保护了宇文部的后裔，使他们在大兴安岭的密林中缓慢地发展，最终与其他族群相融合，形成室韦人。从这个角度看，东胡族系在唐代以后的发展，倒都可以追溯到宇文部。

在与鲜卑其他部族特别是慕容部的竞争中，宇文部显然是失败者，但是从东胡族系的延续与发展的角度来看，宇文部应该说是鲜卑各部族中的唯一成功者，因为其他鲜卑部族都没有明确的后裔遗留下来。

也许这是上天对宇文部的一种补偿？！

但更可能的原因却是，宇文部在鲜卑诸部中灭亡较早，其居住地又与草原相邻，这使得宇文部的后裔失去了进入中原和接受农耕文化洗礼的机会，他们传承了东胡族系的血脉与传统，不是他们自主的选择，而是大草原强加在他们身上的使命。

第四章
入乡随俗：淹没于河西走廊的西部鲜卑

从辽西出发，进入漠南，有一条一直通往河西走廊的农耕经济与游牧经济的过渡地带。鲜卑人的迁移不像匈奴人西迁那样有组织。当他们开始分散西进时，匈奴人在漠南还很强大，于是在曹魏的“勾引”下，他们继续西行，直到被祁连山挡住去路。

似乎东方故土还有足够的吸引力，秃发和乞伏部一直谋求东进，可强大的后秦、后凉挡住了去路。如果不想成为附庸和炮灰，就只能停留下来。

秃发部的南凉、乞伏部的西秦瞪大眼睛寻找着机会，倒是最勇敢、一路杀进青藏高原的吐谷浑部安心生活下来。最终，秃发、乞伏人不情愿地做了同为鲜卑人的拓跋部的附庸，吐谷浑则一直屹立在高原之巅。

当北匈奴还占据着漠北草原的时候，鲜卑人就已经沿着漠南草原开始西迁了。大约在公元 1 世纪上半叶，西进的鲜卑人的前锋已经到达河西走廊西部的敦煌一带。

从很早的时候开始，中国北方就存在一条东起辽西，经燕山、阴山南北、河套地区，西至河西走廊的农耕经济与游牧经济的过渡地带，生活在这一狭长地带的北方民族往往是农牧并举的，在他们的风俗文化中，既接受中原文化的影响，也保存着北方草原文化的特征。进入这一地区的汉族移民，往往也向草原民族学习，在保持农耕传统的同时，兼营畜牧业，文化上也深受草原民族的影响，甚至民风也变得粗犷豪迈、勇悍善战。鲜卑人早期的西迁，应该就是沿着这条农耕经济与游牧经济的过渡地带一路西行的。

在檀石槐三部中，西部鲜卑占据的地域最为广大，檀石槐集团恐怕也是属于三部中的西部。但在轲比能以后，迁往西部的鲜卑各部一直默默无闻，直到十六国时期，他们才重新走到历史舞台的前台。在此时期建立过政权的西部鲜卑主要是三支：秃发鲜卑、乞伏鲜卑以及最初由东部鲜卑的慕容部中分出迁往西部的吐谷浑。

一、仙人指路：锐意东进的秃发鲜卑

最晚立国：贸然当头的沉重代价

秃发鲜卑是拓跋鲜卑的分支，其始祖匹孤是拓跋鲜卑首领诘汾的长子，却未能继承诘汾的位置。在诘汾去世后，匹孤的弟弟力微成为拓跋部的首领，匹孤于是率领自己的部众脱离拓跋部自行发展。《魏书》在叙述力微的身世时编造了天女下凡与诘汾结合生下力微的传说，由此我们猜测，力微越过长兄匹孤成为拓跋部的首领很可能使用了一些不光彩的手段，以致后来北魏王朝的史家们不得不借助于“仙女”来抬高力微的身份与地位，以证明其成为拓跋部首领的合法性。

在古书记载的帝王世系中，凡是有神仙参与的世代，基本上也就是权力交接出现问题的世代。总是用神仙来掩饰宫廷阴谋，可以说是中国史书编撰的一大特色。为了论证某些帝王登基的合法性与正统性，最常见的做法是牺牲其母亲的贞洁，暗示她与神仙有染而后生下了这位真命天子。与这些史书的记载相比较，我们可以发现《魏书》的高明所在,《魏书》保全了拓跋氏女性的贞节，用“仙女”来显示力微的神异性与合法性。当然，从中我们也可以看出，妇女社会地位较高、重视母系血统的鲜卑人，与重视父系血统的汉族在编造世系神话时的差异。

匹孤与力微之间究竟发生了什么，我们现在已经不得而知。从时间上推断，当时拓跋大约从呼伦湖畔向西南迁徙，已经来到匈奴族的发源地阴山一带。从这里，两兄弟分道扬镳。

秃发匹孤大约于 219 年至 256 年率部众从塞北阴山、河套一带沿着黄河两岸，顺着贺兰山脉东麓南下，最初到达今甘肃河西、陇西以北，即今内蒙古额济纳旗至宁夏回族自治区的北部。

传说匹孤的妻子怀孕后，梦见一个披发的老人骑着白马向她走来，对她说：“你的丈夫虽然离开了原来的居住地，向西迁移了，但最终还是会返回东方。”说完后老人就不见了，其腹中的胎儿动了动，匹孤的妻子也便醒了。后来她在被中生下儿子寿阗。在鲜卑语中，“被”称为“秃发”，因此便称其子为秃发寿阗。匹孤死后，寿阗继续在河西地区为王，秃发也就被作为这一支鲜卑的姓氏了。

鲜卑语虽然在北朝至隋唐曾经流行于黄河流域，但毕竟早已经失传，我们无法弄清，鲜卑语中的“被”是不是真的被称为“秃发”。现在历史学家多认为，“秃发”与“拓跋”是对鲜卑语同一词汇的不同汉字译写，实际上两者并无不同。马长寿认为，“拓跋”或“秃发”是专有名词，在当时用来特指鲜卑父匈奴母的混血儿部族。拓跋部也好，秃发部也好，都是进入蒙古草原的鲜卑人部族与匈奴族通婚的产物。

在《晋书》的记载中，匹孤的妻子、寿阗的母亲被称为“胡掖氏”，与“呼延氏”“呼衍氏”都是同一少数族语词的不同译写，而呼延氏早在西汉初年就已经是匈奴四大姓之一。寿阗正是马长寿所说的鲜卑父匈奴母的混血儿。

匹孤的妻子出自匈奴的大姓望族，当时拓跋部又活动在匈奴族的发祥地阴山一带，这显然成为匹孤竞争拓跋部首领的极有利条件，因此，他的对手力微的支持者才要编造力微的母亲是天女的传说，以便胜过匹孤妻子的名望。由此看来，力微的生母很可能也是匈奴人，但其家族的地位远比不上呼衍氏。

北魏的皇帝拓跋焘曾明确表示，秃发与拓跋同源，并因此赐归附的秃发部人姓“源”，意味与北魏的王室同源。这也可以证明，“秃发”就是“拓跋”的另一种译写。之所以后世史书里对二部一个写作“秃发”，一个写作“拓跋”，区分得十分清楚，自然是拓跋氏建立北魏之后，将此名称占为专有的缘故，赐秃发姓“源”也出于同样的原因。

就在秃发鲜卑进入河西走廊的时候，还有许多北方民族迁入河西走廊，仅与秃发鲜卑居住地相近的鲜卑部落就有八九个。西晋时，河西走廊的居民成分中，北方各族移民与汉族大约各占一半。西晋江统曾作《徙戎论》，主张将这些少数族都迁出河西走廊，将这里恢复为汉族的农耕区，但这种主张没有被皇帝采纳。

江统没有意识到，将这一游牧经济与农耕经济的过渡地带改造为纯粹的农耕区是不现实的，而且这种做法将会对自然资源造成巨大的破坏，其后果是灾难性的；江统也没有意识到，将数以万计的北方民族迁出河西走廊是根本无法实现的，而且在当时的条件下，驱逐这些开发河西走廊的生力军，对当地的经济发展极为不利，对西晋王朝也是得不偿失的。

不知是江统本人没意识到，还是他有意回避了这样一个事实：这些少数族迁入河西走廊大多与曹魏和取代曹魏的西晋存在直接关系。三国时期，曹魏为在西部战场与蜀国对抗，大力开发河西走廊，以便可以就近提供兵源和军需物资。出于这样的目的，就在灭蜀前的 256 年至 263 年间，后来灭亡蜀国的曹魏名将邓艾在都督陇右时，将包括秃发鲜卑在内的鲜卑各部数万人迁到河西陇右的雍、凉二州之间。此后，秃发鲜卑的活动区域大体上是东起今甘肃平凉西北的牵屯山、靖远北的麦田城，西至青海湖东，南至今青海贵德，北接腾格里沙漠和巴丹吉林沙漠。

秃发鲜卑自迁入雍、凉后，曹魏及西晋统治者设“护羌校尉”兼管秃发鲜卑，各部仍各有部帅。但南迁之后的鲜卑人往往被中原政权征发为兵，或被豪强地主掠为奴婢或佃客，这使当地的民族矛盾变得日益尖锐，终于在 269 年激起了以秃发树机能为首的西北诸民族的反晋斗争。

秃发树机能是寿阗的孙子，他果敢有智谋，寿阗死后就由他统率秃发部众。万斛堆一战，秃发树机能几乎全歼了秦州刺史胡烈的部队，胡烈本人战死；接着，树机能又先后歼灭了凉州刺史牵弘及其继任者杨欣。279 年，树机能攻陷凉州，占据主要城镇，阻断了西晋与河西的交通。西晋朝廷大为震惊，任命马隆为讨虏将军、武威太守，攻打秃发鲜卑。马隆率军到武威后，树机能的部下猝跋韩、且万能等迫于西晋兵威，率部众万余归降，使得树机能的力量大为受损。是年十二月，马隆又派遣归降的率善戎、没骨能等与树机能大战，树机能因势单力薄，兵败被杀。秃发部重新臣服于西晋。

树机能的部队虽然以鲜卑人为主，但在树机能起兵之后，当地各少数族纷纷加入树机能的队伍中来，由此我们可以发现，西晋在西北的政策是极不得民心的，秃发部在当地已经是具有相当号召力的大部族了。树机能兵败使秃发部受到一定的打击，此后西晋政府又一直重点防范秃发部，这使得秃发部在较长的时间里默默无闻。

曹魏政权在 263 年灭亡蜀国，两年后司马氏篡夺曹魏政权建立西晋，而西晋出兵灭东吴却迟至 280 年，显然是受到了树机能起义的牵制，无法东西两线同时作战。东吴的统治者却未能把握这一机会，坐以待毙，在树机能兵败的第二年，东吴也灭亡了，西晋统一中国。

晋惠帝时，张轨为凉州刺史，治姑臧。314 年张轨病死，其长子张寔继任。西晋灭亡以后，自 317 年起，张氏世守凉州，名义上仍是晋臣，实际上已经成为西北地区的割据政权，史称前凉。376 年，占据河西的前凉张氏政权被前秦苻坚消灭。淝水之战后，苻坚的部将吕光割据河西，史称后凉。秃发部先后隶属于张氏的前凉与吕氏的后凉。

树机能反晋斗争虽以失败告终，但秃发鲜卑部落并没有因此而溃散。树机能死后，部众拥立他的堂弟务丸为首领。务丸死后，他的孙子推斤即位。在务丸、推斤统治时期，秃发鲜卑在河西仍有一定的势力。

史书记载推斤活了 110 岁，但这个数字的真实性是很值得怀疑的。

在推斤统治的半个多世纪中，秃发部的实力逐渐恢复。至推斤之子思复鞬担任部落首领时，秃发鲜卑再次兴旺起来。秃发鲜卑并不甘心屈服于吕光，而是随时在寻找机会摆脱后凉对他们的控制。

淝水之战后，归附于前秦的原前凉国主张天锡投奔东晋。他的儿子张大豫则投奔秃发思复鞬，企图借秃发鲜卑的力量，击败吕氏的后凉政权，重新恢复前凉张氏的统治。而思复鞬也想趁此机会与张大豫联合起来，清除后凉在河西的势力，因此便积极支持张大豫的复国活动。但是思复鞬与张大豫都被吕光打败，张大豫被杀，秃发部也受到一定程度的打击。

思复鞬战败后不久死去，他的儿子秃发乌孤成为首领。秃发乌孤雄勇有大志，试图夺取凉州之地以重新振兴秃发部。他采取了养民务农的经济政策，在政治上礼贤下士，对外“循结邻好”，不事干戈。十余年间，秃发部在后凉东南广武一带的势力逐渐兴盛起来。后凉吕氏也感受到了秃发鲜卑的日益强盛对其产生的威胁，却苦于兵力不足，不能马上消灭他们，因而只好采取笼络秃发鲜卑的策略。这使得秃发部有机会逐一兼并河西地区的鲜卑各部，其势力进一步增强。

397 年，秃发乌孤自称大都督、大将军、大单于、西平王，改元太初，建立起了自己的政权，史称南凉。其称号中有“大单于”，反映出这支鲜卑人在文化上受到了匈奴人的影响。在曾经建立自己政权的鲜卑诸部中，秃发部是立国最晚的一个，应该说，这是树机能兵败带给秃发部的消极影响。

占据姑臧：南凉兴衰的分水岭

公元 397 年是吕氏后凉政权的多事之秋。秃发部正式脱离后凉政权，建立南凉。在这一年的五月，居于张掖的卢水胡沮渠蒙逊也因其伯父被吕光杀害，以会葬为名，与诸部结盟起兵反抗吕光，拥立段业为凉州牧、建康公，开始脱离后凉独立发展，这就是后来的北凉。但段业软弱且无远略，众将都不听他的指挥，三年后其部下李暠叛变独立，又建立了西凉。这样在原凉州的境内就同时出现了四个“凉国”，再加上乞伏鲜卑建立的西秦，以及立国关中西向发展势力进入凉州的羌人后秦政权，凉州同时存在六个割据势力。一时间，河西走廊成为中国政权格局最混乱的地方。

北凉的建立对吕氏后凉造成巨大的冲击，后凉自此失去了对张掖以西地区的控制，这对秃发部建立的南凉的发展无疑是十分有利的。

399 年，乌孤迁都乐都（今青海乐都县），专心经营河湟地区，并让他的弟弟利鹿孤镇守安夷（今青海乐都县西）、傉檀镇守西平（今青海西宁市），叔叔素渥镇守湟河（今青海化隆南），族人分镇各地；又任用了大量汉族和少数民族的上层人士，使南凉政权得以逐渐稳固。

南凉政权稳定后，开始积极向外拓展。其首要目标是占有整个河陇地区。而当时在河西的割据政权，除了南凉还有：据于苑川（今甘肃榆中北苑川河地区）的西秦、据于姑臧的后凉和据于张掖（今甘肃张掖市西北）的北凉。它们分处于南凉的东、西、北三方，对南凉构成了包围之势。南凉的南方，就是居于青藏高原边缘的吐谷浑了。因此，南凉若想争霸河西，就必须削弱、消灭这三个政权。

谋士杨统向乌孤献策：“西秦乞伏氏与南凉秃发氏原本都属于鲜卑部落，本是一家，只要对西秦礼遇有加，我强大后，西秦必然会归附。因此现在不便对其动武。北凉段氏本是一个文弱书生，没有什么大志，不会对我构成实质性的威胁。并且北凉已与我和好，如果攻打它，就是不道义的行为，会激起众怒。后凉吕光年老、多病，长子吕绍优柔寡断、懦弱无能。吕纂、吕弘虽然有才能但互相猜忌，不能团结一心。应派车骑将军俿檀镇守浩门，镇北将军俱延据守廉川，乘虚而入，采取声东击西的战术，使其疲于奔命，人民无心生产。那么不出两年就可以打败后凉，稳据姑臧。西秦、北凉不需动武便会归附南凉。”乌孤接受了杨统的建议，将吕光父子的后凉政权作为主要对手，其继任者们也基本执行了这一方针。

秃发鲜卑自阴山西迁后，一直从事游牧经济。他们越过河西走廊的平原地区，最后驻牧于青藏高原边缘的湟水流域，正是因为平原地区自西汉以后一直属于比较发达的农耕经济区，大部分土地都已经开垦为农田，没有可供鲜卑人游牧的荒地。他们的经济类型使他们不得不远离凉州的经济文化中心姑臧。南凉的都城乐都处于凉州的边缘，这成为南凉与吕氏后凉争雄河西的一个不利因素。

在定都乐都以前，秃发乌孤曾于395年在乐都以东修筑廉川堡，作为秃发部的统治中心，有的学者由此推测，秃发部在此时可能已经放弃游牧，转操农业了。但更为可能的是，秃发鲜卑在连绵不断的战争中，逐渐脱离生产，转变为职业军人，南凉在经济方面主要依靠其统治下的汉人从事农业生产。但南凉仅存在了十八年，在如此短暂的时间里，不论其变化如何，都不足以从根本上改变当地的经济状况。与后凉首都姑臧所在的地区相比，秃发部的统治中心乐都一带显得落后和荒凉。

不过相对于南凉控制的其他地区而言，乐都的自然条件还是比较优越的。地处河谷，海拔较低，使乐都的气候比周围各地都要温暖、湿润，有利于发展农业生产。乐都的周围多山，易守难攻，使南凉都城的安全得到充分保证。但是，对于有志于开拓的统治者来说，山区却构成某种屏障。

秃发乌孤正是这样一位有志于开拓的统治者，他曾讲："帝王之起，岂有常哉！无道则灭，有德则昌，吾将顺天人之望，为天下主。"在中国历史上，逐鹿中原的英雄尽管很多，但像秃发乌孤这样直白地将自己的想法表达出来，声称自己要做"天下主"的人却没有几个。可是一次意外事件却阻止了秃发乌孤去实现自己的梦想。这位出身于游牧部落、生长于马背之上的君主，不知什么原因竟在骑马时掉下来摔成重伤，并因此而去世。临终前，秃发乌孤命他的弟弟秃发利鹿孤接替自己的位置，然后洒脱地对大家长笑一声道："几乎让吕光父子看了笑话。"

利鹿孤即位后迁都西平，改元建和。这是一个十分具有战略意义的决定。西平是青藏高原的东方门户，古有"西海锁钥"之称，是丝绸南路的要道，通往青藏高原腹地的交通要冲。西平城的凸显源于西汉与匈奴在青藏高原的征战。

公元前 121 年，西汉骠骑将军霍去病在河西走廊大败匈奴，打通了中原通往西域的商道。为了能够稳固对西域的统治，西汉政权在西宁修筑了军事据点——西平亭。由此，西宁便正式被纳入了中原王朝的版图，西宁这个西陲重镇与中原的联系日益密切。利鹿孤和他的兄长乌孤一样，也是一位怀有雄才大略的政治家。他把都城迁到西平，正是出于西平地理位置优越，有利于南凉发展的考虑。

秃发利鹿孤即位之后，河西地区的形势发生了对南凉非常有利的变化。吕光病死后，诸子争夺继承权，后凉出现内乱。本来吕光在病重期间，已经立太子吕绍为天王，自号太上皇帝，但吕纂和吕弘联兵入宫，吕绍自杀，最后吕纂即天王位。400 年，篡位的吕纂想通过建立武功的方法来巩固自己的地位，于三月出兵进攻南凉、于六月出兵进攻北凉，但两次都惨败而归。这使得后凉的政局更为混乱。

秃发部一直将后凉作为自己的主要竞争对手，后凉的内乱令利鹿孤惊喜不已。在吕纂出兵北凉时，利鹿孤还曾率骑兵一万偷袭后凉的都城姑臧，加重了后凉的内乱。更令利鹿孤惊喜不已的是，南凉的西方劲敌北凉也出现了分裂。也是在 400 年，北凉晋昌太守唐瑶造反，拥立李暠为冠军大将军、沙州刺史、凉公，改元庚子，酒泉太守王德也背叛北凉，响应李暠，史称李暠建立的政权为西凉。后世建立大唐王朝的李氏家族，自称就是这个李暠的后裔，只不过著名历史学家陈寅恪先生认为，李唐很可能最早出自陇右鲜卑人，而不可能是汉人李暠的后代。

北凉的分裂，使其无法与南凉相抗衡。但是东方的形势就不那么乐观了。同样是在 400 年，后秦派姚硕德率五万大军西进灭亡了乞伏鲜卑建立的西秦，西秦之主乞伏乾归与其子乞伏炽磐出逃，前来投奔同为鲜卑人的南凉政权。

羌人建立的后秦一直与割据陇东的前秦苻坚的孙子苻登作战，苻登的政权在无形中成为河西诸割据势力的屏障，使他们一直没有感受到来自东方的威胁。经过近十年的征战后，后秦终于消灭了苻登的势力，开始向陇右、河西扩张，而首当其冲的就是立国于河西的乞伏鲜卑的政权西秦。

利鹿孤得知乞伏乾归父子兵败来投的消息后，派秃发傉檀前去迎接，并将其父子安置在晋兴城。利鹿孤的心情应该说是非常矛盾的：一方面，西秦的灭亡对于秃发鲜卑来讲是喜事，利鹿孤争霸河西走廊又少了一个强有力的对手，南凉成为鲜卑人在河西地区唯一的政权，这十分有利于秃发部凝聚河西鲜卑各部的力量，为己所用；但另一方面，西秦的灭亡也使南凉失去了在东方的屏障，南凉与后秦之间不再有其他的割据势力相隔，南凉不得不单独面对日益强大的后秦。

不仅是南凉，后凉、北凉、西凉等三个割据势力也在忧心忡忡地注视着逐步西拓的后秦。

经过一番权衡之后，利鹿孤非常明智地选择了向后秦称臣。利鹿孤意识到，以当时南凉的实力，是不足以与后秦对抗的。更为可怕的是，战事一开，南凉的死敌后凉一定会趁火打劫，帮助后秦夹击南凉，另外很难保证北凉不会在这个时候乘人之危，那样一来，南凉可就是四面楚歌了。

第二年，即401年，后凉与北凉都再次出现内乱。先是在二月，后凉王吕纂为其弟吕超所杀，吕超另立自己的堂弟吕隆为王，但是吕隆和吕超都控制不住国内的局势，后凉的右仆射杨桓和将军姜纪先后投降了南凉。四月，北凉的沮渠蒙逊诬告其堂兄沮渠男成谋反，假段业之手杀了沮渠男成；五月，沮渠蒙逊又杀段业自立。在一片混乱中，沮渠男成的弟弟沮渠富占率所部投奔南凉利鹿孤。

大喜过望的利鹿孤在这一年改称“河西王”，他觉得，秃发部称霸河西的时代马上就要到来了，从他的称号中，任何人都可以一眼看穿其野心。

后凉的内乱也使后秦感觉到这是其向西拓展势力的大好时机，就在这一年的七月，后秦派姚硕德率六万大军进攻后凉。后秦的军队自金城渡过黄河，一路势如破竹，进围后凉的都城姑臧。面对后秦的军威，南凉、北凉、西凉都在这时遣使后秦奉表进贡。但不知什么原因，姚硕德并没有彻底消灭后凉政权，而是在接受了吕隆的投降后就收兵东归了。

南凉与北凉都意识到这是一个千载难逢的机遇。后凉的主力部队已经被后秦摧毁了，而后秦又没有将姑臧据为己有，他们正可以借机攻占姑臧。姑臧是河西的中心，要想称霸河西，就必须占领姑臧。当南凉与北凉不约而同地向姑臧发起进攻的时候，他们也同时发现了对方的野心。在利益面前，这一对昔日的盟友立刻反目成仇。就在此关键时刻，北凉再次出现内乱，沮渠蒙逊所领酒泉、凉宁二郡叛归西凉，这使沮渠蒙逊的实力受到一定的削弱，无法与南凉相争。

后秦的统治者也识破了南凉的野心，鉴于姑臧的重要地位，同时也为了免去南凉和北凉对姑臧的觊觎之心，后秦于 403 年七月召后凉国主吕隆的弟弟吕超前往后秦，采用扣押人质的方法进一步加强对后凉的监控。迫于后秦的淫威及南凉、北凉的咄咄逼人之势，吕隆自知姑臧难保，后凉的灭亡只是时间问题，便自请作为人质臣服后秦。这一年八月，后秦派出四万大军“迎接”吕隆前往长安，同时将后凉宗室、百官及百姓一万多家迁往长安，后凉宣告灭亡。原后凉的统治区全部并入后秦，后秦任命王尚镇守姑臧。

就在河西政权格局风云变幻之际，秃发利鹿孤于 402 年去世，临终前命其弟秃发傉檀即位。面对后秦的控制，秃发傉檀不得不打消了占据姑臧的念头。进占姑臧等于向后秦宣战，而依南凉的实力，这无异于以卵击石。秃发傉檀慑于后秦的兵威，于 404 年二月去南凉年号，向后秦称臣。406 年，南凉击败北凉后，向后秦献马三千匹、羊三万头，这使得后秦认为秃发傉檀对其确是忠心耿耿的。为了拉拢傉檀，后秦封其为凉州刺史，任命他镇守姑臧。通过向后秦称臣，秃发傉檀最终得到了他使用武力所无法得到的东西。同年十一月，秃发傉檀将都城由乐都迁往姑臧，南凉至此达到鼎盛。其疆域包括今甘肃兰州以西，永昌西水泉子之东，北抵今甘肃腾格里沙漠，南至今青海以南同仁一带，东南至今青海循化，西南抵青海湖东北。

但是，据有姑臧也是南凉由盛转衰的分水岭。

秃发傉檀为了进一步扩展势力、称霸河西，采取了一系列措施。先是于 407 年挑拨已归附后秦的乞伏炽磐，策动其起而反叛后秦。但是炽磐识破了南凉的计谋，并上报给了后秦，致使后秦与南凉决裂。这对南凉是十分不利的。随后，秃发傉檀又向北凉进攻，双方激战于均石（今甘肃张掖东），秃发傉檀大败。同年冬，秃发傉檀与大夏主赫连勃勃战于阳武下峡（在今甘肃靖远县境内），南凉损失惨重。秃发傉檀败回姑臧后，国内又爆发了边梁之乱。虽然南凉最终镇压了变乱，但其已处于内外交困的局面。

南凉的衰弱使后秦姚兴觉得有机可乘，派遣儿子光平公姚弼、后将军敛成、镇远将军乞伏乾归等率军攻打南凉，试图吞并之。秃发傉檀虽然最终打败了后秦的部队，但也为此付出了惨重代价：损兵折将，经济衰败，人民流离失所，元气大伤。

但秃发傉檀却觉得，既然南凉击退了后秦的进攻，证明南凉是有实力称霸河西的。于是，秃发傉檀不再向后秦称臣，复称凉王。

409 年，乞伏乾归乘后秦败于南凉，在河西实力衰弱之际重新复国，自号秦王。西秦的再次崛起成为南凉最大的隐患。但重新建国的西秦在最初还不能对南凉形成有效的威胁，南凉对其也没有过多的关注，而是全力与北凉进行争霸战争，但均以失败而告终。接着南凉内部又发生了右卫将军折掘奇镇叛变事件。秃发傉檀在内外交困的巨大压力面前，不得不将都城从姑臧迁回乐都。

秃发傉檀撤出姑臧不久，城内便发生了变乱。411 年，姑臧为北凉主沮渠蒙逊占据。北凉势力大增，并乘势围攻乐都，南凉敌不过，秃发傉檀只好遣其子做人质，屈服于北凉。

祸不单行，南边的吐谷浑树洛干部又崛起，乘北凉围攻乐都之际，夺取了南凉浇河郡地。逐渐强盛起来的西秦乞伏氏也占据了陇西地区，并不时向南凉进攻。南凉在众多敌对势力的打击围攻下，领土不断丧失。至412年，武威、昌松、武兴、番禾、西郡、三河、兴晋、浇河等郡，先后被西北的北凉、东边的西秦和南边的吐谷浑夺取，仅保有湟水流域的西平、乐都、湟河、晋兴、广武等五郡之地。后南凉又被北凉接连击败，丧失了湟河郡，仅剩下西平、乐都二郡及晋兴、广武部分地区。

414年，居于青海湖一带的乙弗鲜卑等部反叛南凉。为了安定人心，缓解国内矛盾，秃发傉檀率军西击乙弗鲜卑，虽然大破乙弗，但其后方却遭到西秦军的乘虚袭击，乐都陷落。南凉军闻讯后不战而散。

在众叛亲离的情况下，秃发傉檀感叹道："沮渠蒙逊、乞伏炽磐，从前都是我的手下败将，现在我去投靠他们，岂不是很可耻的事情。四海虽广，匹夫却无处容身，真是令人伤痛啊！"不过最后他还是决定投降乞伏氏的西秦，因为他们毕竟同是鲜卑人。

秃发傉檀意识到，南凉政权的灭亡已经是无可挽回的了，在最后关头，他还在考虑如何保全秃发部人，如何使秃发部的血脉延续下去。他对亲信们说："与其聚而同死，不如分而求生。樊尼是我长兄的儿子，是秃发部正统的首领。秃发部在北边的部众还有将近一万，你们召集这些部众与樊尼一同去投靠沮渠蒙逊吧。我已经老了，希望见老妻一面，死也瞑目了。"

安排好一切之后，秃发傉檀仅带了阴利鹿一人，投降西秦。乞伏炽磐听说秃发傉檀投降，特意遣使郊迎并待以上宾之礼，但就在这一年的十一月，秃发傉檀被乞伏炽磐毒死，他的儿子也随后被杀。

南凉灭亡以后，秃发部人大多成为西秦的属民，另有一部分在樊尼的率领下进入北凉。431 年，西秦为匈奴人建立的大夏所灭，大夏又为吐谷浑所灭，西秦统治下的秃发部人也就先后隶属于大夏与吐谷浑，而后又进入拓跋鲜卑的统治之下。秃发人建立的政权虽然灭亡了，但除了隶属于大夏的一个非常短暂的时期以外，无论是隶属于乞伏鲜卑建立的西秦，还是隶属于拓跋鲜卑建立的北魏，这部分秃发人都是在同族的鲜卑人的统治之下，因此风俗文化各方面并未受到太大的冲击。到北魏统一北方以后，这部分秃发人成为北魏鲜卑人的组成部分，随着进入中原地区的鲜卑人的汉化，这部分秃发部人也逐渐汉化。在北魏灭亡北凉以后，进入北凉的秃发人也隶属于北魏，同样走上了汉化道路。由于北魏的统治者曾经赐秃发氏姓源，后来融入汉族中的秃发鲜卑人因此改为源姓，至今仍有其后裔存在。

南凉自秃发乌孤于 397 年立国，至 414 年秃发傉檀遇害，仅存在了 18 年。三位君主秃发乌孤、秃发利鹿孤与秃发傉檀是兄弟，秃发傉檀在位 13 年，可以说，秃发部建立的南凉只经历了一代人的时间，在大部分时间里，执掌其政权的都是秃发傉檀，南凉的建立者们亲眼看见了南凉的灭亡。即使在政权更迭频繁的五胡十六国时期，南凉存在的时间也显得过于短暂了。

对于南凉速亡的原因，学者们有不同的分析，有人认为是因为三位君主都穷兵黩武，有人认为是因为不重视发展农业生产，有人认为是因为制度不健全，但其中最应该引起我们注意的是，建立南凉的秃发鲜卑人，在民族成分非常复杂的河西走廊，没有很好地处理民族关系问题，他们对汉人一直是持拒斥心理的。

就在西秦进攻乐都城的危急关头，尉肃曾向负责镇守乐都的秃发傉檀之子虎台建议："乐都的外城广大，我们现在兵力有限，难以处处固守，应该聚合鲜卑人集中力量守卫内城，我们率领汉人在外城对敌作战。即使在外城的战斗中失利，内城也能够得以保全。"可是虎台却对汉人极不信任，拒绝了这一建议。不但如此，还将勇健善战、有谋略、有名望的汉人全部软禁在内城。结果西秦仅用不到十天就攻克了乐都城。

十六国时期政权更替频繁，重要原因之一就是各割据政权的统治者往往没有注意到"得民心者得天下"这一最简单的道理，在多民族杂居的时代里，如何能得到各个民族的民心，就更是无人问津的问题了。

二、崛起于乱世：在向西退却中建国的乞伏鲜卑

双轨制统治：主动汉化的大单于

在河西地区除秃发鲜卑建立的南凉外，另一支鲜卑——乞伏鲜

卑建立的西秦也崛起于乱世之中。乞伏鲜卑也被称为陇西鲜卑。陇西指陇山（今六盘山南段）以西。居于陇西的鲜卑有很多部，他们都是由外地迁入的。这些鲜卑中乞伏鲜卑发展最快，实力最强，先后吞并了其他陇西各部，建立了自己的政权。

乞伏鲜卑包括乞伏、斯引、出连、叱卢等部。乞伏部原为鲜卑人，而叱卢部，就是高车十二姓中的吐卢氏。所以学者们一般认为，乞伏鲜卑是鲜卑部落与高车部落相融合的产物。高车人的先世是生活在贝加尔湖一带的丁零人，在被匈奴人征服以后，一部分丁零人被迁徙到蒙古草原的中部。当匈奴人衰落西迁时，这部分丁零人和受匈奴奴役的其他部族为了一起摆脱匈奴人的控制，自草原南迁进入河西走廊。

鲜卑人的乞伏部究竟在何处与这些丁零人相遇并从此开始一起行动，史书中语焉不详，或许是在蒙古草原，或许是在河西走廊。但丁零人属于白种人，因此我们可以断定，乞伏鲜卑具有一些白种人的成分。

传说乞伏鲜卑从漠北迁出时，半路上一只巨大的龟形虫子拦住了去路。乞伏人杀马祭祀，并向其祷告："你若是善神，就为我们让出一条路；若是恶神，就挡住我们南下的去路。"不一会儿，大虫就不见了，只见一个小孩儿站在了路中央，乞伏部中一个没有孩子的老人收养他做了义子。老人有了儿子，非常高兴，为他取名为"纥干"，意思是"依靠"。

纥干 10 岁时就力大无比，骁勇善骑射。四个部落推举他为共同的首领，尊号为乞伏可汗讬铎莫何。“可汗”是对最高首领的称呼，“讬铎”意思是“非神非人”，“莫何”意为“勇健者”，这些都是东胡族系的语言。

大约在东汉中后期，乞伏部已南迁至大阴山。在256年左右，其首领乞伏祐邻率五千户，南迁到夏（或夏缘，今河套南），吸纳其他部族，部众增至五万人，随后又由此向西迁到乞伏山。乞伏山在今贺兰山脉的东北段，距今银川市和黄河较近。祐邻率部众打败了居于此地的鲜卑鹿结之部后，便开始居住于高平川，即今宁夏固原市南的清水河。在乞伏结权为部落首领时，乞伏鲜卑迁徙到位于今甘肃兰州市榆中县东北的牵屯山，曾一度臣属于秃发树机能。在述延担任乞伏鲜卑的首领时，乞伏部落联盟有了进一步发展。述延先是讨伐鲜卑莫侯部，吞并了其部众两万余人，随后又迁徙到了苑川（今甘肃兰州市榆中县东北）。

与进入河西走廊的其他鲜卑部落一样，乞伏鲜卑也面临着农耕与游牧的抉择。

当初他们自漠南草原西进的时候，为的是寻找新的草原。当时北匈奴还占据着漠北草原，漠南草原再往南，则是中原王朝控制下的发达的农耕经济区，如果不驱逐当地的农民，他们是不可能找到游牧的空隙的。面对来自东部的鲜卑各部的人口压力，也为了躲避轲比能时代东部鲜卑各部的战乱，他们只能西进。他们没有目的地，只是以水草为路标前进，最终沿着草原农耕经济与游牧经济的过渡地带一路向西，来到了陇西地区。这里虽然不是理想中的游牧草原，可是他们却已经无处可去了。

绵延八百多公里的祁连山挡住了鲜卑人南下的道路。

祁连山，匈奴人称为天山，山北的平原当年曾经是匈奴人的优质牧场，在与汉王朝战败失去这里以后，匈奴人在民歌中唱道："失我祁连山，使我六畜不繁息。"可是数百年后，农耕经济区早已经北拓涵盖了这一地区，肥沃的河谷、平原已经被汉人开垦为良田，可供放牧的仅仅是山区和一些贫瘠的地方。越过祁连山再往南就进入了青藏高原，面对连绵起伏的群山和逐渐升高的地势，感受到越来越寒冷的气候，鲜卑人不得不停下脚步。虽然他们的祖先曾经生活于大兴安岭，对大山并不存在恐惧心理，但他们已经发现，再南进，草场条件还不如河西。海拔 4000~6000 米、拥有 3000 多条冰川的祁连山，毕竟与海拔 1000 多米、山体雄浑多森林的大兴安岭是截然不同的两个世界。

自河西走廊向北，则是中国第三大沙漠巴丹吉林沙漠和中国第四大沙漠腾格里沙漠。腾格里沙漠东边的贺兰山是草原与沙漠的分界线，历来也是游牧民族止步的地方。西进的鲜卑各部大多是沿贺兰山向西南迁徙最终进入河西走廊，也就是为了避开腾格里沙漠和在其以西的巴丹吉林沙漠。应该说，对这两个大沙漠鲜卑人并不陌生，他们绝不愿意再次走向这片不毛之地。

高原与沙漠间的狭长地带历来是兵家必争的战略要地，再向西，是比乞伏鲜卑还要强大的秃发部。实际上，秃发部也面对着与乞伏人同样的困境。东方混乱中的各军事集团的势力都远比乞伏鲜卑强大，如果不愿意成为他们的附庸和炮灰的话，就无法走上东归之路。最终，乞伏鲜卑不得不在青藏高原的北缘停留下来。由于没有适宜放牧的充分条件，是继续寻觅梦想中的草原，还是放弃他们心爱的畜群，改行从事农耕，就成为乞伏鲜卑不得不做出的抉择。最终，乞伏鲜卑终于像生活在这里的大多数居民一样，农牧业并举了。

在进入河西走廊的众多鲜卑部落中，只有秃发部与乞伏部最终发展壮大，建立起自己的政权，原因就在于他们面对新的环境做出了某些变革，而那些仍旧固守游牧生活习俗的鲜卑人则逐渐衰落了下去。

以乞伏鲜卑为首的部落联盟迁到苑川后，占据了苑川、勇士川、牵屯山一带。述延死后，傉大寒接任首领。由于后赵石勒的势力进入秦陇地区，乞伏傉大寒担心自己成为其下一个打击目标，便匆忙向北迁往麦田无孤山，进入今甘肃靖远境内。此后，这一带就成为乞伏鲜卑活动的中心地区。

中原地区的战争风云变幻，看似强大的政权却往往一夜之间土崩瓦解。石勒的后赵政权没有来得及进攻河西走廊，就已经在冉闵之乱中被颠覆了。可是，乞伏鲜卑虽然躲过了羯族后赵的进攻，却最终不得不面对氐族建立的前秦的进攻。371 年，前秦苻坚派王统率兵讨伐乞伏鲜卑，乞伏部首领、傉大寒之子乞伏司繁统领三万骑兵在苑川抗击，被王统打败，其部五万余人投降了王统。乞伏司繁也投降了苻坚。苻坚见其叔叔吐雷作战英勇，于是任命其为勇士护军，统率乞伏四部。乞伏司繁归附前秦后屡建战功，他的儿子乞伏国仁后来成为前秦的镇西将军，镇守勇士川，并借助前秦之威，发展壮大自己的势力。

乞伏部虽然战败投降，但是前秦并没有像迁徙慕容鲜卑那样对他们进行强制性迁徙，他们仍旧生活在苑川和勇士川附近，仍旧牢牢地控制着这片他们栖息的土地，只不过他们失去了名义上的独立，他们的首领成为前秦属下的将军。相对于同样被前秦征服的鲜卑慕容部、拓跋部而言，乞伏部的力量毕竟过于弱小了，因而没有引起前秦统治者的注意，这恰恰使乞伏鲜卑得以保全实力。

淝水之战后，乞伏国仁乘后秦姚苌与前秦苻坚混战之机，以平定其叔叔乞伏步颓的叛乱为名，率军占据陇西，并召集鲜卑各部，聚众十余万，胁迫诸郡背叛前秦。385 年九月，乞伏国仁自称大都督、大将军、大单于、领秦河二州牧，建立起自己的政权，史称西秦。

乞伏鲜卑的政权虽然建立起来了，但其面对的周边形势却极不乐观。在西秦的东方，是前秦以及继前秦兴起的羌人姚氏建立的后秦；西方，是前秦将军吕光建立的后凉；南方，在青藏高原的东部边缘地区，另一支鲜卑吐谷浑的势力正在兴起。可以说，西秦从立国之初就处于强敌环伺之下。

乞伏国仁鉴于自己力量薄弱，不能与强邻相抗衡，采取了与前秦苻登、后凉吕光、吐谷浑全部求和通好的策略。在威震北方的前秦君主苻坚被杀以后，前秦氐人残部逐渐会集在苻坚的孙子苻登的领导之下。对于前秦苻登，乞伏国仁还有进一步的考虑：羌人建立的后秦雄踞关中，势力强盛，将会举兵西进，而苻登的存在可以抵挡后秦势力的西进，成为西秦的屏障。因此，乞伏国仁接受了苻登封赐的“大将军、大单于、苑川王”的封号，他要在苻登与后秦的战争中渔翁得利，首先就绝对不能将战火引到自己身上。

在稳住周边的几个强邻之后，乞伏国仁开始逐一征服与乞伏鲜卑相邻的鲜卑各部。

387 年，乞伏国仁征服苑川东北六泉的鲜卑密贵、裕苟、提伦三部。次年，乞伏国仁又平定了乞伏鲜卑中原来的叱卢部首领叱卢乌孤跋发动的叛乱，加强了对乞伏鲜卑内部各部落的控制。接着乞伏国仁又击败鲜卑越质部。通过对其他鲜卑部落的征服与重组，西秦的实力得到了扩充。

乞伏国仁病死后，他的儿子乞伏公府年幼，群臣拥立国仁的弟弟乞伏乾归为“大都督、大将军、大单于、河南王”。乞伏乾归由勇士城迁都至金城（今甘肃兰州西北），西秦的势力进一步增强。在西秦灭亡以后，乞伏部人还习惯将他们的籍贯说成是金城，就是这个缘故。

在乞伏乾归继位后，东方的战事发生了变化。394 年，苻登与后秦展开了一场大厮杀。由于后秦的军队首先占领了废桥，控制了水源，致使前秦军队渴死者十之二三，后秦乘机出击，前秦大败，苻登逃到平凉，固守马髦山。

马髦山虽然地势险要，易守难攻，但粮草供给困难，难以长期据守。苻登只得向乾归求救。作为交换条件，苻登愿意以其子苻宗为人质，封乞伏乾归为梁王，并将自己的妹妹嫁给乾归。可是，乞伏乾归的救兵还没有赶到，姚兴的部队就已经彻底击败了苻登，苻登为后秦擒杀。虽然苻登的儿子苻崇逃到了湟中并宣布继承王位，但前秦已是名存实亡了。

苻氏前秦不再具有屏蔽西秦、抵抗后秦的实力，对于乞伏乾归来说，它也就失去了存在的必要。乞伏乾归果断放弃长期以来与前秦的和好政策，派军驱逐了苻崇。苻崇投靠秦州的氐族陇西王杨定，与其联手共同攻打西秦。双方大战于平川（今甘肃白银市中部偏北），乾归以少胜多，大败苻杨联军，苻崇、杨定战败被杀。经过这场战争，西秦政权逐渐稳固下来，势力扩展到整个陇西地区。乞伏乾归于这一年的十二月改称秦王，西秦的国号即由此而来。

乞伏乾归称秦王以后，对西秦的管理机构进行了改革，在中央依照中原王朝的制度设立尚书省、门下省，大量启用汉族士人加入其政权中来，西秦逐渐演变为乞伏鲜卑贵族与汉族豪门、士绅的联合政权。无论是西秦政权还是乞伏鲜卑人，都开始了迅速的汉化进程。与此同时，乞伏乾归仍保留大单于的称号，以便统治辖区内的各少数族。对境内的汉族和其他民族采取不同的统治方式，采用有所区别的统治方式，这是十六国时期各割据政权的共同特点。

西秦的国力虽然上升，但仍无法与西方的后凉相抗衡。为避其锋芒，乞伏乾归于 395 年将都城由金城迁到苑川西城。两年后，后凉吕光率军进攻西秦，夺取了西秦金城等地，乞伏鲜卑政权面临灭亡的危险。但也正是在这一年，原来隶属于后凉的秃发鲜卑的首领秃发乌孤称平西王，向后凉发起了进攻。秃发鲜卑的军队攻下后凉刚刚从西秦手中夺取的金城，随后又在街亭打败后凉将军窦苟。秃发部政权初建时即确立了联合西秦主攻后凉的国策，因而主动遣使与西秦和亲。后凉同时面对两个鲜卑族政权的打击，一时措手不及，这使西秦得到了喘息之机。西秦与秃发氏的政权暂时结成联盟以对抗后凉。

秃发部与乞伏部虽然同出自鲜卑人，但是不同的迁徙经历、与不同的族群相融合，都决定了他们之间的认同感是比较微弱的。他们各自建立政权以后，对政权的认同感更对民族的认同感构成冲击。他们建立联盟的基础是政治利益而不是民族感情，所以当政治利益发生变化时，他们之间的关系也必然发生变化。这不仅是秃发部与乞伏部关系的特点，也是十六国时期鲜卑各部彼此关系的最大特点。散布于东西万余里、南北数千里的广大区域内，与多种民族杂居，使鲜卑人难以建立起统一的政权，鲜卑族是十六国时期建立割据政权最多的民族，鲜卑人自身的分散性削弱了他们的力量，直到拓跋鲜卑统一鲜卑各部以后，形势才出现了根本性变化。

短暂复国梦：宿敌匈奴的致命一击

当历史走向公元 5 世纪的时候，乞伏鲜卑频遭厄运。刚刚通过联合秃发鲜卑，稳定了西方的边境，西秦却又马上面临来自东方的威胁。400 年，后秦派出姚硕德率领大军进攻西秦，乞伏乾归大败。

这一次，再也没有奇迹出现。走投无路的乞伏乾归率领数百名骑兵逃奔盟友南凉，被秃发利鹿孤安置在晋兴城，西秦灭亡了。

在如何安置前来投奔的乞伏乾归父子的问题上，南凉镇北将军俱延认为：“乞伏乾归本来是我国的属国，却妄自尊大，窃称王号，现在无路可走了，才跑来投靠我国，绝不是真心地降附。万一乞伏乾归父子将来逃离我国，再跑去投靠东方的秦国，一定会引导秦国的部队向西进攻我国，势将不利于我国。”因此，俱延建议，将乞伏乾归父子安置在前凉的西部、乙弗部鲜卑人中间，以断绝他们东归的道路。可是，秃发利鹿孤没有接受这个建议。

果然，不久后，乞伏乾归逃往长安，降于后秦，并乘后秦使其镇守苑川的时机，重新发展自己的势力。在乞伏乾归父子势力重新壮大的同时，后秦却衰落下去，先后败于南凉、夏国，国力大减。409 年，乞伏乾归重新称秦王，立其子乞伏炽磐为太子，西秦复国。

乞伏鲜卑虽然两次为来自东方的强敌所灭，但却能两次复国，显示出顽强的生命力，这在十六国时期是不多见的。西秦复国时，其东面的后秦政权趋于衰弱；西边的南凉与北凉因为连年互相征战，也都元气大伤；南边的吐谷浑树洛干还不能对西秦构成实质性的威胁。乞伏乾归父子充分利用这一有利时机，积极扩展自己在河西的势力。经过四年的征战，西秦不但恢复了原来的疆域，还不断向四周扩张疆土。其疆域东至平襄（今甘肃通渭县西南）、略阳（今甘肃秦安县东南），西至金城（今甘肃兰州市西），南达层城

（今甘肃岷县西）、赤水（今岷县东北），北至度坚山（今甘肃靖远县西）以北。

412年，乞伏乾归为其兄子乞伏公府刺杀，其子乞伏炽磐即位。

乞伏炽磐即位后，确立了先削平河陇地区的割据势力，再东进问鼎中原的军事战略，413年打败吐谷浑，414年灭了秃发鲜卑建立的南凉，接着又把北凉的势力逐出湟河流域。西秦开始称雄河西走廊。此后，乞伏炽磐把注意力转向东方，趁后秦衰弱时，大破黄石、大羌二戎（今甘肃天水西北），扩展了西秦东边的疆域。

可是好景不长，周边的形势又发生了不利于西秦的变化。十六国时期北中国虽然割据政权频繁更迭，但南方却一直处于东晋的统治之下，而现在，江南出现了第一次改朝换代，刘裕篡晋建立了宋朝。刘氏的宋以及在其后统治江南的几个短命的小朝廷：齐、梁、陈，我们统称为“南朝”。乞伏炽磐非常敏感地注意到了东方政治格局的这一变化，并希望借助于刘宋的势力在河西扩张。乞伏炽磐因此主动向刘宋示好，但并未得到刘裕的积极响应。

东方的另一个变化是赫连勃勃夏国的兴起。赫连勃勃原本是匈奴人，姓刘，相传是匈奴单于的后裔。在建立自己的政权以后，他取云赫与天连的意思，改姓赫连。不知道是不是与鲜卑和匈奴在历史上的恩怨有关，这个匈奴人的政权从建立伊始就成为乞伏鲜卑的敌人。426年，夏主赫连昌乘西秦与北凉交战正酣，偷袭西秦都城枹罕，乞伏炽磐被迫迁都定连（今甘肃临夏市东南）。西秦由盛转衰。

在西秦受到来自东方的打击之后，西方的局势也出现了不利于西秦的变化，北凉最终消灭了西凉，实力大增。吐谷浑的实力也有明显的增长。西秦再一次处于强邻环伺之中。

中国北方在经历数百年的战乱与分裂之后，再次出现了统一的趋势，这一次是拓跋鲜卑建立的北魏承担了这种使命。北魏的国力迅速发展，在其西拓过程中，攻下夏国都城统万城，夏国主赫连昌仓皇逃到上邽。乞伏炽磐以为这是西秦难得的机遇，想借赫连昌兵败之际，给予其沉重打击，以便使自己在东方的这个强劲对手从此一蹶不振，从而解除西秦东面的威胁。因此，乞伏炽磐一面向北魏示好，送人质、称臣纳贡；另一面积极准备进攻赫连氏的夏国。但恰恰在此时乞伏炽磐去世了。

428 年即位的乞伏慕末，一改乞伏炽磐笼络陇西汉族地主阶层的政策，把权力集中到乞伏氏王族子弟手中。第二年的三月，乞伏部贵族与陇西汉族豪门间出现了更大的裂痕。慕末的尚书辛进，曾随乞伏炽磐游陵霄观，在用弹弓打鸟时误伤慕末的母亲，致使其留下伤疤。慕末对此怀恨在心，便借故杀死了辛进及其宗族 27 人。辛进的家族是陇西豪族，在河西地区影响很大，他的无故被害，使河西豪族对西秦乞伏氏产生了离心倾向。

428 年五月，北凉沮渠蒙逊再次进攻西秦，慕末无力抵御，只好退到定连，派使者向北魏求援并请降于魏。当慕末率部东撤以便得到北魏的保护时，夏王赫连定在上邽发兵阻击。慕末只好退往南安（今陇西）。431 年，夏主赫连定又派遣其叔叔北平公韦伐率众一万向南安进攻，西秦将士纷纷出城投降。慕末及其宗族五百余人出城投降后被杀，西秦灭亡。

西秦自乞伏国仁于 385 年建国，到 431 年乞伏慕末被杀，共历四主四十六年。其间，400—409 年，西秦曾被后秦击灭，西秦国主只作为后秦驻守陇右的一州之长而存在，但习惯上在计算西秦政权的存在时间时仍然计入这九年。

西秦灭亡后，乞伏鲜卑人或投北凉或降大夏。在夏国赫连定为吐谷浑所灭后，夏政权控制下的乞伏鲜卑又转入吐谷浑政权，由于乞伏部与吐谷浑人同是鲜卑人的分支，这部分乞伏部人很快就融入吐谷浑人之中了。在北魏灭北凉之后，不仅统一了河西走廊，也基本统一了中国北方，统一了散布于中国北方的鲜卑各支系、各部落。北凉控制下的乞伏人以及未融入吐谷浑之中的乞伏人基本都进入到北魏的统治之下，与其他鲜卑人一起构成北魏的统治民族。在北魏时，已很难对乞伏鲜卑和其他鲜卑加以区分，乞伏氏贵族的籍贯大都改成金城或金城榆中、马邑等，与汉族士大夫、官僚无别。北魏灭亡以后，乞伏鲜卑与其他鲜卑一样，大多融合于汉族之中。

三、慕容部的近亲：坚持游牧的吐谷浑

我们在谈到五胡十六国时，一般不包括鲜卑人的分支吐谷浑在

青藏高原东北部建立的政权，但吐谷浑政权却是鲜卑人建立的割据政权中存在时间最长的一个。吐谷浑的起源可以上溯到活动于西拉木伦河与老哈河流域的鲜卑慕容部。

相传，慕容部首领涉归在生前就确定由嫡长子慕容廆继承大位，另拨出 1700 户部众由其庶长子吐谷浑率领。涉归去世后，有一次吐谷浑所辖部众的马匹与慕容部的马匹厮咬踢斗，慕容廆为之动怒，派人对吐谷浑说："先父已经为我们划分了各自的部众，你为什么不率部远离呢，却让马匹相斗。"吐谷浑答道："马作为畜生，踢斗是它们的习性，为何因为马的相斗而迁怒到人的身上？远离还不容易吗，我现在就迁到离你万里之外的地方去。"

在吐谷浑率部出发后，慕容廆很后悔自己的失言，派亲信追赶吐谷浑，向他道歉并请他回来。吐谷浑对来人说："先父在世时曾经占卜过，认为他应该有两个儿子能成就一番事业。我虽然是兄，但是庶子，按道理说，在这里我不可能成就属于我的大业。马匹相斗，我猜想可能是天意，因此我才要远赴异乡谋求发展。你们现在试着赶马群回去，如果马群肯往回走，我自然跟着回去。"但是无论他们如何驱赶马群，众马最多向东走几百步，就又掉转头悲鸣西奔。于是慕容廆的使者向吐谷浑跪拜长叹说："可汗，此事非人力所能及啊！"于是吐谷浑率领部众一直向西而去。

据说吐谷浑率部远走之后，慕容廆非常伤感，常常想起这位兄长，为此创作了一首表达对吐谷浑思念之情的歌曲，鲜卑语称兄长为"阿干"，这首歌因而被称为"阿干之歌"，后来成为流传非常广的一首鲜卑语民歌。

这段神异的传说自然是不能作为信史的。有学者猜测，随着东部鲜卑人口的繁衍，牧场已经严重不足，慕容部、段部、宇文部之间的战争在某种程度上就是因争夺牧场而引发的，从上述马群相斗的传说中可以看出，吐谷浑与慕容廆之间的矛盾也是因争夺牧场而引起的。也有学者认为，吐谷浑的远行，是慕容部实行嫡长子继承制之后排斥庶长子的结果。

从现有的史料分析，吐谷浑所部最初迁徙至阴山一带，在这里活动了二十年左右，而后沿河套南下，西南越陇山，再向西、向南发展，进入青藏高原的东北部。

吐谷浑部最终进入了青藏高原的羌人居住区。吐谷浑部与羌人的关系一开始是非常紧张的，其第二代首领吐延就是被羌人姜聪刺杀的，究其原因，可能是新迁入羌地的吐谷浑部要从羌人手中为自己夺取一片牧地，试图征服或驱逐当地的羌人；而羌人显然也试图驱逐这些外来人。到吐谷浑部第三代首领叶延时，吐谷浑部开始建立自己的政权。但在吐谷浑政权中，羌人的势力还是相当大的，吐谷浑部第四代首领碎奚的三弟就是为羌人豪族钟恶地所杀，碎奚也因此忧郁而死。但经过数十年的磨合，吐谷浑部与羌人之间由对抗、敌视走向了合作建国，吐谷浑政权从一开始就是吐谷浑部与羌人联合建立的政权，而且羌人的势力还在其中占上风，这种情况一直到视连统治期间才有所改变。

史书中没有记载，吐谷浑部在进入青藏高原时有部众多少户。

吐谷浑部自辽西迁出时虽然只有1700户左右，但此后其部落的繁衍速度应该是比较快的。吐谷浑72岁去世，留下了60个儿子，由此推测，吐谷浑部的总人数也应该有比较大的增长。

自吐谷浑的孙子叶延时开始，这支鲜卑人逐渐将最初的首领吐谷浑的名字作为他们部落的称号，并成为其姓氏。在建立政权以后，吐谷浑的名字又成为国号，这一支鲜卑人也就被称为吐谷浑人。应该说，吐谷浑人与鲜卑人之间的区别是十分明显的，因为他们在进入青藏高原以后逐渐与羌人通婚，在各个方面都受到了羌人的影响，这在鲜卑各部中是非常特殊的。

关于吐谷浑这个鲜卑语单词的意义是什么，学者存在不同的意见。日本学者白鸟库吉认为，慕容部最初活动于西拉木伦河与老哈河流域，西拉木伦河在当时被称为饶乐水，与蒙古语黄水的发音相近；老哈河在当时被称为乌候秦水，与蒙古语土河的发音接近。慕容廆的鲜卑语名称为若洛廆，与饶乐为同音异译；而吐谷浑、吐护真、托纥臣，则都是乌候秦的同音异译。涉归是用鲜卑人居住区内两条最重要河流的名字为两个儿子取名的。吐谷浑应该就是蒙古语尘土、泥土的意思。

史书记载的吐谷浑及其子吐延的年龄十分可疑。据说吐谷浑活了72岁，去世后由其长子吐延继承首领的职位。吐延在位13年，终年35岁，那么吐谷浑去世时吐延当为22岁。我们很难想象，一个72岁的人，他的60个儿子中年纪最大的才仅仅22岁，也就是说，吐谷浑在50岁以前没有儿子，而在50岁以后却接二连三地老来得了，在 22 年中得子达 60 人之多。这种可能性显然是微乎其微的，应该是对吐谷浑或其子吐延年龄的记载有误。关于吐谷浑早期的历史有很多难解之谜，这不过是其中的一个。

吐谷浑人立国之初，河西走廊正是诸凉以及西秦混战的时代。这些割据势力间虽然矛盾重重，却都不希望处于青藏高原边缘的吐谷浑人北上进入河西走廊，他们的实力又都强于吐谷浑人，这导致了相当长的时间里，吐谷浑人不得不偏处青藏高原，无法对外拓展。在乞伏鲜卑建立的西秦国力鼎盛的时期，吐谷浑人甚至向西秦称臣纳贡。直到吐谷浑人的第六代首领视罴时期，吐谷浑才摆脱了西秦属国的地位。

吐谷浑的七世孙中有四人先后担任首领，树洛干、阿豺、慕璝和慕利延，这一代人的统治长达半个世纪。也正是在这个时期，吐谷浑政权开始走向强盛。在阿豺在位期间，吐谷浑人的势力迅速增强，因此吐谷浑人也被其他政权和周边民族称为“阿豺虏”。

传说阿豺有 20 个儿子，长子名叫纬代。阿豺临终前曾命 20 个儿子每人抽出一支箭抛在地上，然后对他的弟弟慕利延说：“你取一支箭，折断它。”慕利延很轻松地做到了。阿豺又说：“你拾起剩下的 19 支箭，一齐折断它。”慕利延无论如何用力也做不到。阿豺说：“你们明白了吧。单独的力量是容易被摧毁的，而联合起来的力量就不容易被击破。你们要同心协力，这样我们的国家才能稳固。”

阿豺死后，吐谷浑开始进入鼎盛时代，乘西秦与北凉连年相互争战、实力大为削弱之机，吐谷浑的势力开始进入河西走廊。但是好景不长，拓跋鲜卑建立的北魏国力蒸蒸日上，已经开始向河西进军，逐一消灭了割据河西走廊的各族政权，将这一狭长的平原地区置于自己的统治之下。吐谷浑的实力本就无法与北魏相比，恰恰在其与北魏争夺河西走廊时，其内部又出现了混乱。阿豺的长子纬代担心受到慕利延的迫害，暗中与北魏联系，想投奔北魏，事情败露被罚，他的 19 个弟弟中有 8 个逃往北魏，劝北魏出兵讨伐吐谷浑。看来，阿豺临终前的教训是有感而发，慕利延与阿豺的儿子们之间的矛盾由来已久。在慕利延以后吐谷浑权力的交替中基本不再出现兄终弟及的现象，说明慕利延与侄子们的斗争体现着父子相承制度取代兄终弟及制度过程中新旧势力的矛盾。

慕利延不敢与北魏抗衡，率部远撤，吐谷浑控制下的游牧部落投降魏军的达 13000 多家。445 年，北魏发动了对吐谷浑政权更大规模的进攻，吐谷浑节节败退，魏军擒获了吐谷浑前主慕璝之子被囊，以及原西秦主乞伏炽磐之子乞伏成龙。慕利延西渡沙漠，远逃到今新疆和田一带，魏军占领了吐谷浑控制的大部分地区，吐谷浑政权一时覆灭。

北魏的进攻使吐谷浑受到沉重打击，却未能彻底消灭吐谷浑势力。魏军虽然占领了吐谷浑故地，但以游牧为生的吐谷浑人赶着他们的畜群避开魏军的进攻后，仍旧可以在其他地方积聚力量，争取东山再起。当魏军主力撤出高原之后，吐谷浑人轻而易举地回到了他们从前驻牧的地方。

寒冷干燥的高原迫使吐谷浑人延续着他们在东北地区的远祖一开始从事的游牧业，资源的匮乏及农业的欠发达成为制约吐谷浑国力发展的重要因素，使其长期无法与河西走廊诸割据政权争雄。但反过来，建立在游牧经济基础上的吐谷浑国也因此具有了非常强的机动性，可以避开强敌、免遭覆灭性打击，这才使得吐谷浑人可以屡仆屡起、灭而复兴。高原的地理环境与气候，既是吐谷浑发展的瓶颈，却也构成了吐谷浑人的保护伞。

仅仅过了一年左右，慕利延就由和田附近返回了吐谷浑故地。此后，吐谷浑与北魏的边界大体稳定在祁连山以南至青海湖北，再由湖东南赤岭（今青海日月山）西南到浇河、枹罕以南一带。北魏后来虽然也曾几度大举进攻吐谷浑，也获得了非常大的胜利，却始终无法最终灭亡它。在 473 年以后，双方进入了一个长达六十年的和平共处时期。在伏连筹在位期间，吐谷浑的势力西向发展，占据鄯善（今新疆若羌）、且末一带。

当北魏分裂为东魏、西魏之后，吐谷浑的势力再次进入河西走廊。但在与取代西魏的北周政权的战争中失利，迫使吐谷浑人不得不再次退出河西走廊，回到青藏高原。隋朝兴起后，吐谷浑成为隋朝的属国，隋文帝将宗室女光化公主下嫁给吐谷浑当时的可汗世伏。597 年，吐谷浑国内发生了叛乱，世伏被杀，其弟伏允成为新的可汗，并按照“兄死妻嫂”的风俗，继续娶光化公主为妻。但吐谷浑与隋朝的和平友好交往持续时间不长，就出现了隋炀帝对吐谷浑的亲征。面对隋朝大军，吐谷浑可汗伏允兵败远逃，隋朝在吐谷浑故地设置了西海、河源、鄯善、且末四郡，基本控制了吐谷浑的所有领土，吐谷浑政权再度灭亡。

隋末天下大乱，吐谷浑人乘机回到故地，再建吐谷浑政权，并开始与新建立的唐王朝争夺河西走廊。盛唐诗人王昌龄的《从军行》组诗中，第二首是：“大漠风尘日色昏，红旗半卷出辕门。前军夜战洮河北，已报生擒吐谷浑。”描述的就是这个时期的史事。

至唐太宗时，唐王朝发兵再次打败吐谷浑。但是，唐太宗没有像隋炀帝那样采取灭亡吐谷浑的政策，而是保存了吐谷浑的王统，使之成为唐王朝的附属国。唐太宗册封的可汗慕容顺即位不到十天就为大臣所杀，唐王朝又立其子诺曷钵为吐谷浑主。在吐谷浑大臣专权、分裂内战时，唐王朝还派侯君集率部前往平叛。诺曷钵也曾亲自前往长安觐见唐太宗，并娶唐朝的弘化公主为妻。

兴起于东方的大唐王朝不再对吐谷浑政权构成威胁，但来自青藏高原南部的吐蕃政权却对吐谷浑构成了致命的威胁。

大约在 7 世纪初，松赞干布即赞普位之后，将吐蕃的政治中心迁到逻些，也就是今天的拉萨，随后陆续征服了北面的苏毗（今西藏北部），西边的羊同（今西藏阿里地区）以及东边的党项等一些羌族部落，并与南边的泥波罗（今尼泊尔）国通聘，开始走向强盛。就在吐谷浑向唐朝求婚的同时，吐蕃也向唐朝求婚，希望能得到公主的下嫁，但却被唐太宗拒绝了。吐蕃使者为了免受责备，欺骗松赞干布说：“天子对我很好，几乎就可以实现公主下嫁了，正好吐谷浑国来朝，结果就不答应我们的求婚了，恐怕是吐谷浑从中离间我们与唐朝。”松赞干布大怒，立即发兵进攻吐谷浑。实际上，这段记载即使不是后人的编造，也是吐蕃人进攻吐谷浑的借口而已。从当时吐蕃对外扩张的形势看，在征服苏毗、羊同之后，位于青藏高原东北部的吐谷浑政权必然成为其下一个进攻目标，只不过吐谷浑君臣都没有意识到这一点而已。

以前面对依赖农耕经济的政权的进攻时，吐谷浑可以凭借青藏高原的独特地理环境及自身游牧经济的机动性，避开敌军主力，以免受到毁灭性打击，但现在，面对与其同样生存于青藏高原的吐蕃政权的进攻时，吐谷浑就没有回旋余地了。面对吐蕃军队的节节进逼，吐谷浑这一次真正走到了亡国的边缘。

面对强敌，吐谷浑国内出现了两种不同的政见：一种是以可汗诺曷钵为代表的，主张联合唐朝抗击吐蕃；另一种却主张联合吐蕃进攻唐朝。唐王朝帮助诺曷钵稳定了国内的形势，加强亲唐派的力量，并将文成公主下嫁松赞干布，以便缓和关系。经过一系列努力，唐、吐谷浑与吐蕃之间实现了短暂的和平，但在663年，吐蕃赞普禄东赞还是大举进攻了吐谷浑。诺曷钵与弘化公主率数千户吐谷浑人仓皇逃往唐朝在河西走廊的重镇凉州，吐谷浑国正式灭亡。

670年，唐朝名将薛仁贵在与吐蕃对阵的大非川一战中几乎全军覆没，唐王朝从此打消了以武力帮助吐谷浑复国的念头。大部分吐谷浑人在吐蕃政权的统治下，逐渐融入吐蕃人之中。随诺曷钵迁入唐朝的数千户吐谷浑人则在河西走廊居住下来。直到唐朝衰落以后，这部分吐谷浑人才开始逐渐东迁，渐渐散布于今宁夏、山西乃至河北各地，成为五代以及辽政权统治下的一个少数族，而且仍旧保持着游牧经济。在辽灭亡以后，这部分吐谷浑人不再见于史书，是融入汉族之中、融入契丹或女真人之中，还是在战乱中被灭族，都已经无从查考。总之，吐谷浑人在历史的长河中消失了。有人说，今天西北的少数民族土族就是吐谷浑人的后裔，但学者对此仍存在分歧与争论，恐怕这又是一个关于吐谷浑人的难解之谜。

第五章
天狼西向：远走中亚的哌哒人

秦汉之际，大月氏人在匈奴的挤压下远走中亚，另寻乐土。几百年后，一支拒绝被奴役的鲜卑部落在无意之中走上了与大月氏人相同的西迁之路。

循水草西迁的北方草原民族的归宿只有两个，在越过阿尔泰山脉之后，要么北上进入俄罗斯钦察草原，要么南下入主中亚。幸运的哌哒人选择了后者，没有去触匈奴人的霉头。可是，匈奴人的恐怖记忆依然萦绕在中亚部族的心头，于是，这些和当地人通婚、具有了某些白种人特征的鲜卑人被冠上一个可怕的名字——白匈奴。

自公元1世纪开始的鲜卑族群的大规模西迁，并未因鲜卑各部在五胡十六国时期纷纷加入中原地区的割据混战而停止。当秃发鲜卑、乞伏鲜卑，以及从辽东鲜卑慕容部中分离西迁的吐谷浑人在河西走廊停下他们迁徙的脚步时，另有一支鲜卑人已经越过茫茫沙漠，一路向西，走向中亚草原。在一个他们完全陌生的环境中，这支来自东北亚的蒙古人种部落，与当地各白种人族群相结合，形成了中亚一个新的民族——哌哒人。

一、白匈奴：从蒙古草原走出的第二头狼

如同大多数游牧民族一样，哌哒人没有自己的文字，自然也就没有其本民族的史书流传下来。由于他们曾经立国于中亚，处于欧亚大陆东西方交通的必经之路，他们的历史散见于东西方各国的史书记载之中。但这些记载不仅零散，而且相互矛盾，就是其族名也存在着多种不同的记载。中国史书中也称哌哒人为“厌达”“厌怛”“悒怛”“挹阗”，称他们建立的国家为滑国。拜占庭史书中称他们为 Ephthalitai、Hephthalitai 或 Abdelai；亚美尼亚史书中称他们为 Hep’t’al，波斯史书中称他们为 Heftal，阿拉伯史书中称他们为 Haial 或 Hayatila，而印度的碑刻铭文中则作 Huna，印度的文献中作 Sveta Huna，即白匈奴。4—8 世纪起源于欧亚草原上的北方游牧民族多被称为“匈奴”或“匈人”，哌哒人被称为“匈奴”或“匈人”并不奇怪。奇怪的是，他们还被称为“寄多罗匈人”、“贵霜匈人”或“匈奴贵霜”。从其称号的复杂性中我们可以窥见哌哒人的历史是多么复杂与神秘。

哌哒人的族源是更为复杂难辨的历史学难题，目前学者有十几种不同的猜测，但没有一种可以称得上是定论。《梁书·滑国传》说哌哒人的语言“待河南人译然后通”，此处的河南人是指当时已经迁入黄河以南的吐谷浑人。哌哒人与出自鲜卑的吐谷浑人语言相

通，说明嚈哒人与鲜卑人渊源很深。按嚈哒史专家余太山先生的看法，嚈哒人最初可能是乙弗鲜卑的一支。

自公元1世纪鲜卑人大量进入辽东半岛北部地区以后，鲜卑人就已经成为在辽东、辽西占有优势地位的民族，随着东部鲜卑三大部（慕容部、段部、宇文部）的兴起，鲜卑人成为东北南部地区的统治民族，到东晋时，一支鲜卑化的“灌奴部”人与一些鲜卑人的部落相融合，以鲜卑人的面目逐步迁徙到高平川地区（今宁夏固原一带），这就是我们前面提到过的乞伏鲜卑。最初的乞伏由如弗、胡引、出连、叱卢四部组成，我们可以肯定，其中的如弗部出自鲜卑，这一支鲜卑人后来被称为“乞伏”鲜卑也与此有关。现代学者多认为，乞伏部包含鲜卑、羯胡、匈奴和敕勒等民族成分，是一个十足的“杂胡”。

大约在公元371年，前秦苻坚发动了对乞伏鲜卑的战争。在受到沉重打击后，乞伏鲜卑分裂，一部分投降前秦，但在淝水之战后又复兴，建立了自己的政权，这就是西秦；一部分留在了塞北，依附拓跋部，慢慢地融入拓跋鲜卑之中；另一部分则开始了进一步的西迁。这些西迁的乞伏鲜卑人又分为两支：一支到达美丽的青海湖畔，成为后来的乙弗部；另一支则越过阿尔泰山，经过伊犁河流域最终进入中亚，发展为后来的嚈哒。有些中国史书称嚈哒人的发源地在今天的阿尔泰山，可能是因为他们在迁徙的过程中，在阿尔泰山停留的时间较长。对于这些祖先发源于大兴安岭的人们来说，阿尔泰山与深深存在于他们记忆深处的发祥地极为相似，对他们有一种特殊的吸引力。依赖于他们熟悉的大山的保护，他们的实力也在增强。

在拓跋鲜卑迁入漠南草原并将注意力转向南方的黄河流域以后，鲜卑各部留居漠北草原的已经很少了，南迁已经成为各部的共同目标。并不是鲜卑人愿意放弃大草原，而是逐年降低的气温使他们感觉到，只有南下他们才可以寻找到更适宜居住的地方。

匈奴人为气候之鞭驱赶到遥远的东欧草原，出于同样的原因，鲜卑各族南下进入黄河流域。长期与汉王朝处于敌对状态的匈奴人无法南下，不得不西走异域。相比之下，鲜卑人是幸运的，不仅毫不费力地从匈奴人手中接管了蒙古草原，而且衰弱的西晋与随后混战不断的各割据势力都没有能力阻挡鲜卑人南下。如同匈奴人西迁之后鲜卑人进入蒙古草原填补了势力的真空一样，在鲜卑各部南下之后，草原上新兴起的柔然人又填补了势力的真空，继鲜卑人之后成为漠北草原的主人。

“柔然”一词，有人认为是“聪明、贤明”之义，或认为含有“礼义、法则”之义，或认为源于阿尔泰语的“异国人”或“艾草”等。“柔然”，也被称为“蠕蠕”“芮芮”“茹茹”“蝚蠕”，但这些都是侮辱性称呼。在拓跋鲜卑建立的北朝所留下的碑刻中，也称其为“匈奴”“鬼方”“凶奴”“猃狁”“北虏”，由这些称呼来看，当时人已经搞不大清楚柔然人究竟属于什么民族。

关于柔然人的来源，史籍记载歧异，学者间也存在不同意见，大体来说可以分为两派：一派认为其出自东胡或鲜卑，一派认为其出自匈奴。还有的学者认为，柔然人就是欧洲历史著作中提到的“阿哇尔人”（Avars）。

归附北魏的柔然首领阿那瓌曾对北魏孝明帝表示，其先世“出于大魏”，孝明帝回答道：“这一点朕早已知道。”有人根据这条记载认为，柔然的统治者应与北魏的统治者同族，即属于拓跋鲜卑。但考之史书的记载我们可以发现，阿那瓌所说的“出于大魏”，指的是柔然最高统治集团郁久闾氏的始祖木骨闾，是力微时被拓跋鲜卑掠获的奴隶，后来被免除奴隶的身份，成为拓跋部的一名骑兵。而当时的拓跋鲜卑人似乎还不习惯掠夺同族人为奴隶，这条记载无法证明木骨闾是拓跋鲜卑人，却正可以证明他不是拓跋鲜卑人。木骨闾逃离拓跋部自行发展时，最初召集到亡命之徒百余人，依附游牧于阴山北意辛山一带的纥突邻部。到其子车鹿会的时代，不断兼并其他部落，拥有不少部众和财富，并开始自称柔然。从这种发展过程来看，最初的柔然部落恐怕就是诸族杂糅的混合体。

匈奴西迁后，草原各部纷纷兴起，并重新划定彼此的驻牧范围，蒙古草原的民族分布格局变化巨大。柔然人兴起于漠北草原之后，其所控制的主要是鲜卑、敕勒、匈奴和突厥等许多民族和部落。

面对来自东方柔然人的压力，哌哒人的祖先无力与之抗衡，不得不离开令他们眷恋的阿尔泰山，向更遥远的西方走去。他们也不知道自己的目的地在哪里，只是在无意中，他们踏上了从前游牧民族所走过的西行之路，向西进入伊犁河流域。沿途没有路标，指导他们的是水草与河谷。大约在 4 世纪 70 年代初，哌哒人经过巴尔喀什湖及楚河流域，来到中亚的索格底亚那，并顺利地控制了柴拉夫善河流域。为免遭柔然人的袭击，哌哒人主动向柔然称臣，并与柔然通婚，曾经有三位哌哒王的妻子都是柔然首领婆罗门的姊妹。

位于中亚阿姆河、锡尔河之间的索格底亚那也是一个神圣的地方，因索格底亚那简称粟特，当地居民也被称为粟特人。公元前 6 世纪到公元前 4 世纪，这里曾是波斯帝国的一部分，在亚历山大东征之后，塞琉古王国曾统治这里，希腊的势力进入粟特。紧接着，贵霜帝国控制了粟特人的居住地。

贵霜帝国的建立者大月氏人本是中国境内的一个古老民族，他们原本生活在祁连山一带，被匈奴人打败之后，自河西走廊西迁伊犁河流域，后来受到匈奴人支持下的乌孙人的进攻，不得不又放弃伊犁河流域，转向西南进入索格底亚那。立国于阿姆河以北之后，月氏人的势力逐渐南扩，甚至越过兴都库什山脉，进入印度次大陆的西北部地区。哌哒人在无意之中，走上了与月氏人相同的西迁之路。

其实，循水草西迁的中国北方草原民族的归宿只有两个，如果他们在越过阿尔泰山脉之后，不向西南进入中亚地区的话，限于地理环境，他们就只有一条路，即向西进入俄罗斯草原。月氏人、哌哒人走的是前一条路，匈奴人走的则是后一条路。

月氏人与乌孙人都是白种人，中亚的阿姆河、锡尔河流域一直就是白种人的分布区，在最晚进入这一地区之后，因与当地居民通婚，或者是因为有当地的部落的加入，哌哒人已经开始具有白种人的某些特征。有些史书中称哌哒人为“白匈奴”，恐怕也是出于这个原因。

在鲜卑人持续数百年之久的迁徙浪潮中，哌哒人是鲜卑人在西迁的道路上走得最远的一支，但关于他们迁徙的历程，中外史籍都语焉不详。我们只知道，这支鲜卑人一直保持着游牧风俗，始终是马背上的民族，正是游牧生活的机动性使他们有能力自东北亚走到万里之外的中亚，并征服当地在很大程度上已经转操农业与商业的民族。在中亚，在这个东西交往的咽喉要道、多种民族与文化的交融之地，哌哒人开始建构自己的国家。

进入索格底亚那之后，哌哒人征服了当地的粟特人，却并没有彻底灭亡粟特人的国家。杀死原来的粟特王之后，他们另立了一个亲哌哒的粟特人为王，保留粟特人原来的国家政权组织和机构，使之成为一个与哌哒保持密切联系和忠诚的傀儡政权。一般认为，见于中国史书记载的 435 年至 479 年间向北魏朝贡的“粟特”，就是指这个在哌哒控制下的傀儡国家。面对中亚地区的绿洲农业，面对依赖东西方贸易保持繁荣的绿洲城镇，以及建立在此基础之上的绿洲国家，游牧的哌哒人的武力虽然足以征服，但习惯随水草迁徙的哌哒人却不知道应该如何管理和统治，他们只能满足于这些国家的称臣纳贡，让其在自我管理中过着与从前一样的生活，而他们自己也过着与从前一样的生活，和他们的畜群一起在中亚草原上游荡。

哌哒人强盛时有四十多个属国，但我们却搞不清楚其首都所在地。有人认为，嚈哒人自伊犁河流域西迁之后，就已经在楚河流域的怛逻斯河流域建立了都城；反对者认为，直到嚈哒人的国家被突厥人灭亡前的二十年左右，嚈哒人才开始走向定居，才有了自己的第一处都城。从嚈哒人一直保持着游牧的习惯来看，后一种情况似乎更为可能，前期的所谓都城，大概不过是嚈哒首领的驻牧地。数百年之后，因为新兴起的阿拉伯人与盛唐帝国间的一次遭遇战而闻名的怛逻斯河，在当时的地位还远不及楚河流域重要。原因很简单，这里的空间不如楚河流域开阔，自然条件也不如楚河流域优越，即使嚈哒人要建立一处永久性的都城，他们似乎也不会选择这里。

导致嚈哒人离开伊犁河、楚河流域继续西迁的原因，主要还是柔然势力的西进，强盛时的柔然帝国势力已经西进到楚河流域。

在历史上，每当蒙古草原中部兴起一个强大的民族并向外扩张势力时，如果其实力足够强大，几乎总会引发“多米诺”式的民族西迁浪潮。匈奴人兴起以后，乌孙西进伊犁河流域，驱逐原来生活在这里的大月氏人，大月氏人西迁进入原来是塞族人控制的阿姆河、锡尔河流域。塞族人一支西进伊朗高原，因为他们的缘故，这一带被称为塞种斯坦，就是现在伊朗的塞斯坦省；另一支南下帕米尔高原建立了罽宾国。当嚈哒人在柔然势力的逼迫下西进的时候，历史上演了惊人相似的一幕。进入中亚的嚈哒人势力甚至超过当年的月氏人，他们西击波斯、南征印度，对西亚和南亚的历史发展都形成了深远的影响。

二、幸运的波斯人：拒绝推倒多米诺骨牌的哌哒帝国

阿姆河、锡尔河环绕下的索格底亚那，或者说河中地区，不仅来自蒙古草原的游牧民族在越过阿尔泰山脉之后，常常沿伊犁河、楚河流域进入这里，来自西亚甚至是欧洲的移民在进入伊朗高原以后，也自然会向这里发展。发源于南亚次大陆的民族要想对外发展，首先一步就是越过兴都库什山脉进入中亚两河流域，当然，占据两河流域的强大政权也经常越过兴都库什山脉侵略南亚次大陆的西北地区。中国历代王朝在经营西域时，会沿塔里木盆地的南北边缘西进，在势力足够强大时，也会越过葱岭进入索格底亚那。这里由此成为世界各主要文明的交汇地。

发达的绿洲农业、富庶的商路、多彩的文化，加上无险可守，使索格底亚那成为掠夺者向往的地方，一个真正的四战之地。立国于中亚的民族如果不能四面出击、所向无敌，结果只会是四面楚歌、一败涂地。而绿洲上的农耕经济与舒适的生活一直是勇武战士的温柔杀手，当骑士们下马务农并沉醉于文明带给他们的奢侈生活的时候，他们建立的帝国也就走到了时间的尽头。在中亚，强大的帝国都是外来征服民族建立的，当他们逐渐本土化之后，必将被后来的征服民族所征服，这已经成为中亚历史的一条定律。

曾经与匈奴争锋的大月氏人，在进入中亚以后已经习惯了安逸的生活，汉武帝派张骞出使大月氏，希望与他们东西夹击匈奴时，他们婉言谢绝了。祖先战败被杀、头颅被匈奴单于做成酒具的耻辱，已经抵不上中亚生活对他们的诱惑了。他们自然也不是历经磨难才来到中亚的哌哒人的对手，哌哒人轻而易举地击败了大月氏，迫使他们向南退却，放弃了索格底亚那。作为征服者，立国于两河流域的哌哒人凭借在游牧生活中养成的勇悍，立即开始了向外扩张，在他们还不了解他们的西邻波斯人时，就勇敢地向波斯发动了进攻。

公元 224 年，波斯大贵族阿尔达希尔灭亡了安息王国，建立萨珊王朝，仅仅七年之后，他就致书罗马皇帝塞维鲁，要求罗马人的势力退出亚洲，由此波斯帝国与罗马帝国展开了旷日持久的战争。罗马帝国虽然是欧洲最强大的帝国，但国力处于上升时期的波斯帝国也是西亚最强的势力，两者势均力敌，时断时续的拉锯战进行了近一个半世纪。直到 375 年以后，罗马帝国忙于应付日耳曼人的入侵而无暇东顾，两大帝国间才逐渐进入停战状态。就在波斯帝国想要调整国力以便最终击溃罗马帝国时，哌哒人“不合时宜”地出现在波斯帝国的东方，并很快成为波斯人的劲敌。

有的史书称，哌哒人最早一次向波斯发动全面进攻，就动员了 25 万人的军队，但这个记载是值得怀疑的。经过远途迁徙之后的哌哒人是否拥有如此多的青壮年是很难说的事情，况且，刚刚征服中亚，他们似乎也不可能倾巢而出，不派出部分军队留守。

此时波斯的统治者是巴赫兰国王，是有名的智勇双全的君主，因为他爱好猎取野驴，又被称为巴赫兰·固尔（野驴之意）。他在得知嚈哒人即将发起进攻的消息后，反而装作若无其事的样子准备出去打猎，然后暗中召集起波斯最精锐的部队，在他的亲自率领下向阿塞拜疆方向进发，在波斯的东部边境地区，秘密布下了埋伏。在谋夫地区的库斯梅汗，毫无防备的嚈哒人落入巴赫兰设下的巧妙陷阱，战争很快就以波斯大军的全胜告终。嚈哒人的国王被杀，王后及许多王室成员被俘。对于所向披靡的嚈哒人来说，这次战败的打击是巨大的。嚈哒人不得不暂时放弃了进攻波斯的想法，主动向波斯求和，双方缔结了和平条约，并在塔里寒修筑了一座石塔作为标志性界碑。

费尔道西的《列王咏》中有歌颂波斯这次胜利的诗句：

我也将同样用财富和弯刀，
修筑起当年抗御突厥人的高塔，
以免遭到嚈哒人的侵扰。
当这高塔在塔里寒建起之时，
如果嚈哒的首领将旧约重提，
我就说，巴赫兰这样做，是出于慷慨、智慧、无畏和仁慈。
但我决不让库希那瓦以及任何一个突厥人或是嚈哒人在此留下足迹。

哌哒人虽然战败，但是没有人能否认，哌哒已经成为中亚政治舞台上一支举足轻重的力量，他们使不可一世的波斯人感到了压力，战争并未就此结束。

但是在巴赫兰时代，哌哒人一直没有再向波斯发起进攻，他们要稳固新占领的中亚地区，也要向南开拓，他们小心地避开了巴赫兰这个难对付的敌人。立足未稳的哌哒人虽然勇武，但并不自大，他们在积聚力量。

经过一段时间的修整之后，哌哒人的实力有了明显的增强。到了巴赫兰的儿子耶斯提泽德二世时，哌哒人盼望已久的机会终于到来了。耶斯提泽德二世有两个儿子，长子卑路斯，次子霍尔穆兹。耶斯提泽德二世宠爱次子，将长子卑路斯派往别处做官，使次子继承了王位。为失去王位而恼恨又担心受到霍尔穆兹迫害的卑路斯，越过阿姆河逃到了哌哒人的聚居地，说服哌哒王阿赫勋瓦尔，派出三万大军帮助他回国争夺原本属于他的王位。这一次，哌哒人面对的是分裂混乱的波斯，他们轻而易举地获得了胜利，将卑路斯拥上了波斯王的宝座，哌哒的势力自然也就凌驾于波斯之上。

当罗马帝国分裂为东、西两部分，西罗马帝国在日耳曼人的进攻下走向灭亡的同时，波斯帝国也在哌哒人的进攻下由盛转衰，两大帝国几乎同时趋于没落。这是一个游牧民族纵横欧亚大陆的时代，所有的农耕帝国都处在没落之中。

卑路斯登上王位后，既对自己是靠波斯人眼中的野蛮人哌哒人的帮助获得了王位感到耻辱，又不满于哌哒人对波斯的掌控，遂于

480 年发动了对嚈哒控制下的巴克特里亚的进攻，希望可以通过打败嚈哒人为自己赢得荣誉。可是事与愿违，面对嚈哒人的骑兵，波斯军队显得不堪一击，卑路斯本人也被嚈哒人俘虏了。卑路斯只能无奈地向嚈哒人俯首称臣，并把边境上的塔里寒城无条件地让给嚈哒，承诺自己不再越过巴赫兰时期确定的波斯与嚈哒间的边界。在缴纳了大量的赎金之后，卑路斯才获准回到波斯。

惨败而归的卑路斯并没有从这次战败中吸取教训，也没有打消继续发动战争的欲望。感觉到自身的实力不足以战胜嚈哒，卑路斯转而向波斯从前的敌人拜占庭帝国求助。拜占庭帝国虽然处于欧亚两大洲的交界处，远离中亚，但是中亚地区的局势却与其商业利益息息相关。东端在中国、西端达西欧的“丝绸之路”既给波斯也给拜占庭帝国带来巨大的利益，为保持商路的畅通，拜占庭帝国宁可让自己的竞争对手控制中亚，也不愿意看到一个只热衷杀掠而不懂得商业利益的游牧民族控制这一东西交通的枢纽。当卑路斯的使者向拜占庭的宫廷夸张地描述嚈哒人的野蛮及其对中亚地区的破坏之后，拜占庭帝国虽然没有直接出兵助战，但是决定给予波斯军费方面的支持。

据传说，卑路斯不愿意被指责违背诺言，再次越过边界作战，因此，他指挥大象拉着塔里寒城前进，使波斯与嚈哒人之间边界的标志随着波斯的军队一起向东方挺进。

可是事与愿违，波斯军队再次一败涂地。农耕民族与游牧民族间的战争，往往第一次大决战就为以后的一系列战争定下了“基调”，此后长期的战争常常就是初次交锋的系列“翻版”。波斯帝国与哌哒人之间的战争也是如此。

哌哒人为了惩罚贪婪、无信的卑路斯，让他缴纳 30 头骡子驮着的满口袋的白银。从这种奇怪的计量方式中我们可以看出，哌哒人还不习惯计算非常大额的数字，粗犷的哌哒人竟然用计算笨重货物的方法来计算贵金属，可以想象，精于经商的波斯人对这种计算方法会多么震惊。

连年的战争已经使曾经富庶的波斯帝国在经济上捉襟见肘，卑路斯根本无力支付如此巨额的战争赔款，因此不得不将其年幼的儿子居和多交给哌哒做人质。为支付这笔赔款，卑路斯对波斯居民进行了惨无人道的掠夺，加深了波斯国内的动荡与不安，使波斯国力又一次受到沉重打击。

更为重要的是，卑路斯从此失去了拜占庭帝国的支持。拜占庭的使者亲自参与了卑路斯对哌哒人发动的第二次战争，他们目睹了哌哒人的勇猛，也目睹了波斯军队的不堪一击，他们不愿意支持一场不可能获胜的战争，更不愿为自己招来一个不好对付的强敌。拜占庭帝国悄悄撤出了中亚地区的这场角逐。

卑路斯已经完全丧失了理智，战后的波斯还没从战争中喘息过来，他就于 484 年发动了对哌哒人的第三次战争。有时候执着不仅仅是错误，简直就是罪过，对于卑路斯来讲就是这样。

相对前两次战争而言，卑路斯为这次战争做了比较充分的准备，他在古尔甘城建立了大本营，在城郊修筑了抵御哌哒人的坚固围墙。被波斯军队最初的胜利冲昏头脑的卑路斯以为，这一次他将会赢得战争，他可以将哌哒人彻底赶出阿姆河、锡尔河流域，他可以重振波斯帝国的雄风。在卑路斯的不断催促下，波斯军队长驱直入，却正撞进诱敌深入的哌哒人布置好的陷阱。波斯军队全军覆没，其中也包括不可一世的卑路斯。正是他将哌哒人引入波斯的战争，而后他自己也死在哌哒人的手中，验证了玩火者必自焚的古话。

传说在哌哒人与波斯军队的最后一次战役中，哌哒人在军营前挖了一条又深又宽的壕沟，灌满水，覆盖上芦苇和泥土，不露痕迹，仅留一条狭窄的通道出入军营。当波斯军队到来时，哌哒人派出一支骑兵从通道冲出与波斯军队交锋，随后佯败，沿着他们留好的通道向大营中奔逃。以为哌哒人已经败逃的波斯军队全面追击，纷纷掉进由芦苇和泥土掩盖起来的壕沟，哌哒的主力部队乘机从营中杀出，波斯军队大败。游牧的哌哒人似乎不大可能应用这种典型的阵地战战术，但也许正是这个原因，才使波斯军队轻易地上了大当。

卑路斯死后，他的弟弟巴拉士继位，他任命锡斯坦总督负责与哌哒人进行谈判。为换取和平，波斯不得不接受极为苛刻的条件，成为哌哒的属国，并立即缴纳两年的贡赋。作为征服者，哌哒人派兵进驻波斯，督促其尽快交齐贡赋。在混乱中，波斯的权臣札尔密赫尔废掉了昏庸的巴拉士，拥立曾经在哌哒人中做过人质的居和多，也就是统治波斯帝国长达四十余年的卡瓦德一世。而在此后的半个世纪中，厌哒人至少在名义上一直是波斯的宗主国。

在卡瓦德一世统治期间，波斯帝国内部出现了新的宗教问题，一个名叫马兹达克的人开始提倡对波斯帝国的国教拜火教进行改革。

拜火教是发源于中亚的古老宗教，在基督教出现以前，拜火教已经盛行于中亚和伊朗高原。拜火教是典型的二元论宗教，认为光明代表善，黑暗代表恶，光明终将战胜黑暗，因为在古代，火是除日月之外唯一能带来光明的东西，所以他们也崇拜火，并因而被称为拜火教。因其创始人是琐罗亚斯德，故也被称为琐罗亚斯德教。在中国古代的记载中，通常称之为祆教。波斯萨珊王朝的建立者阿尔达希尔出身于拜火教世家，他本人就是高级祭师。在其掌握政权之后，宣布拜火教为波斯的国教，设置主教，总管教务，授权教士主持诉讼和征收赋税，拜火教的发展进入了鼎盛时期。

在卡瓦德一世时期，针对祆教教士阶层的专权与堕落，马兹达克指出，正是祆教教士们对经典《阿维斯托》精神的背离，导致社会上的种种不公正现象。他提出人人生而平等，主张每一个人都应享有均等的财富，像共享水、火、空气一样，应共享钱财、土地，甚至包括妇女。在卡瓦德一世与波斯帝国的贵族阶层争夺权力的过程中，他发现这种新教义有利于打击旧贵族的势力，因此加以提倡。随着国王成为新教义的信奉者，马兹达克教在波斯帝国迅速传播开来。

卡瓦德一世的这种行为引起了贵族阶层的强烈反对，他们联合起来推翻了卡瓦德一世的统治，另立他的弟弟札马斯普做波斯王，并幽禁了卡瓦德一世。在妻子的帮助下，卡瓦德一世成功地从幽禁地出逃，逃到了波斯帝国昔日的敌人、现在的宗主国嚈哒人那里。他曾经在嚈哒人当中做人质，这里是他熟悉的地方，而且他的父亲卑路斯就是在嚈哒人的支持下夺得波斯王位的。

嚈哒人不但收留了卡瓦德一世，还将一位嚈哒公主嫁给了他。当年卑路斯留居嚈哒期间，曾将女儿嫁给嚈哒王，这位嚈哒公主就是卑路斯的女儿与嚈哒王的孩子，是卑路斯的外孙女，也就是卡瓦德一世的亲外甥女。如同当年发兵支持卑路斯回国争夺王位一样，嚈哒人再次发兵送卡瓦德一世回国，结果是不言而喻的，札马斯普的军队不战自溃，嚈哒人重新将卡瓦德一世扶上了波斯王位。

与卑路斯登上王位后即与嚈哒人反目不同，卡瓦德一世复辟后一直很小心地维持着与嚈哒人的关系，在其统治期间，波斯帝国不仅向嚈哒人缴纳大量的贡赋，在 502 年，波斯还曾经派部队追随嚈哒人进攻拜占庭帝国，不过在对哈兰（在今土耳其东南乌法地区）的围攻战中，波斯的军队损失惨重。

嚈哒人虽然在对波斯帝国的战争中占了上风，却未能最终灭亡波斯，渐渐地，他们也满足于波斯的称臣纳贡，满足于在波斯树立傀儡政权。可是，波斯帝国的存在无形中阻住了嚈哒人西拓的道路。无法消灭波斯，嚈哒人就无法进入伊朗高原。更为重要的是，就在自己的西邻，嚈哒人为自己保留了一个可怕的强敌，最终灭亡嚈哒人的正是波斯。

三、次大陆的梦魇：厌恶佛教的征服者

几乎就在西击波斯的同时，哌哒人也开始了南向的征伐，他们首先面对的是他们的老对手大月氏人。

在征服希腊化的王国巴克特利亚，控制阿姆河、锡尔河流域以后，大月氏人的政权逐渐分裂为五个部分，其首领称翕侯，其中之一就是贵霜翕侯。大约在 1 世纪 40 年代，贵霜翕侯丘攻灭其他四翕侯，创立贵霜帝国，建都于喀布尔。仅仅二十年之后，贵霜帝国已经统治了索格底亚那、巴克特利亚、喀布尔、坦叉始罗、犍陀罗、罽宾，可能还有西旁遮普。到 2 世纪中叶，贵霜帝国的疆域西起咸海，东至葱岭，南包印度河和恒河流域，连亘中亚和北印度，定都布路沙布罗（今巴基斯坦白沙瓦），成为当时与罗马、安息及中国的汉王朝并列的四大帝国之一。波斯的萨珊王朝兴起后，与贵霜帝国进行了长期的战争，在萨珊王朝的打击下，贵霜帝国逐渐衰落下去。哌哒人西迁之后能够迅速占领月氏人控制下的阿姆河、锡尔河流域，也与此有关。

由于哌哒人在进入河中地区之后打败了贵霜帝国的残部寄多罗贵霜，有的史书也将哌哒人称为寄多罗匈奴人，当然，这也是出于误将哌哒人当成匈奴人的缘故。战败后的大月氏人越过兴都库什山南迁，但不久之后，哌哒人就随之而来，向他们发起新一轮的进

攻。没用多长时间，原来月氏人控制的所有地区，包括索格底亚那，以及喀布尔、坎大哈，就都转到了哌哒人手中。

控制兴都库什山南北以后，与从前的大月氏人一样，哌哒人也开始从喀布尔出发去征服印度。哌哒人南下进攻南亚次大陆的西北部地区，甚至在其与波斯帝国全面交战之前。而此时统治印度各地的正是在印度历史上鼎鼎大名的笈多王朝。

笈多王朝是印度人自己建立的一个空前繁盛的王朝，其统治时间是中世纪印度文明的全盛期。一些现代印度的学者们将笈多王朝称为印度历史上的“黄金时代”。

大约在3世纪，摩揭陀国君主旃陀罗·笈多一世自华氏城兴起，控制了恒河流域的东部与中部地区，建立了笈多王朝。到沙摩陀罗·笈多统治时期，笈多王朝开始大规模向外扩张，控制了次大陆的大部分地区，其势力甚至达到东南亚的马来半岛、苏门答腊和爪哇等印度人侨居的地区。因为其赫赫战功，沙摩陀罗·笈多被称为印度历史上的拿破仑·波拿巴。在其子旃陀罗·笈多二世（超日王）的继续努力下，到409年前后，除了克什米尔以及印度南端的一些小王国，笈多王朝几乎统一了全印度，达到鼎盛。

当哌哒人向次大陆挺进的时候，正是塞建陀·笈多统治时期。笈多王朝的国力已经大不如从前，但在塞建陀·笈多的指挥下，还是有效地抵御了哌哒人的入侵。南下受阻的哌哒人转而西进，对波斯帝国展开了全面进攻。大约在5世纪70年代末，哌哒人最终消灭了喀布尔河流域犍陀罗地区的贵霜残余势力，为其南下扫清了道路。

公元前4世纪，还不到30岁的古希腊马其顿君主亚历山大率部东征，在打败波斯帝国之后，挺进中亚以及次大陆的西北地区。为加强对当地的统治，亚历山大娶波斯国王大流士的女儿为妻，并让手下的重要将领与波斯大贵族们结亲。在亚历山大的提倡下，据说一天之中就有数千名马其顿士兵娶了当地的姑娘为妻。由于这个原因，尽管亚历山大年仅33岁就走完了自己的传奇人生，尽管在亚历山大死后马其顿帝国很快在其争权夺利的部将的手中分裂，但中亚及印度西北部的希腊化进程却得以持续下来。

贵霜帝国虽然灭亡了中亚地区的希腊化小王国，但在文化方面，却并未斩断希腊文化的影响。佛教传入这一地区以后，出现了印度文化与希腊文化的奇妙结合，最早形成于此的佛教造像艺术固然是印度文化的组成部分，但从早期的佛像中，我们却可以明显发现希腊雕塑艺术的痕迹。犍陀罗是印度文化与希腊文化相融合的中心地区，因此，这种混合型的艺术风格也被称为犍陀罗艺术。哌哒人的到来，是犍陀罗的灾难，使这个犍陀罗艺术的发源地遭到毁灭性破坏。

从诸种佛教典籍的记载来看，哌哒人对包括犍陀罗在内的各佛教中心的破坏尤其严重，他们肆无忌惮地屠杀僧侣、焚毁寺院，这在此前的印度历史上是极为罕见的。似乎哌哒人对佛教具有一种特殊的排斥心理，我们不知道，这是不是与哌哒人的宗教观念有关。

鲜卑人最初的宗教信仰是什么，史书中没有任何记载，从其居住区及东北亚古代民族普遍的宗教观念来看，他们很可能是信奉萨满教。迁入黄河流域的秃发鲜卑、乞伏鲜卑、拓跋鲜卑、慕容鲜卑等鲜卑部落不仅接受了佛教，而且成为佛教的积极传播者，应该说，佛教最终征服中国，与鲜卑人的提倡有一定的关系。据现代学者的研究，吠哒人在迁徙的过程中，其宗教信仰也在不断地发生着变化。在迁徙到阿姆河流域之后，他们接受了拜火教。但他们的丧葬习俗却和正统的拜火教有所不同，要将死者的尸体暴露于荒凉空旷的山头，让鹰去慢慢啄食。由此看来，吠哒人最初显然不是拜火教徒。除了拜火教，吠哒人在进入中亚后还受到了基督教聂思脱里派（景教）的影响，可能也在一定程度上受到过婆罗门诸教派的影响，但与他们迁入黄河流域的同族不同，吠哒人恰恰没有受到佛教的影响。这是一个值得我们深思的奇怪现象。

余太山认为，在吠哒统治中亚期间，无论是佛教还是婆罗门教，都继续存在并且有发展的趋势，人们的生活习俗受佛教的影响也十分明显。由此看来，佛教典籍中记载的吠哒人对佛教的摧残可能是有些夸大了。

塞建陀·笈多死后，笈多王朝一蹶不振，内部分立和外族入侵的威胁日趋严重。但此时吠哒人正忙于对付波斯王卑路斯的进攻，一时无暇南顾。5 世纪末，当头罗曼成为吠哒国王的时候，波斯帝国已经被征服，成为吠哒人的属国，于是头罗曼再次将用兵的重点转向了南方。他乘笈多王朝衰落之机，以犍陀罗地区为基地，开始大举进攻印度。到 500 年前后，吠哒人已经占领了朱木拿河和恒河流域。在 510 年前后，吠哒人把统治区推进到埃兰附近。此后，他们甚至到达了东部城市、笈多王朝的发祥地华氏城。似乎是因为国内出现了某些问题，头罗曼才从恒河下游的摩揭陀地区返回印度西北部。大约在517年，头罗曼在归途中去世，其子摩醯逻矩罗即位。

摩醯逻矩罗这个名字读起来非常拗口，有人认为，这是梵文Mahirakula的对音。在梵语中，mahira的意思是“太阳”，kula的意思是“族”，摩醯逻矩罗，直译过来就是“太阳族”。在531年左右，摩醯逻矩罗将哌哒人的疆域推进到印度的瓜廖尔之后，曾经建起太阳神庙，立石颂功，证明至少摩醯逻矩罗本人是崇拜太阳神的，这也许与哌哒人当时信奉的主要宗教拜火教存在一定的联系。由此推测，摩醯逻矩罗大概就是“太阳王”的意思。

当摩醯逻矩罗登上王位的时候，印度盛极一时的笈多帝国由于内部矛盾已经分崩离析，地方首领纷纷自立，战乱不止。摩醯逻矩罗乘机大举入侵，占领了北印度的大片地区，他的统治至少曾扩张到瓜廖尔，可能还达到更远的地方。哌哒国家的势力达到了鼎盛。

摩醯逻矩罗作为哌哒人的君主，不仅有着梵语的王号，据说在他的军队中还拥有700头战象，可见哌哒人在南下与笈多王朝争战的过程中，在风俗文化上已经深深地印度化了。战争没有阻挡住文化的交流，似乎还对文化的交流与融合起到了促进作用。

以赴印度取经闻名的唐玄奘所著《大唐西域记》中记载了关于摩醯逻矩罗的故事。

据说，摩醯逻矩罗曾经想了解佛教，要求印度佛教界派遣一位高僧来为他讲解佛法。众高僧一致推荐了一位出家多年的王室旧仆人，遗憾的是，他们只考虑到他的佛学深湛，却没有考虑到其出家前的身份。摩醯逻矩罗见来为他说法的高僧竟是王室从前的仆人，对身边的人说："你们总是说僧众中贤能的人比比皆是，可是他们推荐给我的名僧竟然是我家的旧仆，由此看来，僧人中最高明的贤者也比不过我家的一个普通仆人，佛法还值得我敬重吗？"于是，他下令在境内全面禁止佛教。

《大唐西域记》还记载，摩醯逻矩罗在后来进攻退守海岛的摩揭陀国幼日王时，中伏被擒，幼日王在母亲的劝说下释放了摩醯逻矩罗。幼日王的母亲观察了摩醯逻矩罗的面相后认为他"有中兴之气，终非大国之王，当据北方，有小国土"。摩醯逻矩罗回到哌哒后真的发现，他的弟弟已经继承了王位，因此他北走迦湿弥国，并杀迦湿弥国国王自立。此后摩醯逻矩罗征讨犍陀罗，继续他的灭佛政策，摧毁佛教寺院 1600 多处，俘虏 9 亿人，其中 3 亿身份较高的人被带到印度河边处死，3 亿中等身份的人被沉入印度河，另外 3 亿身份低下的人被分赐士兵做奴隶。但在凯旋的当年，摩醯逻矩罗就去世了。这段传说虽然有着佛教典籍中常见的数字上的夸大，但还是能反映某些历史事实的。我们可以肯定的是，在 535 年之前，哌哒的势力就已经后退到印度河以西了。

当游牧民族在文化上取得飞速发展，并与当地农耕民族的文化趋同时，他们在军事上也就失去了原来的优势地位。从哌哒人的历史中我们可以清楚地看到这一点。

嚈哒作为一个游牧民族，迁徙和战争是它保持自身民族活力的重要基础，一旦失去了赖以生存的精神支柱，任何物质财富都是不切实际的。就如同其他游牧民族一样，没有了迁徙过程中的那种快乐和寻找快乐的激情，生活也必然是索然寡味的；没有了战争中战胜敌人的满足和扩张领土的欲望，生活一定是没有色彩的黑白世界。

但嚈哒人的强盛至少维持到520年左右。在大举进攻印度的同时，他们也积极向塔里木盆地发展，沿西域的南、北道自西向东推进。在北道，其势力曾抵达焉耆以东；在南道，曾东达于阗。西域地区的强国疏勒、姑墨、龟兹等都成为嚈哒人的属国。鼎盛时代的嚈哒疆域包括葱岭以西的河中地区，阿姆河以南至兴都库什山以北和印度西北部，以及葱岭以东的今新疆南部和楚河、怛逻斯河流域。但在摩醯逻矩罗去世以后，嚈哒开始迅速走向衰落。

在中亚这个四战之地，嚈哒人在东、西、南三个方向的战事都取得了胜利，可是，正如他们自己来自北方并最终占据中亚一样，他们的敌人也来自北方。

四、速兴速亡：被自由散漫毁掉的中亚霸主

就在嚈哒人在中亚开创自己的帝国的时候，拓跋鲜卑建立的北魏已经统一中国北方，成为与汉族建立的南朝对峙的政权。鲜卑

人最重要的聚居区已经不是蒙古草原而是黄河流域。随着鲜卑人的南下，兴起于漠北的柔然控制了蒙古草原。虽然有的学者认为，柔然人，至少柔然的王室也是出自鲜卑人，但究竟有多少鲜卑人留居草原我们却不得而知。我们似乎可以肯定，在柔然统治下的蒙古草原，已经不存在像从前的匈奴人或鲜卑人那样的占据优势地位的民族，从前曾先后受制于匈奴和鲜卑人的各草原部族开始竞相发展起来。

首先挑战柔然统治地位的是敕勒人。他们是丁零人的后裔，不过他们的居住地已经不再是贝加尔湖西南，而是向更西方迁徙了。在生活于蒙古草原上的白种人部族中，敕勒人一直是居住在最东方的一支，他们的西迁，意味着蒙古草原上白种人族群的西移。从此开始的白种人族群西迁、蒙古人种部族西进的漫长过程，最终使蒙古草原在 12 世纪以后真正成为蒙古人的世界。自贝加尔湖至祁连山一线，这条古老的白种人部族与黄种人部族的分界线，随着生活在祁连山的月氏人和生活在贝加尔湖西南的丁零人的西迁，也不复存在了。

487 年，柔然不顾敕勒部首领阿伏至罗的反对进犯北魏。柔然失利，阿伏至罗和族弟穷奇趁机带领部众叛离了柔然，西迁至今天的乌鲁木齐一带，自立为王。不久，阿伏至罗居北，穷奇居南，分部而立，俨然一副要独霸西域的架势。

敕勒势力的西进，很快就引起了哌哒人的警觉。为与敕勒争夺对东西商路的交通要地高昌的控制权，哌哒集中了大量的精锐部队，发动了对高昌的争夺战，这也是对敕勒的打击战。经过激烈的战斗，哌哒取得了决定性的胜利，杀死了敕勒首领穷奇，并俘虏穷奇之子弥俄突。

敕勒人的另一位首领阿伏至罗因为残暴被部下杀死，其族人跋利延被拥立为新的首领。在这种情况下，哌哒派军队将穷奇之子弥俄突送回，并帮助他成为敕勒人的首领。通过扶植傀儡政权将对手变成属国，这是哌哒人运用得最为娴熟的政治策略。在哌哒人的武力威胁下，敕勒人杀死了跋利延，拥戴弥俄突为新的敕勒王。

当时的敕勒国向南控制了通往西域的门户高昌以及焉耆、鄯善，势力东北至色楞格河、鄂尔浑河、土拉河一带，北达阿尔泰山，西接乌孙西北的悦般，东与北魏相邻，在当时是西域著名的大国。哌哒人控制了敕勒，高昌、焉耆、鄯善等地自然也都成为哌哒的属国。这使哌哒人在东方的疆域达到极盛。

控制敕勒诸部对哌哒人的另一个有利之处在于，他们可以借助敕勒人的势力来对抗其宿敌柔然。516 年，敕勒与柔然发生了大规模的战争，敕勒首领弥俄突被柔然主丑奴打败并俘获，柔然将弥俄突的双脚系在驽马上将其活活拖死，他的头也被漆成了饮器。战败后的弥俄突的军队全部投靠哌哒，更增强了哌哒人的军事实力。几年之后，哌哒人重施扶立傀儡的故伎，将弥俄突的弟弟伊匐送回敕勒，并使之成为敕勒人的君主。为复仇，伊匐率军队一举攻破柔然，柔然可汗被迫逃往凉州，投降了北魏。

敕勒与柔然相争，不仅使哌哒人坐收了渔翁之利，也使突厥人发现了摆脱柔然控制独立发展的机会。

突厥人的来源我们现在还不是很清楚，只知道其兴起时的驻牧地是在阿尔泰山，这也是吠哒人在西迁的征程中曾经停留了很长时间的地方，再有就是后来使他们闻名世界的狼图腾。突厥人最初隶属于柔然汗国，他们向柔然缴纳铁制品作为贡赋，看来他们已经掌握了比较先进的冶铁技术，至少在草原民族中居于领先地位，在冷兵器时代，这无疑是他们发展军事实力的巨大优势。

546 年，乘敕勒与柔然相争之际，突厥人在其首领阿史那土门的率领下，打败了敕勒人，并将五万余家敕勒人编入自己的部落，开始发展壮大起来。以强大的武力为后盾又自恃于柔然有功，阿史那土门向从前的宗主国柔然求婚，即变相地要求与柔然平等的地位。柔然主阿那瓌大怒，当着阿史那土门的求婚使者的面破口大骂："你不过是我的打铁的奴隶，竟敢存如此妄想！"恼羞成怒的阿史那土门立即与柔然断绝来往，转而向从北魏分裂出来的西魏求婚。551 年，西魏将长乐公主嫁给阿史那土门，既与新兴起的突厥人建立起友好联系，也是想利用突厥人去对付北方的劲敌柔然。就在第二年，阿史那土门发兵大败柔然，开始称雄蒙古草原，逐渐形成了以漠北草原为中心的突厥汗国。

此后不久，阿史那土门的弟弟室点密，统领十万大军，攻占了西域各地，自立为可汗，建汗廷于鹰娑川（今新疆库车县西北的小裕勒都斯河），后来又在今中亚的楚河西岸设立了夏都，成为突厥汗国西部的半独立势力。我们习惯上称之为西突厥。

西突厥征服的地区大多原来在敕勒人的控制之下，也即在哌哒人的势力范围之内，因此，自西突厥建立伊始，其与哌哒的矛盾就是无法避免的。不久后，西突厥首领室点密就在怛逻斯河流域与哌哒人发生了冲突。

中亚的农耕经济、商业利益以及安逸的定居生活腐蚀着哌哒人的武力，在波斯和印度战场上的胜利已经是强弩之末，当他们与来自草原尚保持着传统游牧生活方式的突厥人对阵时，哌哒人军事实力的消退就非常明显地表现出来。可以说，双方的经历已经决定了，哌哒人绝对打不赢这场战争。

从民族分布、经济类型、文化圈、宗教的传播等各个方面来看，中亚地区都是典型的文明过渡地带，而不是文明的中心区。处于多种文明的交汇地带，也就是处于多种文明的边缘区，注定了中亚地区只能是诸族杂居、多种文化混合的地带，民族、经济、文化、宗教都呈马赛克状分布，杂糅交错。不存在一种主流文化，也就意味着不存在文化的整合功能。无法进行文化上的整合，帝国就不可能存在稳固的基础，而只能依赖于武力维持。当武力不足以控制局势时，帝国也就迅速瓦解了。这既是哌哒人的悲哀，也是所有立国于中亚地区的帝国的悲哀。

面对突厥人的铁骑，哌哒人发现，开阔的河中地区无险可守，更为可怕的是，西方的宿敌波斯帝国也乘机向哌哒人发起进攻。西突厥利用波斯与哌哒间的仇怨，同波斯萨珊王朝的君主库思老一世结盟，双方约定由东西两线夹击哌哒。

大约在 565 年，室点密率领西突厥及臣服于突厥的敕勒等部族组成的十万大军，开始了对付㘓哒人的西征。此后不久，波斯军队也自西线向㘓哒人发起了进攻。处于衰落中的㘓哒苦苦支撑，但仅仅三年之后的 558 年，突厥和波斯两国军队就在阿姆河会师。曾经盛极一时的㘓哒国灭亡了。西突厥与波斯大体上以阿姆河为界，瓜分了㘓哒人的领土。

不久，室点密又击败了柔然残部阿瓦尔人，将其逐往伏尔加河一带，并派军追击。因此功绩，室点密被封为西部可汗，名义上受东部总可汗的管辖，实际上取得了独立地位。由于室点密的努力，突厥的势力范围向西一直拓展到里海，因此，他与土门被一同奉为突厥民族的两大祖先。

㘓哒亡国之后，紧接着，突厥与波斯的矛盾也开始显现出来，二者在政治、经济各方面展开争夺，互相对峙。最终突厥以绝对优势战胜了波斯，南下阿姆河，最晚不超过 7 世纪 20 年代，突厥人已经占有了㘓哒的全部领土。而波斯由于突厥和拜占庭帝国的联合夹击，很快衰落下去，国力耗尽，为阿拉伯铁骑的长驱直入敞开了大门。

㘓哒的呼啸而亡，令人扼腕，令人叹息，如风般迅疾，还没等我们开始回味，梦就已经惊醒了。㘓哒灭亡的种种原因中，管理方式的落后有着非常重要的作用。游牧民族的天性，随心所居，放逐水草，这样自由自在的性格，对其民族自身的发展也许并没有太大的负面影响，人们保持自己原有的生活习惯，更多地会感受到幸福与自由；但对于一个成长中的国家而言，自由违背了法律制约，散漫不能很好地管理国家，这些缺点都直接损害国家的正常运转。

面对从中亚到印度次大陆北部的众多民族、复杂的文化，嚈哒人没有确立起一套行之有效的管理模式，他们只是重复上演着军事征服、扶植傀儡的闹剧。当嚈哒人的武力不足以进行征服时，傀儡也就不再受制于主人，反而成为昔日主宰的掘墓人。

在嚈哒国家灭亡以后，嚈哒余众散处北亚、中亚和南亚次大陆各个地区，只要是嚈哒人曾经征服过的土地都有他们后人的身影。只不过他们不再是强大的嚈哒，而是融入了当地民族，从此在历史上消失了。有人认为，18 世纪创建阿富汗国的第一任国王，出自普什图人的核心阿布达里部落，而“阿布达里”正是古代的“嚈哒”。

第六章

打开南北朝历史的出口：最后走出兴安岭的拓跋部

以叠峦山峰、苍茫林海为主旋律的大兴安岭是草原民族的历史后花园，最后一批走出大山的拓跋鲜卑人继承了前辈的成就，建立起第一个统治黄河流域的少数民族政权，也为迷茫中的南北朝找到了历史的出口。

拓跋人的南迁是缓慢的，学习如何获取食物的本领伴随着整个南迁过程。在距离兴安岭并不遥远的美丽的呼伦湖东畔，他们暂时停驻下来。可当他们学会了全部游牧本领，便毫不犹豫地离开这片富饶的土地，扑向草原，扑向黄河，扑向中原……

以叠峦山峰、苍茫林海为主旋律的大兴安岭，似是上苍所设计的天然屏障，把这里和外界在自然上隔绝起来，使之很少受外界力量的侵扰和影响。甚至到 1949 年新中国建立，生活在这里的鄂伦春人和鄂温克人仍保持着古老而传统的生活方式。巍巍兴安岭，是游猎民族的天然王国，而他们的繁衍也在推动和整合着外界的力量，不断为呼伦贝尔草原提供新鲜的活力。从这一点上讲，兴安岭是草原游牧民族的孕育之地，是草原游牧民族的历史后花园。这里也是拓跋鲜卑先祖们世代繁衍生息的地方。

在鲜卑人的迁徙浪潮中，拓跋鲜卑是最后一批走出大兴安岭的鲜卑人，但他们所取得的成就却是其他鲜卑部族无法望其项背的——他们开创了中国历史上的第一次南北朝时代，他们建立的北魏是中国历史上第一个统治黄河流域的少数民族政权。

一、千古之谜嘎仙洞：苍茫林海，何处是我家

关于拓跋鲜卑的起源，记载北魏王朝史事的正史《魏书》中称，拓跋鲜卑是黄帝之子昌意的后裔，因为在黄帝的25个儿子中，只有昌意受封在遥远的北方，所以作为其后裔的拓跋鲜卑才一直生活在大兴安岭一带。在尧的时代，昌意的后代，也就是拓跋鲜卑人的远祖始均曾经到中原做过官。但黄帝是否真的有一个名叫昌意的儿子，还是值得研究的。

我们现在可以肯定，上述传说出自最早投靠拓跋鲜卑的汉族文人卫操之流的编造，因为后来得到北魏王朝统治者的认同，而被写进了正史，其实是没有任何史料价值的。

多数学者认为，《魏书》中提到拓跋鲜卑原居住地的“大鲜卑山”，就是东胡被匈奴打败之后，残部退守的鲜卑山，也就是鲜卑民族的发源地。可是，因为文献记载本身非常模糊，鲜卑山到底

在哪里呢？马长寿认为鲜卑山当在洮儿河以南，或者我们可以笼统地认为，是在大兴安岭南麓；张博泉却认为，鲜卑山可能在外兴安岭。两位学者的观点南北相差近千里。

为确定拓跋鲜卑的发源地，《魏书》中的一段记载引起了学者们的注意。

根据《魏书》的记载，拓跋鲜卑先祖生活在鲜卑山附近的时候，曾经凿石为祖宗之庙。在拓跋鲜卑南迁建国之后，由于远离故土已长达数百年，他们已经不知道这个祖宗之庙的具体位置了。拓跋人甚至已经不敢肯定，是否真的存在过这么一个祖宗之庙，在他们的历史记忆中，只保留着这么一个谁也不知道其真伪的传说。443 年，生活在大兴安岭的乌洛侯人遣使向北魏朝贡。使者禀告北魏皇帝，在乌洛侯人居住地的西北还有拓跋鲜卑先祖留下的旧墟，并称拓跋人的祖宗石庙依然存在，并常有附近的百姓前往祈拜。乌洛侯人的报告令北魏的统治者将信将疑、亦惊亦喜。就在乌洛侯朝贡的第二次，北魏太武帝派遣中书侍郎李敞远赴大兴安岭北麓，去考察乌洛侯人所说的拓跋人的祖宗石庙。李敞不仅找到了所谓的祖宗石庙，还在这里举行了告祭天地的仪式，并在石庙中“刊祝文于室之壁”。

千百年来，《魏书》这段记载究竟是否可靠，从来无人知晓。直到 1980 年，内蒙古呼伦贝尔盟文物管理站的米文平，在鄂伦春自治旗阿里镇西北十余公里的嘎仙洞的石壁上发现了李敞当年留下的祝文，才证实了《魏书》记载的真实性。发现嘎仙洞石刻祝文之后，大多数学者都认为，这里就是拓跋鲜卑祖先石庙的所在地，也就是他们的发源地，嘎仙洞所在的山区就是当年的鲜卑山。

嘎仙洞位于北纬50度38分、东经123度36分，在大兴安岭北部顶端的东侧，海拔约为520米，是一处天然石洞。此洞突兀地屹立在高山石壁之上，洞的四周古木参天，峰峦叠嶂。山脚下溪水汩汩而流，携沼泽洼地徐徐远去。洞外壁是青苔绿地，洞顶苍松翠柏，阵阵徐风，松涛涌涌，气势宏博。洞前为50度左右的斜坡，距地面约25米，杂草丛生，乱石嶙峋。洞口略呈三角形，高12米，宽19米。洞内南北长92米，东西宽28米，高20余米，占地面积约为2000平方米，足以容纳数千人。四壁弧度均匀，恰似穹顶，洞身曲折深邃，气势雄伟，给人一种神秘的气氛。

洞的名字“嘎仙”，据说为鄂伦春语，我们尚搞不清楚这个鄂伦春语词汇的含义，但此词的发音与满语中的“嘎珊”相同。在满语中，“嘎珊”的意思是村屯；在锡伯语中，“嘎珊”的意思是村屯和故乡，还有亲生故乡之意。可能鄂伦春语的含义与此相同。最早记载“嘎仙”一词的是屠寄（1856—1921），他在《黑龙江舆图》一书第43幅图上标有“嘎珊河”，即今嘎仙河，在河源西北又有“嘎珊山”。

嘎仙洞，当地的鄂伦春人都很熟悉，据说这一带的鄂伦春人虽然经常游猎四方，但他们很少离弃这个洞穴，即使定居以后，仍经常持枪骑马到洞口流连。各族群众中也流传着种种关于“嘎仙洞”的神话传说。

相传很久很久以前，猎人们外出打猎，常常出现去而不归的怪事，猎手们三三两两相继失踪。有一次，一伙猎人结伴前去打猎，结果只有几个人带伤跑回来，他们惊慌失措地描述恶魔满盖（“满盖”为鄂伦春语，意即魔怪）吃人的凶相，族人们惶恐不安。于是，年长的老人们去请他们的首领——恩都力·柯阿汉。他智慧超群，力大无比。

恩都力·柯阿汉在大山中找到了怪兽满盖。满盖自视天下无敌，不把恩都力·柯阿汉放在眼里。恩都力·柯阿汉提出和他比扔大石头，看谁扔得远。满盖哈哈大笑，那笑声惊天动地，笑完他从地上把石头向对面山脚上扔去，可是只扔到山脚下，他已气喘吁吁，大汗淋漓。恩都力·柯阿汉双手捧起一块比满盖大十几倍的巨石呼地一下掷到了对面山头上。至今嘎仙洞对面的山头上还屹立着那块大石头。

满盖不服气，提出比箭。满盖使足了劲儿，拉圆了弓，箭只射到对面半山腰。而恩都力·柯阿汉用力一射，只听“嘣”的一声巨响，箭射穿了对面山上那块巨石。至今那山上还有个透笼大洞，它就是有名的窟窿山，那块大石头就是窟窿山上的窟窿石。

满盖见状，吓得撒腿就跑，恩都力·柯阿汉大喝一声，随后追赶。满盖吓坏了，连头都不敢回地一口气逃到大海边。恩都力在大海边持弓等待。就这样一天一天过去了，恩都力·柯阿汉化作了一尊石像屹立在海边。从此，满盖再没有回来作恶。人们为了纪念恩都力·柯阿汉，便把这个洞叫嘎仙洞。

这些美丽的神话传说，使得嘎仙洞更具有浓重的神秘色彩。可是，嘎仙洞就是北魏中书侍郎李敞到过的石室吗？嘎仙洞真是拓跋鲜卑先祖所凿的石庙吗？

1979 年 7 月下旬，米文平第一次听呼伦贝尔盟文化局的同志兴致勃勃地讲述他们进入嘎仙洞的见闻时，心中为之一动，在他的脑海里猛然闪现出一个念头：嘎仙洞可能就是拓跋鲜卑先祖所凿的石庙。正是这样一个突来的念头，拉开了米文平考察嘎仙洞、寻找鲜卑石庙的序幕。

1979 年 8 月末，米文平为了证实自己的想法，踏上了北去的火车，直奔呼伦贝尔盟鄂伦春自治旗阿里镇——嘎仙洞所在地。车窗外的景象随着列车的前进不断变换着，他们将进入的是一个新奇的环境，列车经过十几个小时的奔波，于 31 日晚上九点到达。第二天，也就是 9 月 1 日，米文平等一行上山，来到嘎仙洞。此时已是深秋季节，大兴安岭层林尽染，阔叶的白桦林由嫩绿变成金黄，针叶的落叶松依旧古铜一般，榛子树已变得姹紫嫣红，点缀着层层峰峦。在高山峻岭和茂密森林的映衬下，嘎仙洞显得格外神秘。

米文平等丈量了嘎仙洞，并确定与史书所记载的规模大体一致，这似乎给了米文平一丝希望，然而却没有找到绝对的证据，即“刊祝文于室之壁”的字迹。虽然还没有十足的把握验证自己那个“突来”的想法，但此时的米文平已为自己的假设做了理论上的初步论证：乌洛侯人当时活动在嫩江流域，嘎仙洞正是在其西北，与史书记载的方位是吻合的；石庙不一定非得是石砌建筑物，也可以为石洞。

1980年1月16日，隆冬时节，米文平第二次来到嘎仙洞。这一次，他想要集中精力寻找李敞当年刻在洞壁上的文字，如果能在嘎仙洞的洞壁上发现一些与史书记载中相吻合的文字，当然就可以肯定，这就是当年李敞来过的地方。1月18日上午，米文平上山来到嘎仙洞，寻找“祝文”。他花了近三个小时搜遍洞内的各个角落，却没有找到任何相关痕迹。让米文平哭笑不得的是，倒是在一个白粉刷的扇形面上，发现了一些诸如“到此一游”“与洞长存”之类的涂鸦文字。他也曾向久居当地的鄂伦春老人打听，嘎仙洞的石壁上是否有字，只有个别老人回忆起来，当年苏联红军曾在洞里留下一些不知其意的俄文字母。但除此之外，他们也一无所知了。

1980年6月的盛夏季节，米文平第三次来到嘎仙洞。由于找不到祝文字迹，米文平此次将工作的重点放在挖掘洞壁下面的积土上，希望在洞壁下面的地层中发现一些有价值的考古学资料，可以证实这里就是北魏李敞来过的地方。到6月4日，挖至半米深的时候，米文平意外地发现了许多手制灰褐陶片和具有打制痕迹的石片。在后来的挖掘中，还出土了骨器。虽然这些考古发现无法直接证实嘎仙洞就是拓跋鲜卑的石室，但这些遗迹透露出的最重要信息是，嘎仙洞很早就是古人类生产、生活过的地方。

1980年7月29日，米文平等人第四次来到嘎仙洞，准备继续进行挖掘工作。当米文平爬上陡坡步入洞内时，已是午后三点左右了，太阳已经偏西，阳光斜射进洞内，把洞壁上白粉刷的扇形照得锃亮，米文平沿着光线朝前走去。忽然，在斑驳不平的石壁上，他似乎看见有一些凸凹的痕迹，他上前用手一摸，又仔细看了一看，觉得像是个“四”字，“啊呀，这是字！”他不禁喊了一声。一同而来的考古工作者们闻声赶来，大家聚在一起细瞧，“是‘四’字”，“下边还有呢！”……只见石壁上“太平真君”“中书侍郎李敞”等字断断续续地映入大家的眼帘，洞里立刻充满了喜悦的气氛。

洗刷去石壁上的苔垢以后，洞壁上的字迹才完全展现出来。此刻辞为竖行，通高约 70 厘米，通宽 120 厘米左右，共计有 19 竖行，其中 12 行为整行，每行 12~16 字不等。其余均为半行，是抬头另行或题名。全文共计 201 字，行文隶意浓重、纵横跌宕、奇趣横生。其内容如下：

维太平真君四年癸未岁七月廿五日
天子臣焘使谒者仆射库六官
中书侍郎李敞傅㲋用骏足一元大武
柔毛之牲敢昭告于
皇天之神启辟之初祐我皇祖于彼土田
历载亿年聿来南迁应受多福
光宅中原惟祖惟父拓定四边庆流
后胤延及冲人阐扬玄风增构崇堂剋
揃凶丑威暨四荒幽人忘盲退稽首来王始

闻旧墟爰在彼方悠悠之怀希仰余光王
业之兴起自皇祖绵绵瓜瓞时惟多佑
归以谢施推以配天子子孙孙福禄永
延荐于
皇皇帝天
皇皇后土
皇祖先可寒配
皇妣先可敦配
尚饗
东作帅使凿

此祝文拓印后，经专家鉴定、校对后发现，石壁上共201字，首尾完整，内容与《魏书》基本相同。由此可以证明，嘎仙洞就是北魏时代李敞所到过的鲜卑石庙。

嘎仙洞刻石祝文被发现之后，似乎印证了拓跋鲜卑后人“统幽都之北”的传说，拓跋鲜卑先祖早期的活动范围在大兴安岭的北部，也逐渐成为学术界通行的说法，并逐渐为媒体和地方政府所采纳。但对于嘎仙洞是大鲜卑山所在地，嘎仙洞就是拓跋鲜卑起源地的说法，不少学者提出了异议。我们应该注意的是，嘎仙洞刻石祝文的发现仅仅可以证明，嘎仙洞就是北魏时李敞到过的地方，就是乌洛侯人向北魏皇帝报告的所谓拓跋人的祖宗之庙，但却无法证明这里就是拓跋鲜卑的发源地，就是大鲜卑山。问题的关键在于，乌洛侯人的报告是否准确。

乌洛侯人，蒙古语意为“山中人”，大抵生活在东北松嫩平原，属于秽貉族系或肃慎族系的一支。后来乌洛侯人西迁加入室韦人之中，也就是史书中所载的“室韦乌罗护部”。乌洛侯人不出自东胡族系，与鲜卑人并不属于同一族系，又是后来才迁徙至此地居住的，所以，乌洛侯人称嘎仙洞是拓跋鲜卑的“祖宗石庙”，准确度究竟有多高，是值得怀疑的。

无论是《魏书》的记载，还是在嘎仙洞中发现的石刻祝文，都可以证明，李敞奉皇帝之命来嘎仙洞的目的是告祭天地，而不是祭奠拓跋人的祖先，这说明北魏的统治者们当年对乌洛侯人的报告就持怀疑态度。拓跋人进入中原之后，对于他们的远祖在东北的事迹早已淡忘。北魏的皇帝担心，如果仅因为乌洛侯人的报告，就派出使者远赴东北祭祖，万一乌洛侯人的报告不实，岂不是令皇室闹认错祖宗的笑话。因此，李敞赴东北，名义上是祭祀天地，实际上是对乌洛侯人的报告进行实地调查核实。从李敞自东北返回后此事不了了之来看，李敞当年的考察很可能已经否定了乌洛侯人的说法，因此北魏的皇帝们也就再也没有派出过使者来嘎仙洞祭祖。也就是说，很可能北魏当年已经验证了乌洛侯人的报告不可信。

也许在北魏时代的大兴安岭北部，还流传着一些有关鲜卑人早期历史的传说。乌洛侯人迁入该地后听到过这些传说，因此就将其居住地附近的山洞附会为拓跋鲜卑人祖先的石庙，以此讨好北魏的统治者们。

嘎仙洞是一处天然石窟。第三纪中期喜马拉雅运动开始，导致青藏高原隆起，大兴安岭南北向山脉随内蒙古高原一起上升。嘎仙洞就处在大兴安岭新华夏构造体系隆起带与阿里河大断裂的影响范围之内，洞壁东侧岩石稍微向东侧斜，至洞顶近于水平，而西侧岩石陡、挺、倾，近于直立，构造形式为褶皱。可见，嘎仙洞是因地质原因形成的天然石洞。而史书记载，拓跋人最初是“凿石为祖宗之庙”，如果这种记载属实，拓跋人的祖宗之庙也应该是人工开凿的洞穴，而不是天然洞穴。这也是否定乌洛侯人报告的一个有力证据。

显然，要想证明嘎仙洞是拓跋鲜卑人的发源地，我们还需要进一步寻找新的证据，鲜卑人的发源地仍旧是一个没有解决的千古悬案。

但多数学者仍认为，嘎仙洞一带就是拓跋鲜卑的发源地，这里就是大鲜卑山的所在地。也有的学者认为，虽然我们不能肯定嘎仙洞就是拓跋鲜卑的祖宗之庙，不能肯定这里就是其发祥地，但嘎仙洞的发现，使我们确定了拓跋鲜卑先祖早期活动的大致范围。而以张博泉先生为代表的部分学者认为，说嘎仙洞是拓跋鲜卑的祖宗之庙，或者是拓跋鲜卑的发源地大鲜卑山，都是缺乏证据的。他认为，我们应该在外兴安岭寻找大鲜卑山。

可是，如果嘎仙洞不是拓跋鲜卑的发源地，这里不是大鲜卑山，当年这里究竟是不是鲜卑人活动的地方呢？或者说，这里究竟是哪一个民族生活的地域呢？这里发现的考古遗迹又究竟可以向我们诉说怎样的故事呢？这一切似乎又构成了新的悬案。

嘎仙洞在经历一个漫长的冬眠期之后，渐渐地复苏于世间，但我们却无法给它一个较为合理的“身份”，这使人情不自禁地想向它发问：你到底是谁？

二、从鲜卑山到呼伦湖畔：蜕变、新生、成熟中的拓跋人

或许嘎仙洞一带就是从前的大鲜卑山，或许大鲜卑山还远在嘎仙洞以北的某个地方，但无论如何，嘎仙洞一带也应该是拓跋鲜卑南下迁徙过程中曾经路过的地方。可以肯定，拓跋鲜卑人早期的迁徙，是沿大兴安岭逐步南下。在山区中南向移动，气温变得越来越温暖湿润，自然资源越来越丰富，已经可以解决拓跋鲜卑人的衣食问题，使他们一时之间还不必离开这座生活了上百年的大兴安岭。

美丽、富饶的大兴安岭养育了鲜卑人，保护了鲜卑人，使他们能够摆脱强敌，在林海中默默地发展；但大兴安岭的美丽、富饶，也使得鲜卑人长久以来一直保持着渔猎采集的生产方式。从本质上讲，渔猎采集活动还仅仅是靠对自然资源的利用来解决人类的食物问题，人类还不知道如何生产食物。在这种生产方式下，单位面积土地所能供养的人口数是极低的。当林区中的民族人口繁殖突破了森林所能供养的极限时，山中的民族就不得不开始迁移，向大山周围的平原地区倾泻那些多余的人口。

公元 1 世纪，曾经雄踞蒙古草原的匈奴人走向了衰落。其部众一分为二,一部分匈奴人西迁，另一部分南移保塞。草原上的人口密度为之大幅度降低，大量的鲜卑人乘机从大兴安岭中走出，进入蒙古草原。林区的人口压力因此而降低，为南迁的拓跋鲜卑人提供了生存空间，这使得他们并不忙于走出大兴安岭。

根据《魏书》的记载，大约在 1 世纪上半叶，拓跋鲜卑人在宣帝推寅的率领下南迁。拓跋鲜卑人从大兴安岭深处走出，沿西南方向一路而下。起初他们所遇到的自然环境并非是完全陌生的，这里是森林与草原的过渡地带，他们在继续着从大兴安岭带来的传统生产生活方式的同时，也开始尝试着适应新环境所带来的变化，即学会如何在草原地带获取食物。不管拓跋鲜卑人迁徙到何处，求得生存已经成为他们在新环境下的第一要务，而且学习如何获取食物的本领将伴随他们整个的南迁过程。

拓跋鲜卑人每迁至一地，都给当地带来异样的文化特征。随着他们一代代的繁衍生息，他们在途经的每一寸土地上深深地烙上了兴安岭的印记，在每一种异族文明中种下森林文化的基因。在拓跋鲜卑的考古发现中，我们可以看到各种桦树皮制品，如桦皮棺、桦树皮弓带、箭囊、壶形器、罐形器及器底等。这种场景无不使我们联想到巍巍兴安岭深处的白桦林。或许拓跋鲜卑人正是通过这种方式，以期望亡人的灵魂不要忘记回家的路，回到他们魂牵梦萦的大兴安岭。

拓跋鲜卑人途经根河流域的拉布达林和七卡（位于今内蒙古呼

伦贝尔市额尔古纳右旗），这里只是他们长途旅行中的一个小小驿站，或许他们真的在长途跋涉中感到了劳累，要在此小驻片刻。这里离大兴安岭并不是特别的遥远，依然可以望见茂密的树林；这里也开阔了他们的眼界：没有高山峻岭的阻挡，没有参天古树的遮盖……面对眼前一望无垠的草原，面对渐渐远去的根河水，他们或许稍稍犹豫了一下，以决定何去何从。

由于取水的需要，河谷常常成为古代民族迁徙的最重要通道，河谷两侧的冲积平原不论如何狭窄，也可以为迁徙者提供平坦的大道。在进入根河流域后，拓跋鲜卑的祖先们很可能是沿额尔古纳河的河谷进一步迁徙。

额尔古纳，蒙古语"捧呈""清洁""弯曲"之意，额尔古纳河流域属大兴安岭山麓地带，地势东高西低，地形呈狭长状。北部连接大兴安岭，林海莽莽；南部是微波起伏的草原丘陵。数百条大小河流如玉带般纵横交错，汇入额尔古纳河，成千上万的山泉恰似珍珠般点缀其间。

额尔古纳河水系流域土地肥沃，森林茂密，水草丰美，鱼类品种很多，动植物资源丰富，宜农、宜牧。然而，拓跋鲜卑人并未因此而停止迁徙的步伐，他们用尘土掩埋好逝去同伴的尸体，身影渐渐远去，而伴随亡人灵魂的，只有那片白桦林。

我们无法洞察拓跋鲜卑人继续前行的真实想法，任何文字在他们的执着面前都显得那么的苍白无力，或许广阔的草原给了他们新的视野，让他们对美好生活有了新的憧憬；或许是额尔古纳河流域还无法彻底地摆脱大兴安岭的影子。他们背对着兴安岭渐渐远去。

虽然一望无垠的草原并没有太多的自然障碍，他们成群结队而行，但心灵无疑是孤独的，因为他们不知道自己将去向何方。也许能够驱散他们心灵上孤独寂寞的是对未来生活的向往和憧憬吧。

拓跋鲜卑人在迁徙中学会成长，走向成熟，脚下每一个脚印都是他们不断进步的见证。他们努力地学习着大兴安岭深处所没有的新鲜事物，他们就像一个小孩一样，在好奇心的驱使下蹒跚漫步……最终他们在一个美丽的地方——呼伦湖东畔暂时停驻下来。

呼伦湖又叫达赉湖，现位于内蒙古自治区境内，面积两千多平方公里，湖水澄澈，浩渺如海。呼伦贝尔草原就因呼伦湖与贝尔湖而得名，它们仿佛草原的一双明眸，是那样的含情脉脉。

关于呼伦湖与贝尔湖，草原上流传着这样一个美丽的传说：很久很久以前，草原上有一对情侣，姑娘能歌善舞，才貌双全，叫呼伦；少年力大无比，能骑善射，叫贝尔。他们为了拯救草原，追求爱情，与草原上的妖魔奋勇搏杀，呼伦化作湖水淹死了众妖，贝尔为了寻找爱人勇敢地投湖，他们双双化作了一对相望于草原的明珠——呼伦湖与贝尔湖。

呼伦湖每年春季都有南雁北来，在此脱毛换羽，产卵孵化。拓跋鲜卑人如同那些脱毛换羽的鸟儿一样，也在呼伦湖畔蜕变、新生。

呼伦湖畔处于呼伦贝尔草原腹地，离大兴安岭比较遥远，在这里已经看不到高山、树林，只有一望无垠的草原。面对这一全新的自然环境，拓跋鲜卑人或许带着异样的惊喜，认真审视着这里，如何才能适应环境并生存下去呢？

呼伦贝尔草原东起大兴安岭西麓，西邻中蒙、中俄边境，北起额市根河南界，南至中蒙边界，总面积约十万平方公里，是世界上最优良的三大牧场之一。这里的野生资源极为丰富，有天然种子植物653种，牧草茂密，每平方米生长二十多种上百株牧草。这里地势坦荡，绿波千里，一望无垠，只见蓝天与绿地相接一线，不禁让人想起“天苍苍，野茫茫，风吹草低见牛羊”的诗句。呼伦贝尔草原还散布着上千个大小湖泊，宛如镶嵌在绿茵毯上的钻石。草原风光奇美绮丽，令人心旷神怡。

在最初的日子里，拓跋鲜卑人的生活是异常艰难的，为了使每个成员能够存活，他们组成了以大家族为单位的联盟。每个大家族中推举一位长老，大家都服从长老的领导，长老在生产、生活、战斗中具有权威。他们在联盟中一起生产，均分食物，甚至联合抵抗异族的侵袭。这种合作模式，从某种程度上，保证了他们的存活，使之能够继续繁衍下去。

在呼伦贝尔草原靠涉猎、采集来获取食物，无疑是不足以保证生存的，处在与大兴安岭完全不同的环境中，他们很难也不可能保持那种古老的获取食物的方式。因而他们开始仿效其他民族，过起畜牧迁徙的生活。这一转变对拓跋鲜卑人的历史影响是巨大的，一个崭新的游牧民族即将在呼伦湖畔诞生。

拓跋鲜卑人在生产方式的大转换过程中，他们身上原有的森林痕迹是不断减少的。在呼伦湖东畔的考古发掘中，我们已经很少看到墓葬中有桦皮制品了，反之，倒可以发现各种异民族的痕迹。至晚在这个时期，拓跋鲜卑已经开始辫发，因而被异族蔑称为“索虏”。

拓跋鲜卑人在呼伦湖畔“脱毛换羽”的过程，受其他草原游牧民族的影响是十分强烈的，特别是匈奴人在此对他们有着深刻的影响，这也是拓跋鲜卑人第一次和其他民族直接接触。这是一个互相碰撞交融的过程，拓跋鲜卑人从匈奴人身上学到了各种游牧技术，同时也有部分匈奴部众加入他们的行列。

公元 1 世纪中叶后，匈奴统治集团分裂，有一小部分匈奴人从大漠南北向东北流亡，与正在由大兴安岭向西南方向迁徙的拓跋鲜卑相混合。史书记载，“陵降匈奴有数百千种，各立名号，索头亦其一也”。现在学者普遍认为，这里所说的“索头”就是拓跋鲜卑，由于他们的部落融入了数量较大的匈奴人，风俗文化的各个方面受匈奴人影响较深，因而被古代史家误认为是匈奴人的一支。

在鲜卑民族大迁徙的过程中，特别是在匈奴主体部分西迁、鲜卑人入主蒙古草原之后，鲜卑人与匈奴人的通婚应该是非常普遍的现象。因为北方民族与汉族一样也是按父系血统计算亲属关系的，匈奴男人娶鲜卑女子为妻，生下的孩子也被视为匈奴人。但为了将这种混血的匈奴人与“纯粹”的匈奴人相区别，当时北方各族称之为铁弗匈奴。出于同样的原因，鲜卑男人娶匈奴女子为妻，其子女被称为拓跋鲜卑。甚至有人认为，“拓跋”一词的含义就是“鲜卑父胡母”，所谓的“胡”在当时就是指匈奴。

无论如何，匈奴人对拓跋鲜卑的影响是显而易见的。从呼伦湖东畔的考古遗迹中，我们可以看到各种与匈奴器物相似的遗物，如铜环、铜带扣、铜装饰、各种质料的串珠组成的项饰，甚至还有骨制的鸣镝。

值得我们注意的是，在呼伦湖东畔的考古遗迹中，还发现了不少和其他民族有联系的，从较远的地方输入的器物。如，黄河流域标志性器物——三足陶鬲，源于汉族地区的绢、麻，还有作为装饰品的玛瑙、珊瑚，大约也来自南方地区。至此，一幅民族交融的壮观画面呈现在我们的面前。

拓跋鲜卑在呼伦湖东畔居住了两个世纪左右，又继续南下。考古学家认为，可能是由于在迁徙的过程中遇阻于沼泽，他们不得不重新北上、西进，到达呼伦湖之北的扎赉诺尔（今内蒙古呼伦贝尔市境内）。

此时，拓跋鲜卑人的经济生活已经趋于成熟，劳动产品不仅可以满足部族成员日常的生活，还有了剩余。私有制开始出现，贫富差距鲜明，个体家庭出现，以大家族为单位的结盟组织走向解体。拓跋鲜卑人的生产方式也开始走向多样化。游牧经济不断得到发展、成熟，而且还可能出现了原始的农业生产。在扎赉诺尔的考古发掘中，我们已经发现一些残存腐烂的谷壳。同时他们还保持了一定的狩猎经济。拓跋人的生产技术也得到了长足的发展。以前的手制夹砂陶已经消失，出现了种类繁多的精致轮制陶器；铜器的种类不断增多，骨器的使用范围在扩大；更为重要的是，铁器开始得到大量的应用，我们在遗址中发现了各种锻造的马具和武器。

我们也可以发现，拓跋鲜卑在扎赉诺尔时期所受到的先进文明的影响比完工时期更为显著，特别是受中原汉文化影响的痕迹在加重。在考古遗迹中我们可以看到：轮制的双耳陶管和角器上刻画着龙形纹饰，还发现了中原的输入品——规矩镜、“如意”锦片和木胎漆奁。匈奴的影响在这个时期也很突出，我们可以看到各种具有匈奴风格的铜饰品、马具和武器等。

美丽的呼伦贝尔草原为拓跋鲜卑人的生活注入了新的元素，多元的民族文化交融促使他们发生着蜕变、新生与成熟，正是这样一个精彩纷呈的世界，使他们不愿意回到那遥远、闭塞的大兴安岭。或许他们已经渐渐忘记了那曾经的乐园，忘记了回家的路。

可以说，拓跋鲜卑人由大兴安岭深处到呼伦湖畔，是他们重新得到锻造的一个过程。他们从森林到草原；从渔猎经济到游牧经济；从山区单调的生活到山外的五彩缤纷；从单一的文化构成到多元文化的碰撞、交融。在与其他草原民族相融合之后，拓跋鲜卑逐渐发展为草原游牧民族，他们将从这里走向蒙古草原，也将作为来自草原的游牧民族入主中原，给中国历史打上他们的深深烙印。

三、神兽传说：这就是鲜卑吗？

传说在献帝邻担任首领的时候，有神人对他说：“你现在居住的这片土地比较荒凉，而且偏远，不能够在这里建立城邑，应当再次迁徙。”于是，在邻的领导下，拓跋人再一次走上迁徙之路。

与其他东北亚古代民族一样，鲜卑人也是信奉萨满教的，这段记载中所说的“神人”很可能是指拓跋部的大萨满。这一决策究竟是出自大萨满的远见卓识，还是作为拓跋人卓越领袖的邻对大萨满的授意，我们不得而知，但拓跋人显然都相信，迁徙是神对他们的启示，必然遵行，他们为此义无反顾地离开了生活了二百多年的呼伦贝尔草原。

这个传说中还有一点值得我们注意，即拓跋鲜卑已经开始考虑建立城邑的问题了。安土重迁、建立城邑，这显然是农耕民族特有的思维，从传说中我们看出拓跋人已经存在对农耕经济与定居生活的向往，这是他们后来离开草原南下的最主要动力。

需要提到的是，此时拓跋鲜卑可能已经步入部落联盟时期。拓跋鲜卑已不是一个简单的部落，而是一个部落集合体的名号。从目前的记载来看，拓跋鲜卑至少控制了七个部落，分别称为纥骨氏、普氏、拔拔氏、达奚氏、伊娄氏、丘敦氏、俟亥氏，由拓跋鲜卑最高首领的七个兄弟分别统辖，这七个部落连同原来的拓跋部，即所谓的拓跋氏，构成了拓跋部下属的“八国”。后来，邻又将其叔父的后裔从拓跋氏中分出，单立为乙旃氏，将与其亲属关系较远的各宗族组成车焜氏，与上述的“八国”一起构成拓跋鲜卑人的“十姓”。在迁徙的过程中，拓跋部控制的部落集团在逐步扩大，“十姓”构成了这一不断发展壮大的部落集团的核心，在北魏立国后，

“十姓”也被称为帝室十姓。

我们不敢肯定，十姓是否都出自拓跋鲜卑，我们甚至无法断定，十姓是否都是“纯粹”的鲜卑人。从拓跋部的迁徙经历来看，更为可能的情况是，作为拓跋鲜卑核心的十姓，已经包括非鲜卑人的血统，已经是鲜卑人与匈奴等草原民族相融合的产物。在此后的迁徙中，拓跋部所吸纳的民族成分就更为复杂，我们几乎可以将拓跋鲜卑视为多个草原民族与鲜卑人的混合体。

当拓跋鲜卑接受神人的启示准备开始迁徙时，据说拓跋部的最高首领邻年事已高，为了更好地领导拓跋部完成迁徙，邻传位给诘汾。由此我们可以看出，为这次迁徙，拓跋部进行了非常充分的准备。遗憾的是，对于这次迁徙的过程，史书没有具体记载。根据《魏书》的记载我们仅仅知道，这次迁徙是“南移”，途中经历了许多困难，“山谷高深，九难八阻”。由此推测，拓跋部的这次迁徙，很可能是由呼伦湖附近南下，沿大兴安岭山麓向西南方向迁移。他们迁徙的路线大概不是一直向南的，途中可能有过多次曲折，这样才会一次次翻越高山、跨越深谷，可能还受阻于林中或草原边缘的沼泽地。多数学者认为，拓跋部自呼伦贝尔草原南下后，曾经穿越锡林郭勒草原，在南杨家营子（今内蒙古赤峰市巴林左旗林东镇北约 35 公里处）一带作过短暂的停留。

由于迁徙中遇到重重困难，拓跋鲜卑人多次希望停止迁徙，但是诘汾不同意。传说，拓跋鲜卑人在迁徙中面临困境时，曾经有神兽降世，此兽形似马但非马，声如牛但非牛，在神兽的先行带领下，拓跋鲜卑人历经一年才走出了困境。

有人认为此神兽就是“鲜卑”，鲜卑人因此而得名。但对于引导拓跋人迁徙的神兽是不是“鲜卑”，学术界众说纷纭、莫衷一是。

从文献的记载来看，“鲜卑”一词的应用是很广泛的。不仅用“鲜卑”作为族名，还以“鲜卑”来命名兽、命名山、命名水，以至鲜卑人喜爱的一种衣带也被称为“鲜卑郭落带”。多数学者承认，“鲜卑”一词最初是一种兽的名称，但其原义是什么，具体指的是什么兽，却存在很大的分歧。

有的学者认为，鲜卑是“犀比”的音转，鲜卑人以犀牛为图腾；或者认为，“鲜卑”为东胡语，意思是“犀”，东胡人视犀牛为瑞兽，因此东胡语中称犀牛的“鲜卑”一词，也可以意译为瑞兽。还有的学者认为，“鲜卑”可能是指东胡人中流传很广的神兽——独角马。

有的学者认为，“鲜卑”一词为东胡语“瑞”“神”的意思，根据史书中对引导拓跋部迁徙的神兽类马非马、类牛非牛的记载，并结合目前已经发现的鲜卑人的鹿纹青铜牌饰，认定“鲜卑”一词最初是指驯鹿；并认为在鲜卑人的观念中，鹿往往作为祥瑞或神之象征，鲜卑人极有可能将其崇拜为“瑞兽”或“神兽”，因此，传说中的神兽的原型应该是驯鹿。

驯鹿，又名角鹿，体长100~125厘米，肩高100~120厘米，有“森林之舟”的称号。从形态上讲，驯鹿“角似鹿非鹿，身似马非马，头似驴非驴，蹄似牛非牛”，和所述“神兽”颇为相似。更为重要的是，从功能及用途上讲，驯鹿能负重百斤，善于穿越森林和沼泽，拓跋鲜卑人极有可能借助于驯鹿才最终摆脱了迁徙中遇到的困境。直到新中国成立前，生活在大兴安岭中的民族还都畜养大量的驯鹿，以便在迁徙中负重。如果我们将草原游牧民族称为马背上的民族的话，也许我们可以将生活在大兴安岭中的民族称为驯鹿背上的民族，他们的家、他们的一切，在迁徙中都是靠驯鹿来驮运的。

目前比较通行的看法认为，“鲜卑”一词的原意是“瑞”或是“神”。据《史记索隐》的说法：“鲜卑郭洛带，瑞兽名也，东胡好服之”，“郭洛”为“Kwuk-luk”的音译，意为兽，“鲜卑”为“Sai-bi”的音译，其义为瑞、为神。两者合在一起，“鲜卑郭洛带”的意思就是神兽带。通常认为，“鲜卑”就是诘汾南迁途中遇到的“神兽”，但这种神兽的原型究竟是什么，我们今天已不得而知。很可能与汉族的神兽龙一样，这种神兽仅仅存在于鲜卑人的想象中。

也有的学者指出，目前我们根据满语“sabi”而将“鲜卑”一词解释为“瑞”或“神”的做法是欠妥当的。首先，基于现代民族的语词含义向上溯，去比附古代民族语词的含义，这种研究思路就是有问题的。语词的意义在其千百年的流传过程中不可能没有任何变化，我们没有证据证明，现代满语的“sabi”就是古代鲜卑语中的“鲜卑”一词。其次，发音相近甚至相同，但意义却相差很远的语词是相当多的，即使满语“sabi”与鲜卑语中的“鲜卑”一词发音相同，也不能证明两者的词义也是相同的。在通古斯语族中，如鄂伦春语，sabi 的意义是“鞋”，而非“祥瑞”，发音相似的词汇还有 sarbu、sabu、sapki、sap，分别是鄂伦春语、鄂温克语、赫哲语和锡伯语中的“筷子”，在蒙古语族中的达斡尔语，“鞋”一词的发音也是 sabi。

有的学者倾向于认为，鲜卑即“兹白”，二者发音相似，可能是同音异写。所谓兹白，就是传说中的驳，也就是《山海经》中记载的“駮”，据说这种神兽状如白马，锯牙，能食虎豹。鲜卑墓葬中出土的带头图像，有所谓“飞马”或“神马”，其形状特征大概是：形状似马、顶上一角、尾有歧形、有蹄有爪、有翅能飞、头部宽大等，与《山海经》中对“駮”的描述是极其相似的。可能鲜卑人的瑞兽，是指鲜卑人传说中的一种飞马。

其实，在鲜卑诸部中，拓跋部的南迁是比较晚的。在传说中拓跋部遇到神兽的时代，其他鲜卑人的部落已经活动在漠南草原了，中原的史家早已经将这些来自遥远北方的民族称为鲜卑了。显然，鲜卑一词作为族名的做法，远早于用来称呼瑞兽。而鲜卑族的得名，史书中记载得很清楚，是因为他们起源于鲜卑山，因而其他民族才以其发源地的山名来称呼这些人，渐渐地，他们也就接受了其他民族对他们的新称谓，自称鲜卑了。至于山名与兽名之间究竟存在着什么联系，却是一个难解之谜。

也许，这种出现于拓跋鲜卑人传说中的神兽，原本出自想象，是存在于乌有之乡的东西，我们一定要将其拉入现实中进行研究，这本身就已经是一个错误。

不论拓跋鲜卑人遇到的神兽是不是鲜卑，反正据说他们是在传说中的神兽的引导下渡过了难关，最终完成了迁徙。关于拓跋部迁徙的故事我们知道的很少，有相当长一段时间，他们几乎在历史记载中消失了，当他们再一次出现在中原史家的视野中的时候，他们已经来到了“匈奴故地”。史书中记载的“匈奴故地”在今天何处，史学家们到现在也拿不出定论，有人说在鄂尔多斯，有人说在河套地区，但更多的学者认为，应是在阴山山脉。

阴山，其蒙古语名字为“达兰喀喇”，意思为“七十个黑山头”。阴山山脉是古老的断块山，它东起河北东部的桦山，西止于内蒙古巴彦淖尔盟中部的狼山。东西连绵长达 1200 余里，南北宽达 50~100 公里，横亘于内蒙古中部地区。

这里是黄河流域的北部界限，起伏不定的山峦成为自然地理景观的主旋律。山区中植被稀少，仅在东段的阴坡有小片森林，生长有白桦、山杨、杜松、侧柏、油松、山柳等树种。中段和西段山地散布有大小不等的山地草场，历史上曾是重要的牧区。山脉内部的盆地中心及山前地带有数个积水形成的湖泊，著名的有乌梁素海、岱海、黄旗海等。

阴山山脉南北气候差异显著，自古以来就是农耕区与游牧区的天然分界线。一般来说，山区本身是农牧交错地带，山区既可以为畜牧业提供优质的冬夏牧场，条件较好的山间盆地也可以发展旱作农业，种植春小麦、莜麦、马铃薯等作物，只不过单位面积产量低而且不稳定。而阴山山脉南麓的河套地区，从很早的时候起就已经存在发达的精耕农业，素有“塞外米粮川”的称号。

在中国历史上，一直存在一个以阴山山脉为中心的农耕经济与游牧经济的过渡地带，向东延伸至西拉木伦河与老哈河流域，向西沿河西走廊一直伸展到沙漠的边缘。这一过渡地带对于农耕民族与游牧民族的盛衰发挥着至关重要的作用。当农耕民族牢牢地控制过渡地带的时候，他们不仅可以将精耕农业推广到这一地区，还能以此为基地，发兵深入蒙古草原；而当游牧民族占据过渡地带后，向南已是一望无际的大平原，没有什么可以阻止他们南下牧马、问鼎中原了。可以说，在农耕民族与游牧民族的竞争中，谁控制了过渡地带，谁就握有主动权。

秦始皇曾经命大将蒙恬北伐，就是与匈奴人争夺包括河套地区在内的农牧经济的过渡地带。西汉初年，匈奴人牢牢地控制着过渡地区，也就一直在与汉王朝的战争中占上风；汉武帝北伐匈奴，迫使匈奴人撤离阴山之后，匈奴人再经过阴山时，没有不为之哭泣的。此后，匈奴也就在对汉王朝的战争中处于下风了，直到他们不得不远离蒙古草原西迁。鲜卑第一英雄檀石槐也是兴起于这里，只是在此之后，无论黄河流域还是蒙古草原，都处于混战与割据之中，农耕经济与游牧经济间的矛盾不再明显，过渡地带也就不再为人所重视。现在，一个从未受到重视的北方部族迁入这一地区，一时还没有人意识到，他们将开创中国历史的新篇章。

“匈奴故地”，这片曾经是匈奴单于头曼和冒顿兴起的地方，现在又养育了一个新的民族，一个即将纵横中国北方的民族，又一场波澜壮阔的历史剧目即将由这里开始上演。

四、“诘汾皇帝无妇家，力微皇帝无舅家”：充满血腥的拓跋祖先世系

最早为拓跋鲜卑人编写历史的是北魏名臣和才子崔浩。崔浩出自当时北方四大名族之一的清河崔氏，曾仕北魏道武、明元、太武帝三朝，官至司徒，参与军国大计，在北魏统一中国北方的过程中发挥过重要作用。奉北魏皇帝之命，崔浩主持编纂拓跋鲜卑的历史，写成《国书》三十卷。由于崔浩秉笔直书，对拓跋氏早期历史的许多不光彩之处全部如实记载，最终于450年被杀。受其连累，不仅清河崔氏，与清河崔氏通婚的北方世家大族范阳卢氏、太原郭氏、河东柳氏，也全部被灭族，史称“崔浩国史案”。

崔浩之死对北方汉族文人的震动是巨大的，没有人再敢于如实记载拓跋鲜卑人的历史，使得拓跋鲜卑的史事逐渐消失在历史的长河之中。由于同样的原因，流传到现在，记载拓跋鲜卑建立北魏王朝的正史《魏书》中对拓跋氏早期历史的记载可信的内容并不多，以至于我们现在连拓跋氏早期的世系也搞不清楚。

《魏书》的记载将拓跋氏的始祖上溯到始均，并称始均是黄帝的少子昌意的后裔，这显然出自汉族文人的编造。《魏书》称始均以下共传67代，到成帝毛时“统国三十六，大姓九十九，威震北

方”，又传5代至宣帝推寅时“南迁大泽”，即迁入呼伦湖畔的呼伦贝尔草原，又传7代至献帝邻和其子圣武帝诘汾时，拓跋部进行了第二次南迁，最终进入“匈奴故地”。由此推测，在拓跋部入主中原之后，对于他们自身的历史，他们也只能上溯到成帝毛时期。对于一个没有文字的民族来说，记忆本民族的历史毕竟不是一件容易的事情。《魏书》之所以要在成帝毛之前再凭空添上67代，不过是要与毛以下至诘汾之子神元帝力微的14代一起凑成81代，以足九九之数罢了。之所以在编写拓跋鲜卑历史的时候要给予神元帝力微以特殊的位置，是因为正是从力微的时代起，拓跋鲜卑开始建构自己的国家。

《魏书》的谎言不知欺骗了多少人，以致今天还有人相信上述记载，并按三十年一代人计算，将拓跋鲜卑的历史上溯到三四千年以前。

为了突出力微的地位，也为了证明其君权出自神授，《魏书》还记载了一则传说。

据说，在诘汾带领部众南迁的途中，突然遇见一女子从天而降，对诘汾说：“我是天女，奉天帝的命令与你结为夫妻。”于是二人同住一宿，当太阳初升时，天女要回去了，她对诘汾说：“明年的今天，咱们来这里相会吧。”说罢飘然而去。到第二年这一天，诘汾如期而至，果然又与天女相见。天女把一个婴儿交给诘汾说：“这是你的儿子，他长大后，会使你们家世代当帝王的。”天女所生的这个婴儿就是后来的神元帝力微，所以在拓跋鲜卑人中流传着这样的谚语："诘汾皇帝无妇家，力微皇帝无舅家。"

力微皇帝有无舅家现在无法证实，但说诘汾皇帝没有妻族，这显然是不正确的。根据史书记载，诘汾并非只有力微一个儿子，他至少还有一个儿子名叫匹孤，在拓跋部迁入阴山一带以后，匹孤率部西迁，独立发展，这就是后来的秃发部。甚至北魏的皇帝也承认，秃发部与他们出自同一祖先，属于同一家族。即使力微皇帝没有母族，匹孤的母族也是一定存在的，那也是诘汾的妻族。

有的学者认为，这则神话反映了拓跋鲜卑早期的乱婚制度；有的学者认为，拓跋氏为了维护其统治地位，避免舅家势力对太子的影响，排挤并杀害了力微的舅家。还存在着另一种可能，即诘汾率部南迁时，力微的舅家没有随之一同迁徙。

胡三省在为司马光的史学名篇《资治通鉴》作注时就已经猜测，率领拓跋鲜卑离开大鲜卑山的宣帝推寅，就是檀石槐领导的鲜卑大联盟中的西部大人推寅。马长寿则认为，檀石槐三部大人中的推寅是拓跋部的首领献帝邻。他们的共同点在于，都认为在檀石槐的时代，拓跋鲜卑已经迁入"匈奴故地"。其实，当拓跋鲜卑迁至阴山一带时，檀石槐的联盟早已瓦解。若非如此，他们也不可能轻而易举地进入这个资源丰富的地方。

力微即位之初，拓跋鲜卑的力量还很单薄，经常受到周围其他部众的侵袭。在 220 年，拓跋鲜卑遭到西部大人的侵袭，部众离散。力微被迫投奔当时居于五原（今内蒙古包头市西南）的没鹿回部大人窦宾，成为依附于没鹿回部的部落。从拓跋部的实力来看，即使他们在檀石槐的时代来到阴山，凭他们的实力，其首领也不会成为檀石槐直属的大人。

《魏书》中宣称，力微曾在一次战斗中将自己的坐骑让给窦宾，从而救了窦宾一命。窦宾甚为感激，想要将自己控制的地区分一半给力微，但是力微拒绝了，窦宾因此将女儿嫁给力微。力微又请求率领所部北居长川（今兴和县团结土城子滩），数十年后，因治理有方，旧部众都来归附，遂又兵强马壮。

窦宾去世后，力微杀掉自己的妻子，以示与窦氏决裂，然后率部攻杀窦宾的儿子，吞并了窦宾的部众。力微杀妻吞并妻族部众的做法使我们联想到，"诘汾皇帝无妇家"，是否也意味着力微的父亲诘汾曾经做过类似的事情？

力微的手段虽然令人不齿，但是在那个弱肉强食的混乱时代，他确实是一位成功者。在吞并没鹿回部之后，力微继续兼并周围的其他部落，据说在他掌握下的武装力量达到"控弦士马二十余万"。史书记载的数字显然是夸大的，拥有二十多万战士意味着控制了上百万的人口，如果真的如此，力微就应该统治至少半个蒙古草原了。但这条记载至少透露给我们这样一个信息，在力微的时代，拓跋鲜卑的实力在迅速增强。

也是自力微的时代起，在拓跋鲜卑人中形成对最高首领的通称——可汗。力微不但是拓跋鲜卑的第一位可汗，也是整个北方民族历史上的第一位可汗。

在 258 年前后，力微率部从五原东迁盛乐（今内蒙古和林格尔县北）。诸部来服，以拓跋部为核心，力微组建起一个部落大联盟。这个部落联盟虽然规模不是很大，但其民族成分异常复杂。除居于联盟领导地位的八个拓跋部落（史称“宗室八姓”）外，还有75个非拓跋鲜卑的部落，其中有匈奴、丁零、柔然、乌桓等，统称为“内入诸姓”，同时还包括与拓跋部落保持“朝贡”关系的35个部落。

拓跋力微是一位有着雄心壮志的首领，他积极推进拓跋鲜卑的社会改革，而且力主与中原地区的曹魏政权保持友好关系。他在一次祭天时对部下讲道：“我们都看到了，前代的匈奴人因为贪图财物，不断派兵到汉王朝的边境地区进行掠夺，这么做虽然在财物上有所得，但由此引来汉人的进攻，所造成的伤亡是这些财物远远无法补偿的。这不是长久之计啊！”力微因此开始与曹魏和亲，并把太子沙漠汗送入曹魏为质子。

自东汉至三国两晋南北朝，东亚各地的气温基本处于持续降低的过程中，这一漫长的寒冷期，不仅是中国历史上持续时间最长的寒冷期，也是中国历史上年积温最低的时期。由于气温的降低，远在北方的大鲜卑山已经成为无法居住的地方，因此拓跋鲜卑才会向着较为温暖的南方一路迁徙。进入阴山一带以后，虽然自然条件特别是气温远优于漠北，但寒冷的气候使草原的载畜量下降，拓跋鲜卑进一步发展的方向只能是继续向南，这就存在如何处理与中原王朝的关系的问题。在力微的时代，拓跋鲜卑已经开始面临着这种抉择。从力微的言论中我们发现，拓跋鲜卑的首领们对此问题是经过慎重考虑的。他们注意到历史的经验，匈奴人试图以武力南下，结果可想而知；而其他鲜卑诸部与乌桓诸部却都是以归附汉王朝的方式，实现了匈奴人靠武力所未能实现的南迁。拓跋鲜卑主动与曹魏保持友好关系，也是为其进一步南下铺平道路。

沙漠汗在中原前后居住达六七年之久，经历了曹魏到西晋的改朝换代，对中原文化非常熟悉，但在返回拓跋部时为鲜卑诸部大人杀害。

关于沙漠汗的死因，仅《魏书》中就存在三种不同的说法。一种认为，沙漠汗在中原期间，他的弟弟们谋求篡夺本属于他的继承权，因而向力微进谗言，最终害死了沙漠汗。一种认为，沙漠汗英明雄武，西晋的幽州刺史卫瓘担心他回到北方之后成为晋王朝的劲敌，在奏请扣留沙漠汗未果之后，又用重金贿赂鲜卑各部酋长以挑拨离间，杀死了沙漠汗。最流行的说法是，沙漠汗北归时，力微派属下各部的首领前往迎接，诸部首领见到沙漠汗用中原汉人的方法，用弹丸打飞鸟，觉得他受汉文化影响太深，继承力微的可汗职位后一定会模仿中原进行改革，重用汉族士大夫，他们这些鲜卑元老重臣将会大权旁落，因此他们向力微进谗言，在力微的默许下杀死了沙漠汗。

现代学者多根据这种说法，认为沙漠汗之死反映出拓跋鲜卑内部存在激烈的汉化与反汉化之争。但这种记载也有其矛盾之处，力微派诸部首领远迎沙漠汗，显然是为了进一步确认其继承人的身份，这一点诸部首领自然也是十分清楚的，他们会因为以弹丸打飞鸟这样的小事阴谋杀害未来的大汗吗？这毕竟是要冒杀头灭族的风险呀！即使诸部大人向力微进谗言，力微又怎么会未经调查就毫不犹豫地处死自己的接班人？从沙漠汗死后不久力微即去世推测，恐怕沙漠汗的死还是与拓跋部内部对最高权力的争夺有关，只是具体过程我们无法推知了。

拓跋力微共有四个儿子，沙漠汗是长子，以下依次为悉鹿、绰、禄官。力微死后，汗位兄弟相传，277—286年，拓跋悉鹿即位；286—293年，拓跋绰即位。在此之后，沙漠汗之子拓跋弗成为拓跋鲜卑人的最高首领，但在位仅一年，就被其叔叔拓跋禄官杀害篡权。由此看来，拓跋鲜卑人的继统法可能还是兄终弟及，而不是父死子继。拓跋弗是沙漠汗的小儿子，无论按兄终弟及，还是按父死子继，都轮不到他成为拓跋鲜卑的最高首领，最有可能的情况是，拓跋弗继位，是争夺汗位的各派势力势均力敌、相互妥协的结果。

拓跋禄官在位时，拓跋鲜卑的疆土被划分为东、中、西三部，禄官自己统治东部，由沙漠汗的儿子拓跋猗㐌、拓跋猗卢分别统领中部和西部。从表面上看，这种疆域的划分似乎是对檀石槐三部的继承，只不过檀石槐三部的核心是西部（檀石槐本人即属于西部），而拓跋氏的三部核心明显是东部。但实际上，这标志着拓跋氏因继承权问题发生了分裂。禄官是力微的小儿子，他的继承权来自兄终弟及的传统，而拓跋猗㐌、拓跋猗卢都是沙漠汗的儿子，他们的继承权则来自父死子继制度，甚至是嫡长子继承制。从这个意义上看，此时期拓跋鲜卑内部的权力斗争，本质是兄终弟及、父死子继两种继承原则的竞争。

拓跋鲜卑分裂为三部以后，中部拓跋猗㐌的势力迅速上升。《魏书》对猗㐌的评价是“英杰魁岸”，并说他过于笨重，以至于任何良马都驮不动他，出行时不得不乘坐健牛拉的大车。令人奇怪的是，正是在这样一位出行不便的首领的指挥下，拓跋氏三部的中部出兵远征漠北草原，并自漠北草原向西进军，征服了当时生活在草原上的数十个部落。通过对新征服的漠北游牧部落的整合，拓跋氏的中部迅速发展，实力超出其他两部之上。西部在猗卢的领导下，沿农耕经济与游牧经济间的过渡地带向河西走廊发展，也吞并了不少北方民族的部落，实力也处于上升之中。只有东部禄官的势力在逐渐萎缩。

306年，拓跋猗㐌病逝，其子普根即位。论威望、论才干，普根都远比不上他的父亲，因此中部控制下的各部落渐渐离散。两年后，禄官病死。西部首领猗卢乘机“总摄三部”，重新统一了拓跋鲜卑。

统一后的拓跋鲜卑实力增强，而中原地区的西晋王朝却正处于风雨飘摇之中，各地割据势力开始抬头。拓跋鲜卑中止了向漠北草原的开拓，转而参与中原各派势力的角逐。

310年，铁弗匈奴刘虎与白部鲜卑共同进攻西晋并州管辖下的新兴、雁门二郡。并州刺史刘琨向猗卢求救，猗卢乃发兵两万帮助刘琨击破刘虎和白部鲜卑。刘琨为了酬谢猗卢，表奏猗卢为大单于，以代郡封之为代公。刘琨还将句注山陉岭（在今山西代县西）以北之地，包括今代县、朔县和繁峙一带，赠给了猗卢。拓跋鲜卑疆域扩大，实力大增，实现了力微时代就已经存在的进一步南下的梦想。

也是在猗卢在位期间，拓跋鲜卑开始以盛乐为北都，以平城（今山西大同市东北）为南都，初具国家规模。公元 315 年，猗卢自称代王，建立了历史上第一个拓跋鲜卑政权——代。

在猗卢之后，拓跋鲜卑再一次出现继承问题。猗卢之子六修发动叛乱，与猗卢父子相攻，猗卢战败，微服出逃，死于民间。拓跋猗㐌之子普根发兵打败六修，成为拓跋鲜卑的最高首领，但仅仅一个月以后，普根就去世了，死因不详。拓跋猗㐌一系拥立刚出生不久的普根之子继承汗位。以婴儿为首领，这在崇尚武力的游牧民族来说是极其罕见的。而就在这一年的冬天，普根之子也莫名其妙地死去，最终是继位一年即被杀的拓跋弗之子郁律夺取了政权。六修、普根与郁律，都是同一祖父的堂兄弟，从这个角度看，拓跋鲜卑人的继承制度仍未彻底摆脱兄终弟及制的影响。

有意思的是，普根父子二人曾经即位，只是因为在位时间很短，在北魏建国后没有得到正式的追尊，因而在拓跋帝室的世系中没有相应的位置。相反，沙漠汗早死，实际未曾即位，但由于世系中不可动摇的大宗地位，而得到了北魏的追尊。此后拓跋鲜卑的最高首领都出自沙漠汗的一系。

可是，拓跋氏的权力继承问题仍未得到很好的解决，郁律最终被拓跋猗㐌一系的势力所害，同时被杀的拓跋鲜卑人的首领有几十人。猗㐌之子、普根之弟拓跋贺傉即位。在贺傉去世后，他的弟弟纥那即位，仍旧遵循兄终弟及原则。

拓跋氏内部对领导权的争夺愈演愈烈，拓跋氏控制下的其他部落也参与进来，分别支持有继承资格的拓跋氏成员，相互攻杀。拓跋猗㐌一系的势力衰落后，纥那不得不出逃到支持自己的宇文部。贺兰部以及支持郁律一系的鲜卑诸部大人共同拥立郁律的长子拓跋翳槐做了可汗。

由于连年内讧，拓跋鲜卑的势力一度衰落，中原地区羯族建立的后赵政权实力正强，为改善同后赵的关系，拓跋翳槐派自己的弟弟拓跋什翼犍去后赵当人质，住在襄国，后来又迁往后赵的新都邺城。338 年 10 月，拓跋翳槐病重，临终前留下遗命："必须立什翼犍，社稷才能安宁。"翳槐死后，群臣认为什翼犍远在邺城，一时不能回来，若要等他回来，恐怕又会出现混乱，应该赶快推立新主。

当时在盛乐的翳槐的兄弟有二人，论年长当推其三弟拓跋屈，可是拓跋屈刚猛多诈，不如其四弟拓跋孤仁厚。于是诸部首领杀拓跋屈，立拓跋孤为主。但拓跋孤却坚决不接受，他说："我二兄居长，理应继位，我怎么能够越过他而继位呢？"于是他亲自去邺城接什翼犍，并向后赵石虎要求留下自己当人质。

石虎被拓跋孤的义举所感动，让兄弟二人都回到代北。338 年十一月，拓跋什翼犍在繁峙（今山西浑源县西）即代王位，作为报答，将领土的一半分给拓跋孤管理。至此，拓跋鲜卑内部因继承问题导致的持续近二十年的动乱总算告一段落。

传说拓跋什翼犍生而奇伟，身高八尺，隆准龙颜，他站立时头发能下垂至地，侧卧时乳头下垂至席。即代王位后，他完全仿照中原制度设官分管政务，采取了一系列改革措施，任命一些中原汉族士人参与政权，如以汉人燕凤为长史、许谦为郎中令，并制定和完善了各种法律制度。拓跋氏的代政权在迅速向成熟的国家形态过渡。拓跋什翼犍又在盛乐南八里修筑盛乐新城（今内蒙古和林格尔），作为国都。拓跋氏的政权开始有了固定的政治中心，农业也逐渐发展起来。代国的疆域空前扩大，东到濊貊，西至破洛那（今吉尔吉斯斯坦费尔干纳盆地），南临阴山，北尽大漠，成为活跃在大漠南北的一支强大势力。

长年的变乱，使得拓跋鲜卑的势力起起伏伏，但他们在历史的曲线图上总体是呈上升趋势的。北方草原在经历了长久的冬眠之后，再一次积蓄着力量，呼之欲出。可以说，如果没有代政权近百年的发展，就没有以后拓跋鲜卑统一中国北方的丰功伟绩。历史将再一次证明，当中原陷入失衡状态，缺乏秩序的时候，总有一股外来的力量将其扭正，而这股力量正是源于北方草原。值得回味的是，北方草原之所以能够形成势力，又不能不“归咎”于中原农耕文明的辐射。

代政权的建立、成熟的进程，是拓跋鲜卑由传统的游牧社会到新兴农耕文明过渡的过程。这一转变是剧烈的、异常艰辛的，这使我们想起，拓跋鲜卑祖先们为了寻找一块能建“城邑”的土地，在中国北方徒步迁徙的景象。值得庆幸的是，他们找到了一方实现他们理想和抱负的土地。

第七章
北魏：一个性格裂变的王朝

拓跋人建国比较早，却因为没有明确的首领继承制度而内讧不断，长期蜗居塞外，最终没有逃过灭亡的命运。拓跋人的历史并没有随着代国的灭亡而湮灭在岁月的长河中，历史给了他们新的希望之星。拓跋珪，这个说不清是什翼犍的儿子还是孙子的家伙重建起政权，并在参合陂意外地发起一场心理战，浇灭了后燕将士的复仇烈火。

入乡随俗，拓跋宏，这个勇敢的年轻人，用“南伐”竖起了全盘汉化改革的大旗。但历史在这里开了个大玩笑，未完成的改革随着英年早逝的他一起流逝，留下了一个裂变的北魏，促成了“东魏—北齐的倒退”。

拓跋鲜卑的代国实际上远不如《魏书·序纪》所记载的那样风光，它最初只是北方一个不起眼的割据政权，当时，在鲜卑人建立的政权中，最强大的是慕容鲜卑建立的前燕。前燕不仅控制了今天东北的大部分地区，还曾进军中原与后赵争雄。后赵灭亡以后，前燕成为北方举足轻重的势力，与氐族建立的前秦都具有统一中国北方的实力，相比之下，拓跋氏的代国不过是偏居一隅的小国，就是对南迁的鲜卑人，显然也不如前燕有号召力。谁也不会想到，就是这个当初默默无闻的政权，最后竟然统一了中国北方，开创了与汉族在江南建立的政权相对峙的北朝。

一、立贤还是立长：面对亡国之痛的困惑

相对来说，在鲜卑诸部当中，拓跋部的立国时间是比较早的，不过由于没有明确最高首领的继承原则，拓跋部在不断的争夺最高领导权的内讧中削弱着自己的实力，未能如慕容部那样迅速地崛起。拓跋什翼犍即位以后，总算结束了内部的权力之争，开始对外开拓，但这个时候的形势对代国极为不利，鲜卑慕容部的前燕和氐族的前秦已经成为雄踞中原的东西两强，代国只能在夹缝中求生存。

什翼犍和前燕虽然偶有冲突，但基本上还是通过和亲，保持着比较亲密的关系。340 年，前燕国君慕容皝将妹妹嫁给什翼犍。341 年，慕容皇妃病死。慕容皝为了安慰什翼犍并加强与代国的关系，又主动提出将次女嫁给什翼犍，什翼犍立慕容氏为皇后。

什翼犍同前秦的关系则比较生疏。前秦灭前燕以后，拓跋氏建立的代国因此成为前秦的下一个进攻目标。前秦国主苻坚首先派牛恬出使代国，进行实地观察。“礼尚往来”，什翼犍也于 373 年夏天派燕凤出使前秦。

燕凤是代北汉人，不仅博览经史之书，而且精通阴阳谶纬。据说，什翼犍礼聘燕凤，燕凤不肯前来，什翼犍就发兵包围了他所在的城镇，并威胁说："如果燕凤还不肯来见我，我就下命令屠城了。"燕凤进入代政权之后，深得什翼犍的信任，是代国掌权的汉人之一。

苻坚亲自接见了燕凤，并问道："代王是怎样的一个人？"燕凤回答："宽和仁爱，经略高远，一时雄主。常有统一天下的大志。"苻坚对此表示怀疑，说："你们这些北方人，无刚甲利兵，敌弱则进，敌强则退，怎么可能统一天下呢？"燕凤说："北人壮悍，上马持兵器，驱驰若飞。我们君主英明，北方各部都服从我们的领导，有士兵上百万。部队又不需要后勤方面的准备，所以行动迅速。出于这个缘故，北方人经常可以战胜南方人。"苻坚问："你们国家有多少人马？"燕凤说："战士数十万，战马一百万匹。"苻坚说："你说人数多也就罢了，说有战马一百万匹实在是太夸大了。"燕凤说："云中川自东山至西河二百里，北山至南山百余里，每年秋天将马赶到这里，大约能装满川谷。由此来看，恐怕我说的数字不是夸张，还是保守的。"

燕凤的回答不卑不亢，使苻坚不敢小看代国。苻坚不仅暂时打消了吞并代国的念头，而且怀有三分敬意，燕凤回国的时候，苻坚特意赐给了燕凤许多衣物，以示友好。前秦暂时没有东进，转而开始经略西方。此后，苻坚从东晋手中夺取了汉中、益州、南中等地区，又灭亡了前凉。在此后，北方仅存的政权代国再次成为前秦吞并的目标，这也是前秦统一中国北方的最后一步了。

公元376年十月，苻坚以匈奴刘卫辰受到代国攻伐向前秦求救为借口，派幽州刺史苻洛领兵十万，并州刺史俱难和将军邓羌、张蚝、郭庆等率兵二十万分路进攻代国，什翼犍虽派出抵抗大军，可一个月后就被击败。因患病无法亲征的什翼犍只好率诸部逃到阴山之北暂避。不料，当地的高车等族也趁机叛变，到处抢掠，什翼犍只得率诸部回到大漠之南。幸好前秦很快撤兵，什翼犍才于十二月返回云中。

此时，58岁的什翼犍已是垂暮之年，常常疾病缠身。他最不放心的是继承人问题，嫡长子拓跋寔及其弟拓跋翰都已死去，他所喜爱的孙子拓跋珪年仅6岁，慕容皇后所生的6个儿子和庶长子们虽然都已成人，但他却都看不上，因此继承人问题一直悬而未决。

征战一生，躲过枪林战雨的什翼犍却最终死在拓跋氏内部的权力斗争之下。什翼犍的侄儿拓跋斤自父亲拓跋孤去世之后，失去了治理半个国家的特权，一直心怀不满，看什翼犍病魔缠身，难以自保，便趁机挑拨。他对什翼犍的庶长子实君说："代王要立慕容氏的儿子，打算把你杀掉，你看近来慕容氏诸子每夜都戎服领兵，围着代王大帐转，一有机会就要动手了。"其实，因为当时前秦兵尚在君子津，离云中仅有二百余里，随时可能来袭，所以慕容皇后诸子每夜值班警卫。愚蠢的实君听信了拓跋斤的谗言，以为代王真的要杀他，便先下手为强，杀了慕容皇后诸子，最后连他的父亲什翼犍也一起杀掉了。听到什翼犍已死、群龙无首的消息，前秦大将李柔、张蚝迅速带兵攻破云中，车裂了拓跋实君，拓跋部众逃溃，代国灭亡。

不过，对于拓跋氏代国的灭亡，有学者的研究表明，可能与史书中的上述记载存在比较大的出入。很可能是在前秦大兵压境时，拓跋珪在其生母贺氏的安排下，缚什翼犍出降秦兵。什翼犍与拓跋珪很可能都被带回了前秦的都城长安。后来，因为缚“父”出降的行为属于不孝，前秦主苻坚以此为借口将拓跋珪流放到巴蜀。总之，在前秦进攻代国时，拓跋氏出现了内乱，这无疑加速了代国的灭亡。但就当时的实力而言，代国也确实无法与前秦相抗衡，其灭亡的命运是不可避免的。

苻坚灭亡代国以后，将原代国控制下的地区一分为二，一部分委任独孤部首领刘库仁统治，另一部分委任铁弗部首领刘卫辰统治。包括什翼犍的孙子拓跋珪在内的拓跋王室成员则被迁往关中。

铁弗部与拓跋部相同，都是匈奴人与鲜卑人的混血部族。只不过由于按男子计算世系与种族的传统，匈奴族男子娶鲜卑族女子所生的子女，被视为匈奴人，称为铁弗匈奴；而鲜卑族男子娶匈奴族女子所生的子女，被视为鲜卑人，称为拓跋鲜卑。

铁弗部的远祖刘虎据说是南匈奴第二十代单于於扶罗之后，刘虎的曾祖父去卑原是并州匈奴右贤王。西晋时，去卑之子刘猛因叛晋被杀，刘猛之子副仑投奔拓跋鲜卑，铁弗部由刘猛之弟诰升爰统领。309 年，诰升爰死，其子刘虎成为铁弗部的首领。刘虎死后，其子刘务桓继位，刘卫辰就是刘务桓之子，前任铁弗首领刘悉勿祈之弟，也是后来建立大夏政权的赫连勃勃之父。

359 年，刘悉勿祈去世，刘卫辰杀刘悉勿祈之子，自己即位。在什翼犍时代，刘卫辰既接受前秦苻坚的西单于、左贤王的册封，又依附拓跋氏的代国，并娶什翼犍的女儿为妻。刘卫辰曾与右贤王曹毂举兵进攻前秦，被前秦将军邓羌生擒后投降前秦，反过来又进攻其岳父什翼犍的代国。在 376 年的前秦灭代之役中，刘卫辰率所部为前秦向导。

独孤部本属入塞北狄十九种之一的屠各，其首领刘路孤归附于代王郁律，并一度与郁律共同驻牧于东木根山。刘库仁的母亲是拓跋郁律的女儿，自此以后，独孤部与拓跋皇氏世代通婚。刘库仁也娶了拓跋氏的宗女为妻，而建立北魏的拓跋珪，其皇后刘氏是刘库仁之弟刘眷的女儿。

刘卫辰与刘库仁之间矛盾很深，苻坚任用两人分管拓跋部的故地，是为了让两人相互牵制，相互制约；同时，将拓跋珪等有资格继承拓跋氏首领地位的拓跋家族成员迁走，以免其联络旧部，东山再起。有的学者还认为，苻坚还对拓跋部采取了离散部落政策，打破其原有的部落组织。通过这一系列措施，苻坚认为可以完全控制拓跋部的故地了，加上以后又将注意力转向征伐东晋，统一全国，也就没有再关注这一地区形势的变化。

实际上，拓跋部在代北经营已久，与塞外各部落都有着千丝万缕的联系，就是分统拓跋故地的刘卫辰与刘库仁，也都与拓跋部有着姻亲关系。苻坚并未从根本上消除拓跋部在代北地区的影响，这就埋下了淝水之战后拓跋珪复国的种子。

鲜卑人的历史并没有随着代国的灭亡而湮灭在岁月的长河中，这是一个永不言败的民族，亡国的阵痛无法破碎他们坚强的内心；同样这也是一个英雄辈出的时代，历史给了他们一颗新的希望之星。

二、北魏平城时代：拓跋珪的早期统治

重新建立拓跋鲜卑政权并开创北魏王朝的拓跋珪，在拓跋氏系谱中的地位十分尴尬。他是拓跋什翼犍的嫡长子拓跋寔的遗腹子，在他出生之前，他的生父拓跋寔就已经去世了。他的生母贺氏按着鲜卑人“接续婚”习俗改嫁，但改嫁的对象却令中原汉人觉得极难接受，这就是拓跋寔的父亲什翼犍，也就是儿媳在儿子去世后改嫁给了老公公。由于其生母的这一层婚姻关系，后人也说不清，拓跋珪究竟应该算是什翼犍的儿子还是孙子。

传说拓跋珪很小的时候就已经显得与众不同。他出生时，体重比平常的婴儿重一倍，很早就会说话，宽额大耳，眼睛炯炯有神，因而深得什翼犍的喜爱。代国被前秦灭亡时，拓跋珪年仅 6 岁。据李凭先生的研究，在代国灭亡以后，拓跋珪以及他的母亲贺氏被前秦强制迁往长安，后来又从这里被流放到蜀地。不过由于史书记载的残缺，对于拓跋珪早年的这段经历，我们已经无法知其

究竟了。

后来，拓跋珪与母亲投靠了刘库仁。刘库仁对拓跋珪关怀备至，并常对诸子说："此儿有高天下之志，必能恢隆祖业，你们应以礼待之。"

公元384年，在拓跋珪15岁那年，刘库仁被部将慕容文所杀，其子刘显自立为主。刘显一直嫉妒拓跋珪，早就想除之而后快，现在大权在握，便密谋要杀害拓跋珪。拓跋珪得到密报，与母亲贺氏商议，他们夜备筵席，请刘显赴宴，刘显早就对贺氏的美貌垂涎三尺，当晚喝得酩酊大醉，拓跋珪趁机轻骑逃往贺兰部，投奔舅舅贺讷。

贺兰部与独孤部有许多相似之处，同属于晋代入塞北狄十九种之一，自拓跋郁律之后，同与拓跋氏世代通婚，后来又同为北魏的勋臣八姓之一。什翼犍死后，诸部内乱，贺兰部的首领贺讷自立。拓跋珪的生母贺氏是贺讷的亲妹妹，这也是后来贺讷全力支持拓跋珪入主拓跋部的重要原因之一。

贺讷见拓跋珪少年老成，谈吐不凡，甚为喜爱，对他大力扶持，希望他能重整山河，再兴故土。而贺讷的弟弟贺染干却对外甥深得人心非常不安，想暗中派人杀掉拓跋珪，但受到姐姐贺氏阻拦。拓跋珪投在贺兰部的消息传出后，远近流散的旧臣相继来依附，诸部大人也纷纷请求贺讷，表示愿意拥戴拓跋珪为主，重兴代国，贺讷自然赞成，于386年正月在牛川（今内蒙古乌兰察布盟境内锡拉木林河）大会诸部，举行登基典礼，年号登国。灭亡了十多年的代国，在拓跋珪的领导下又重新崛起于北方。

不久，拓跋珪嫌牛川地处偏远，难有大作为，将都城迁至盛乐（今内蒙古和林格尔县），同年四月，拓跋珪改国号为魏，自称为魏王，史称北魏。

新兴的北魏政权仅仅是淝水之战后乘前秦控制力削弱而建国的几个鲜卑人政权之一。从当时的外部环境来看，拓跋氏的发展实在是不容乐观的。北魏四周强邻虎伺，北边有贺兰部，南边有独孤部，东边有库莫奚部，西边河套一带有铁弗部，阴山以北有柔然部和高车部，太行山以东和以西还有慕容垂的后燕和慕容永的西燕。处在夹缝中的北魏，为了生存与发展，只能进行对外扩张，增强自身实力。然而在拓跋珪发动大规模对外战争之前，内乱却在他即位不久就发生了。

内乱的原因仍旧是对最高统治权的争夺。公元 386 年五月，拓跋珪的叔叔、什翼犍的小儿子窟咄与独孤部的刘显勾结，企图取拓跋珪而代之，引起诸部的骚动。

在继承权问题上，拓跋部长期以来一直是兄终弟及与父死子继并行，拥有继承权的人选较多，又没有一种可以确定继承人次序的制度，也没有立储君的习惯，所以在权力交接之际经常发生内乱。拓跋珪与拓跋窟咄之争，不过是拓跋氏长久以来权力之争的翻版。

拓跋珪在慕容鲜卑建立的后燕的协助下，于同年十月，在高柳（今山西阳高县）大败拓跋窟咄。高柳战役的胜利使拓跋珪的王权得到了强化。

387 年，拓跋珪乘胜出击，打败独孤部刘显和刘卫辰两个部落，占领了从五原到固阳塞一带（黄河河套）的产粮地区；389 年，又征服了贺染干的贺兰部；391 年征服了占据河套以西的匈奴铁弗部。在短短几年，势力不断扩大，四周弱小部落如高车、柔然、库莫西等纷纷被兼并，俘获大量马、牛、羊等牲畜，成为塞外强国。

392 年，拓跋珪派自己的小弟弟拓跋觚出使后燕。有人认为，拓跋觚是拓跋珪的母亲贺氏改嫁什翼犍之后所生，他与拓跋珪是同母异父的兄弟，但他是什翼犍的亲儿子，从辈分上讲，也可以看成是拓跋珪的叔叔。因为后燕要求北魏进贡大量马匹，拓跋珪没能满足他们的要求，后燕竟将拓跋觚扣留在中山，致使拓跋珪的母亲贺氏忧愤而死，北魏与后燕的关系开始出现裂痕。

394 年八月，后燕慕容垂消灭了西燕，占有今山西中部和南部的大部分地区。这样，华北地区能与后燕争强斗胜的就只剩下北魏了。慕容垂感到拓跋珪是自己的威胁，决定要讨伐北魏，消除威胁。在灭亡西燕的第二年，慕容垂派太子慕容宝率领八万大军进攻北魏。

在此之前，曾经有后燕大臣建议慕容垂不要出兵北魏，认为一方面两国唇齿相依，而且北魏臣服于后燕，前两年将拓跋珪的弟弟扣留之事，本身就是后燕理屈；另一方面，拓跋珪沉勇有谋，不是等闲之辈，他在幼年时历经艰难，很有阅历，现在又兵精马壮，不宜对北魏用兵。对西燕战争的胜利冲昏了慕容垂的头脑，他根本听不进谏言，满以为这次同样可以一举消灭北魏。为了堵住其他大臣的劝谏，他罢了这位大臣的官。

慕容宝等率精骑八万，直趋河套，进攻北魏。这时的拓跋珪自知力量不足以直接与后燕对抗，因此率领部落畜产渡过黄河向西迁移。同时，拓跋珪派人在后燕军的后路劫持慕容垂派往前线的使者，使慕容宝不知道其父亲的消息。当时慕容垂年老有病，拓跋珪命令抓到的使者在黄河边大喊："你父已死，赶快回去吧！"慕容宝因为要急于回去继承帝位，同时也因为军队兵疲马困，军心动摇，于是下令撤兵。

当时黄河还未结冰，慕容宝以为北魏不能渡河，因此没有警戒。可是在十一月的一个夜里，突然刮起大风，一夜之间黄河冰冻。拓跋珪抓住时机，精选两万骑兵渡河。当燕军撤至参合陂时，拓跋珪向燕军发动了突然袭击。后燕军队仓促应战，顿时大乱，争相渡河逃跑，结果人马互相践踏，死伤无数。拓跋珪又在前边设下埋伏，结果燕军四五万人无路可走，均被俘虏，只有慕容宝单骑逃走。

拓跋珪本来想将被俘的燕军将士放还，以收买人心，但中部大人王建却说："燕国强盛，现在倾国而来，我们幸而大捷，不如将他们全部杀死，使燕国空虚，将来攻取容易，如果将他们放还，后患无穷。"于是，拓跋珪下令将被俘的燕军将士四五万人全部坑杀。这是十六国时期两军交战坑杀人数最多的一次。后来北魏进攻燕国时，中山等城坚守不降，与此有直接关系。

参合陂一战，基本消灭了后燕军队主力，改变了北魏与后燕军事力量的对比，是具有决定意义的一战。396 年三月，慕容垂亲率大军前来复仇，拓跋珪依然下令避其锋芒，率众退到阴山。后燕军队至参合陂，见去年燕军被杀者的尸骨堆积如山，军士皆号啕大哭，声震山谷。慕容垂因悲伤呕血发病。虽然后燕军一度攻下北魏平城（今山西大同市），但却始终未能找到与拓跋珪决战的机会，因慕容垂病势加重，燕军最后不得不主动撤退。慕容垂在归途中病死，从此，后燕在军事方面对北魏的弱势，再也无法挽回了。

公元 396 年七月，拓跋珪在盛乐称帝，改元皇始。在称帝仅一个月后，拓跋珪即乘慕容垂新死，后燕内部混乱之际，亲率大军四十余万进攻后燕。魏军势如破竹，夺取了后燕幽州、并州等大片土地。双方在中山僵持了近一年后，后燕最后的三个城市中山、邺（今河北临漳西南）、信都（今河北冀州市）被占领，后燕灭亡。自 386 年复建代国到 397 年消灭后燕，拓跋珪在短短的十年中，将北魏发展成中国北方除山东的南燕和东北的北燕之外，与东晋王朝南北对峙的一个最强大的王朝。

在消灭后燕的第二年，拓跋珪迁都平城，从此开启了北魏的平城时代。拓跋氏的统治中心进一步向中原地区靠近，在其统治区内，农耕经济也得到比较大的发展。依托着这一游牧区与农耕区的过渡地带，北魏农牧并举，一方面将汉人迁往“大后方”，对他们实行“计口授田”，劝课农桑；一方面也大力发展本族的游牧经济，经济实力迅速增强。在政治上，拓跋珪下令“离散诸部，分土定居，不听迁徙”。使原来游牧的拓跋部和其他少数族部落离散，转化为封建社会组织，开始建立起比较完备的封建政权。同时，有鉴于拓跋氏一直不存在明确的继承制度，每逢权力交接之际必然出现内乱的教训，自小在中原地区生长、了解中原王朝的统治制度的拓跋珪决定，模仿中原的立储君制度，在自己生前就确定继承者，以免重蹈覆辙。

汉族建立的王朝自很早的时候起就已经形成了立嫡长子为储君的制度，有所谓“立嫡以长不以贤，立子以贵不以长”的说法。意思是，确立储君首选正妻，也就是皇后所生的儿子，如果皇后生有不止一个儿子，要以年龄为序，立年长者；如果皇后无子，不得不在诸位妃子所生的儿子中选立储君，那么，要以其生母的地位为序，立其生母地位比较高的皇子，而不必是最年长的皇子。在这种制度中，继承者是否贤能是不在考虑之内的。如果以贤能为标准，就会具有一定的主观性，很难完全具有排他性，可供选择的继承者不是唯一的，必然导致对继承权的争夺。而按照上述原则，可以明确所有皇子的继承次序，消除绝大多数皇子对皇位的觊觎。拓跋珪也开始按照这个思路来考虑自己的继承人问题。

在早年，代国宫中有一个祖上传下来的规矩：皇后的候选人必须亲手浇铸一个铜人，能铸成，说明受天命所托，可立为后；铸不成，则没有立后资格。拓跋珪因为害怕以后太子年幼，太后扶植外戚，把持朝政，会危害国家，规定：立太子时，先要杀死太子的母亲。

拓跋珪 13 岁时，娶独孤部刘库仁的侄女刘氏为妻，刘氏生有华阴公主和后来的明元帝拓跋嗣。刘氏因为没能铸成铜人，故未能成为皇后。在生下拓跋嗣不久，拓跋珪诏立拓跋嗣为太子，同时赐刘氏即日自尽。

太子拓跋嗣 11 岁时被封为齐王，拜相国位，加车骑大将军。知道因为自己被立为太子，反使母亲惨死，拓跋嗣十分悲痛，昼夜哭泣，不肯吃饭睡觉。拓跋珪知道后，将拓跋嗣召来对他说："我这是效仿汉武帝，不让妇人参与国政，以免外戚叛乱。你将来要继承我的基业，这也是为你以后的统治做长久打算。"但拓跋嗣回到宫中，还是日夜哭泣。拓跋珪知道后非常生气，又要召见他，拓跋嗣左右侍从劝他说："现在皇上盛怒之下，你去了或许有意外，纵然殿下不怕死，但皇帝真打死殿下，会受天下人责备，说他不慈爱，难道殿下想让自己的父亲背上这种坏名声么？不如外出躲避一段时间，等皇上消了气再回来也不迟。"拓跋嗣觉得很有道理，就微服逃走了。

太子逃离宫中后，拓跋珪心情很不好，只能另立太子，新的太子人选是清河王拓跋绍。拓跋绍的母亲来自贺兰部，是拓跋珪母亲贺太后的亲妹妹。拓跋珪年轻的时候在贺兰部见到她，当时一见钟情，想纳她为妃，不想贺氏已经有了丈夫。当时鲜卑人在婚姻上没有什么辈分的忌讳，娶自己的姨母是很正常的事情，但拓跋珪的生母贺太后觉得女人太美丽不是好事，何况她已经有了人家，娶回来恐怕不是个好兆头。拓跋珪却并不在乎这些，他暗地里派人杀死了贺氏的丈夫，把她迎进宫中。只是贺氏也没能铸成铜人，所以只被封为夫人。

不久贺氏生下拓跋绍，可惜拓跋绍既不聪慧，又不勇猛，每天无所事事，在街上闲逛，还养了一批地痞流氓，专事打劫，混吃混喝，俨然京城一霸。因为是皇子，谁也不敢惹。后来闹出了人命，传到拓跋珪耳里，拓跋珪被气得火冒三丈，亲自动手，狠狠鞭打了拓跋绍一顿。打完还不解气，又把拓跋绍捆住，倒吊在井中，准备吊死。贺氏百般哀求，直到叩头流血，拓跋珪才放了拓跋绍，经过这次教训，拓跋绍表面上老实许多，心里却对父亲异常仇恨。

拓跋珪晚年的时候经常服用五石散，期望长寿成仙。五石散是用紫石英、白石英、赤石脂、钟乳石和硫黄等五种矿物质制成的一种有毒方药，故称五石散，因服此药者宜吃凉食，又称寒石散。相传其方出自东汉张仲景，三国时曹魏名士何晏始服此药，觉得不但能治病，而且神明开朗，传说还能美容养颜、延年益寿，魏晋时士大夫纷纷效仿，遂成风气。早年的拓跋珪是在一位道士指导下服食，所以副作用并不明显，后来这位道士仙逝，拓跋珪不懂药性，因此出现了中毒症状。在毒性发作时，拓跋珪性情异常狂躁，喜怒无常，往往几天不吃饭，几夜不睡觉，独自对着墙壁自言自语。他常常担心别人觊觎皇位，图谋不轨，猜忌臣下对他不忠。朝臣言辞失措，举步不正，颜色变动都会被认为是有坏心，甚至亲自加以击杀，将死者陈尸天安殿前。如果他忽然想起某位大臣的过失，就会马上将其推出斩首，弄得朝廷人心惶惶，群臣均有朝不保夕的感觉，气氛十分紧张。到后来，拓跋珪已完全精神失常，疑心病越来越重，往往因为一点小事，就以莫须有的罪名处死大臣。北部大人贺狄干长期被囚禁在后秦，回到平城后，拓跋珪见他穿着秦人的衣服，说话有秦人的口音，便认定他是仰慕后秦，将贺狄干连同他的弟弟一起杀了。他好乘人力辇车，乘车时手持宝剑，从后面敲击拉车人的头部，死一人换一人，有时一天因此而死掉几十人。

一日，拓跋珪在后宫看见贺氏觉得不顺眼，就狠狠打了一顿，并叫人把她关起来。贺氏不甘于坐以待毙，悄悄派人找到拓跋绍，让他想办法救自己。拓跋绍早就对父亲怀恨在心，现在哥哥又逃走，如果拓跋珪死了，正可乘机登基做皇帝。

拓跋珪越是杀人，就越担心别人会谋害他，所以经常改变住处，就连亲信大臣都不知道他的寝宫，只有一个叫万人的宠姬知道，而万人又恰与拓跋绍私通。于是当晚拓跋绍带人翻墙进宫，以万人为内应，冲进拓跋珪的寝宫，拓跋珪从梦中醒来，还没有来得及找到武器，就被杀死了。这时是公元 409 年的十月，拓跋珪死时只有 39 岁，英雄一世的拓跋珪不明不白地死在了自己儿子手下。

得知父亲被害的消息，拓跋嗣立即回到平城，联络诸大臣杀死拓跋绍，平息了叛乱，登基继位称帝，这就是明元帝。423 年，拓跋嗣病死，其长子拓跋焘继位。

太武帝拓跋焘是一个颇有武功的皇帝，431 年灭掉匈奴赫连氏的大夏，436 年灭掉北燕冯氏，439 年灭掉割据河西的北凉沮渠氏，最终完成了对黄河流域的统一，结束了中国北方长达一百多年的分裂局面，与江东的刘宋王朝对峙，形成南北朝格局。449 年，拓跋焘又亲率大军击败北方的柔然，将他们赶到漠北，消除了柔然长期以来对北魏的威胁。此时北魏的疆域北至大漠，西至今新疆东部，东北至辽河流域，南至江淮一带。除吠哒外，鲜卑诸部全都处于北魏的统治之下，在拓跋部的领导下，鲜卑各部间的差异在缩小，逐渐形成一个统一的鲜卑族。

可是，拓跋焘却在452年被自己宠信的宦官宗爱暗杀了。

关于宗爱的出身我们现在还搞不清楚，只知道他是在拓跋焘南征以后逐渐得到了拓跋焘的信任。由于受到太子拓跋晃的申斥，宗爱担心拓跋晃将来继位于己不利，就不断地在拓跋焘面前诬构太子，盛怒之下，拓跋焘将太子的亲信道盛、任平城以及太子的下属官员数十人一齐处死。拓跋晃忧惧而死，年仅24岁。不久后，宗爱发现拓跋焘很为此事后悔，怕他追究自己的责任，索性乘一次拓跋焘酒醉之机，杀死了他，立其子拓跋余为帝，自己独揽大权。仅仅十个月之后，宗爱又杀掉了拓跋余，意图另立新君，却被源贺等人先下手杀掉。源贺等拥立前太子拓跋晃之子拓跋浚即位。北魏再一次因为权力继承问题产生动荡，似乎继承权问题又要成为笼罩在拓跋人头上不散的阴云。拓跋浚本人对北魏的历史建树不大，但他的即位却使号称“千古第一后”的文明太后走上了中国历史舞台。

三、赐死太子：拓跋宏锐意推进的汉化改革

在宗爱之乱中，拓跋浚在乳母常氏的保护下得以幸免，即位

后，拓跋浚封常氏为皇太后，事之如生母。乳母竟然成为太后，这在中国历史上是前所未有的奇闻。正是在常太后的干预下，后来的文明太后冯氏才得以成为拓跋浚的皇后。

文明太后冯氏是北燕主冯弘的孙女，但她出世时，北燕已经被北魏灭掉好几年了。冯氏的父亲冯朗在北燕时因担心受到继母慕容氏的迫害而逃到北魏，在冯氏出生后不久，冯朗因罪被杀，冯氏也因此沦落为北魏宫中的婢女。13 岁的拓跋浚成为北魏的皇帝之后，年仅 11 岁的冯氏被立为贵人，她的生活自此发生了根本性变化。由于常太后祖籍辽西，与冯氏既是同乡，又都是北燕之后，所以对她格外照顾，冯氏在 14 岁时就被册封为皇后，打破了汉人不可以做皇后的北魏祖制。

拓跋浚 26 岁时去世，其 12 岁的儿子拓跋弘即位。北魏皇帝与皇子结婚和生子年龄之小，是中国其他朝代所无法相比的。南北朝时期也是中国历史上婚龄最低的时期，有学者研究，这与战乱年代人口的高死亡率有着直接的关系。

拓跋弘的生母李氏早在其被立为太子之后，即依照“子贵母死”的北魏规制被赐死，他是在冯氏的抚养下长大的。冯氏设计除掉了控制朝政的权臣乙浑，临朝称制，从此成为北魏实际上的统治者。

冯氏青春守寡，耐不住深宫寂寞，在掌权之后时常选美男入宫相伴，据说协助冯氏开始北魏政治改革的李冲，最初也是作为冯氏的情人而得到冯氏信任的。对此拓跋弘深为不满，最终找借口杀了冯氏最相好的情人李弈，这成为母子反目成仇的导火线。在冯氏的逼迫下，拓跋弘不得不在18岁的时候让位给他年仅5岁的儿子拓跋宏，成为中国历史上最年轻的太上皇。冯氏以太皇太后的身份再一次临朝执政。退位成为太上皇的拓跋弘不甘心放弃手中的权力，他不仅仍旧时常发布诏书干预朝政，甚至还亲自领兵出征，因此，最后被冯氏毒死。

虽然私生活不大检点，但冯氏执政期间进行的一系列政治改革，如推行均田制、三长制和租庸调制度等，保证了北魏朝廷的租税收入和徭役征发，使北魏的国力稳步增强。经过这一系列改革，拓跋鲜卑建立的北魏最终摆脱了游牧生活的影响，开始成为典型的中国式的封建王朝。也正是这一系列改革，使拓跋氏的政权获得了中原汉族士大夫的认同，使之能够在中原地区存在下去，并被认为是中国正统王朝之一。490年九月，冯氏病逝后，拓跋宏亲政，这就是中国历史上非常有名的北魏孝文帝。

由于冯氏长期的熏陶，拓跋宏从小就受汉文化典籍和儒教礼仪的教导，他以后改革旧俗，实行汉化，都与秉承祖母的教导分不开。拓跋宏认为，在冯太后以前的北魏君主只晓得用兵打仗，不知道振兴文教，他要遵照文明太后的教诲，沿着她开创的文治道路，把改革进一步延续、深化下去。

孝文帝亲政后办的第一件大事，就是把都城从平城迁到洛阳。

北魏自398年定都平城，到孝文帝时期，已经有近百年的时间，平城再也难以适应形势发展的需要。从地理上看，平城地处偏远，不是全国的地理中心，不便于统治中原地区；从经济上说，平城地处雁门关以北，气候寒冷多变，土地贫瘠，多发灾荒，粮食供应经常发生困难；从军事上说，在统一了北方以后，北魏的战略方针已经转向南方，需要充分利用中原地区的人力物力，平城地处北方边境地区，不具备向南开拓的战略条件；从政治上看，北魏统治者要实行汉化政策，实现与汉族地主的进一步合作，必须离开鲜卑守旧势力的集中地。而洛阳地处黄河、洛水之间，社会经济、文化均很发达，且交通便利，迁都于此，便于加强对中原地区的控制，进而攻伐江南，统一全国。由于上述原因，孝文帝亲政以后便下决心迁都洛阳。

但是，迁都洛阳是牵系着鲜卑贵族利益的大事，他们贪恋旧土，难舍在故土的既得利益，如果贸然行事，必然会遭到鲜卑保守势力的群起反对，于是孝文帝制订了一个周密计划。

孝文帝劝说鲜卑大贵族们："我贵为天子，稳坐平城多好，何必长途劳顿！迁都洛阳，还不是叫我们鲜卑人的子弟到那里增长见识，征灭南齐，打下一统江山！如果不迁都，我们在这里孤陋寡闻，子弟们像面对墙壁站着一样，什么也学不到，什么也不懂，怎能实现祖宗的创业大计！"但反对者仍然很多。

493 年九月，孝文帝以南伐为名，亲率三十万大军南下，特命鲜卑旧贵族随行。当时正是秋雨连绵，道路泥泞，大军行进不便，当三十万大军开进到洛阳之时，众人无不兴奋以极，认为可以好好歇歇。鲜卑旧贵族长期居住北方，气候干燥，忍受不了雨淋风侵，加上长途行军，已是人困马乏，疲惫不堪。然而孝文帝却下令：“继续南下，不得停歇！”

众人一听，吃惊不小，李冲等人跪在孝文帝的马前，请求孝文帝停止南伐。孝文帝见此情况，大怒道：“南伐是祖宗既定的大业，现在几十万大军正在冒雨行进，还没到前线，你们却贪生怕死，畏缩不前，谁再阻挠南伐，我将按祖宗之法治罪！”说话间，孝文帝继续催马前进。

这时众将士、臣子齐跪在马前，哀求道：“恳请陛下罢兵。”孝文帝见时机成熟，大家已中了圈套，趁势下马，训斥他们说：“现在我们兴师动众，率三十万大军南下伐齐，如果无功而返，何以见世人？朕世代深居朔北，早想南迁中原，如果依照众卿之意不再南伐，那么就该迁都于此，众卿意下如何？我们以洛阳为京城，可以等待时机，继续南伐，完成祖宗大业。”这样一说，群臣也就只好答应迁都洛阳了。

孝文帝一方面于 494 年正月发出诏书，把迁都洛阳的决定通知各地，造成大势所趋、圣命难违的局势；另一方面亲自回平城做工作，终于在次年九月，将六宫及文武大臣，全部迁到了洛阳。至此，孝文帝运用自己的聪明才智，以非凡谋略轻而易举地实现了迁都这一保守势力本来会全力阻挠的大事。

迁都洛阳并不是最终目的，为了进一步缩小民族界限，取得汉族地主阶层对鲜卑人政权的支持，孝文帝开始强力推行汉化政策，在政治上实行了一系列改革措施。

首先，孝文帝对官制进行了改革。他重用来自南朝的世族大地主王肃，参考魏晋南朝的制度，对北魏的官制、军号进行改革，使北魏政权组织进一步汉化。在任用官吏时，赏贤任能，重视汉族人才，凡有才能的人，不论其出身、民族、门望和地域都可以得到重用。

其次，孝文帝下令禁止官员在朝廷上使用鲜卑语，一律改为汉语。因为鲜卑语是统治民族的语言，朝廷上原来是鲜、汉语杂用的，为了方便各民族之间的沟通，利于鲜卑人学习汉人的文化典籍，定都洛阳后，孝文帝下诏宣布“不得以北俗之语言于朝廷，若有违者，免所居官”。由于在具体实施上存在一定难度，又做了一些调整，以 30 岁为界，凡 30 岁以下官员在朝廷上必须说汉语，30 岁以上不能改变的，并不强求。于是，南迁的鲜卑人都学起汉语，逐渐消除了语言上的民族隔阂。

再次，在服饰方面，规定服装一律依汉制，禁止穿传统的胡服。鲜卑族久居北方，以狩猎为生，男人编发左衽，女人则穿夹领小袖短袄，头戴小帽。现在满口汉话的鲜卑人如再穿这种衣服，明显不协调。着装的改变，适应了中原的社会环境和生活方式，也消除了在服饰上的民族隔阂。

对于人们生活习惯的改变，行政命令虽然具有一定的强制力，但在人们的心目中，叶落归根，死后回到朔北、归葬祖宗的身旁仍是人们魂牵梦萦的愿望。这种思乡情结虽然情有可原，但却涣散人心，严重影响孝文帝汉化改革的实施。鉴于这种情况，他又做出规定："迁到洛阳的鲜卑人一律以河南洛阳为籍贯，死后葬于洛阳北边的邙山，不得北迁。"于是原鲜卑"国人"都成了"河南洛阳人"。孝文帝是想用此方法彻底断绝鲜卑贵族回归故土的念头，死心塌地地学习汉文化。

为了使本民族与汉族更为接近，孝文帝决定将鲜卑复姓改为汉族单姓。源出游牧民族的拓跋鲜卑族多为复姓，如拓跋、独孤、步六孤等，与汉族不同，标志着民族差异，不利于胡汉贵族合作，于是孝文帝诏令鲜卑族的118个姓氏，统统改为汉姓，如达奚改姓奚，独孤氏改姓刘，贺楼氏改姓楼，步六孤氏改姓陆等。孝文帝说，北魏的祖先是黄帝的子孙，在"五行"中为土，土是黄色，是万物之元，所以将拓跋氏改姓元，他的名字也改为元宏。

孝文帝又采用了魏晋以来十分盛行的门阀制度。鲜卑人本无族姓，唯以部落名称相互辨识，而北方汉族世家大族习惯以族姓、地望相标榜，两者间不同的文化价值观念使他们很难迅速结合在一起。孝文帝诏令依据鲜卑贵族祖先在原拓跋鲜卑部落联盟中的地位，以及北魏政权创立以后的任官情况制定族姓，分别门第。高者为姓，低者为族，给予鲜卑权贵穆、陆、贺、刘、楼、于、嵇、尉八姓与汉族清河崔氏、范阳卢氏、赵郡李氏、荥阳郑氏及陇西李氏相同的地位。其实质是使门阀化了的鲜卑贵族与汉族士族合流，以便消除民族矛盾，加强交流与合作。

最后，孝文帝还积极推动鲜卑族与汉族通婚，并且以身作则，最先与汉族地主通婚，娶李冲的女儿为夫人，又把汉族大姓卢敏、崔宗伯、郑羲、王琼的女儿纳入后宫为妃，还给他的弟弟们各娶了个汉族妻子。在他的带动下，鲜卑贵族们也纷纷与汉族权贵通婚。通过联姻，孝文帝把鲜卑贵族与汉族大地主的利益紧密联系在一起，促进了各民族的融合，同时也使汉族的权贵阶层更加忠诚地为北魏王朝效劳。

政治改革就是一场斗争，不可避免地会受到来自各方面的阻力。孝文帝迁都洛阳，改变鲜卑人多年的生活习惯，一直遭到保守势力的强力反对，而他重视任用汉族人才，更使一些鲜卑贵族产生了失落感。随着汉化改革的深入，抵抗情绪越来越严重，孝文帝坚定不移地推行鲜卑汉化改革，以强有力的手段，严厉打击保守势力，维护改革成果。

孝文帝诏令鲜卑人讲汉语，许多大臣反对。尚书仆射李冲说："四方之语，种类很多，哪有什么谁是谁非，应以皇帝讲的语言为正统，何必改旧从新呢。"孝文帝严厉地斥责他说："你身为国家重臣，竟然说出如此守旧之言，实在辜负了我对你的信任，应受惩处！"吓得李冲赶忙请罪。孝文帝如此认真的态度，镇住了反对讲汉语的大臣们，使朝廷上下统一了认识。

对于反对改革、阴谋造反的，无论是恩人还是亲人，都坚决予以镇压。尚书右仆射穆泰，贵为驸马都尉。孝文帝初立时，冯太后曾想废掉他，多亏穆泰竭力劝阻，孝文帝的皇位才保住。但是，穆泰坚决反对迁都，借故返回平城，煽动一批官员另立新君。孝文帝知道后十分愤怒，立即派得力大将元澄带兵前往镇压，穆泰就擒，其他党羽也皆入狱。

鸩杀元恂是和保守势力尖锐较量的又一事例。元恂是孝文帝的长子，被立为太子，但不爱读书，不明大理，又因为长得膘肥体胖，受不了洛阳的炎热、潮湿气候，整日东游西荡，说洛阳不如平城干燥凉爽，散布对迁都的不满言论，迎合了很多人念旧思故的心理。虽经孝文帝多次说教，仍不悔改。496 年乘孝文帝出行嵩岳之机，元恂竟勾结反对迁都洛阳的反对派，密谋率先返回平城。孝文帝在前往嵩山的路上听说后，气得脸色发白，想到太子竟然不支持自己的事业，那么太子即位后，所有的改革成果都将化为乌有，不禁一阵心寒。于是孝文帝立即回京，把元恂召进宫里，不顾朝廷重臣的劝解，将元恂痛打一顿，并取消太子称号，囚禁于后宫，后又派人用毒酒将他处死。

孝文帝以赐死太子为代价，稳定了洛阳的局势，展现了维护改革成果的决心，确保了迁都、汉化政策的贯彻执行。

孝文帝推行的汉化改革，缓和了当时的阶级矛盾和民族矛盾，加快了以鲜卑族为中心的北方各民族的封建化进程，促进了北方各民族的大融合，使社会的政治、经济、文化都有了一定的恢复和发展。但是，孝文帝虽以强制的方式让迁居洛阳的鲜卑人完全接受了汉文化，地处偏远的平城及其以北，即六镇地区的鲜卑族人的汉化过程却是极其缓慢的。孝文帝推行的士族门阀制度不仅使洛阳的鲜卑将士对新出现的门阀士族深怀不满，而且增强了北镇将士因丧失昔日政治地位对洛阳政权的离心力，这成为北魏末年大动乱的一个重要原因。

四、“六镇”：无法调适的文化裂变

公元 499 年，孝文帝亲率大军抵御南齐大将陈显达的进攻，虽然取得了胜利，但这位伟大的改革家也在回师途中病死。正在进行的改革戛然而止，又一个乱世开始了。

孝文帝死后，其子元恪继位，是为宣武帝。宣武帝继位时，年仅 10 岁，外戚高肇专权，大肆屠杀宗室诸王，北魏统治阶层内部又开始出现裂痕。此后登上皇位的是年仅 6 岁的孝明帝元诩。元氏宗室诸王在任城王元澄的策划下，谋杀了权臣高肇，由孝明帝的母亲、太后胡氏临朝听政，这就是北魏历史上另一位非常有名的太后——胡太后，也称灵太后。

在“子贵母死”制度下，太子的生母会被赐死，因此六宫嫔妃暗中都向天祈祷，但愿生诸王和公主，却不愿生子为太子。胡氏妊娠期间，后宫中与她要好的妃嫔劝她服药堕胎，因为皇帝还没有儿子，如果胡氏生的是男孩，一定会立为太子：“生儿居长，必为太子，而生母则必死无疑！”但胡氏不为所动，不久果然生下一个男孩，也正是这个男孩成为胡氏登上北魏政权舞台的资本。虽然有学者研究，但到现在我们也搞不清楚，是什么原因使胡氏躲过了被赐死的命运。

灵太后执政期间的功过是非很难论定，但其私生活的淫乱却是在中国历史上非常出名的。武都人杨白花，容貌俊美，勇猛雄伟，在灵太后的威逼下，不得不做了她的情人。后来杨白花率其部逃往南朝。灵太后思念不已，为此作《杨白花歌》，常常让宫女们在宫中演唱：

阳春二三月，杨柳齐作花。
春风一夜入闺闼，杨花飘荡落南家。
含情出户脚无力，拾得杨花泪沾臆。
秋去春来双燕子，愿衔杨花入窠里。

宫里经常演唱太后思念情人的情歌，这恐怕在中国历史上是绝无仅有的。

在灵太后执政期间，北魏的吏治迅速腐败。当时的吏部尚书元晖公开卖官，大郡主官可卖到2000匹绢，小一点的郡价值1000匹，最差的也能卖到500匹。元晖的“生意”做得太好了，连吏部都被当时人称作“市曹”，即卖官的“市场”。因为“供不应求”，所以吏部加快了地方官吏的更换速度，逼得这些买到官的人一到地方上就拼命捞钱——动作慢了可收不回成本。

有位在齐州任刺史的宗室元诞，颇有些不务正业。一日他问外出采药归来的和尚：“外面有什么消息啊？”和尚是出家人，不敢打诳语：“都说您很贪，希望您早点被朝廷撤换掉……”元诞先生大感不平：“其实俺是很本分的啊。齐州有七万户居民，我就任以来，平均一户还没有刮到三十文钱，怎么能算是贪呢？”

在此期间，北魏各地水灾、旱灾、瘟疫、地震等灾害年年不断，人民流离失所，到处发生叛乱和起义。但真正促使北魏王朝走向灭亡的，却是来自塞上的“六镇之乱”。

“六镇”，是指北魏初年为防御柔然，在北方边境一带设立的六个军镇，包括沃野镇（位于今内蒙古五原西北）、怀朔镇（今内蒙古固阳西南）、武川镇（今武川）、抚冥镇（今内蒙古四子王旗东南）、柔玄镇（今内蒙古兴和西北），以及怀荒镇（今河北张北），统称“北镇”集团。

在民族性质上，整个北镇集团，是一个鲜卑化的集团。因为自从孝文帝迁都洛阳，实行汉化政策以来，汉人和鲜卑人的划分，并不是根据民族来进行的，而是根据汉化还是鲜卑化来进行的。在北方边境长期居住的鲜卑人、汉人、铁勒人等，由于具有明显的鲜卑化性质，在文化上与洛阳的汉化集团形成了鲜明的对比。

北魏初期，由于当时的六镇负有拱卫平城的重任，故得到统治者的特别重视，出任镇将的都是朝廷亲贵，配属的军官也都是鲜卑贵族，不仅享受极其优厚的待遇，而且升迁的机会也很多，贵族子弟都愿意到六镇去从军。

但是随着太武帝拓跋焘击破柔然，原来为防范柔然而建立的边镇失去了原有的价值，军事地位一落千丈。到孝文帝迁都洛阳，北镇集团连守卫都城的职能也丧失了，更加得不到朝廷的重视，真正成了北魏王朝的“弃儿”，前往六镇的将士，不再是贵胄子弟，而是一群群被发配边疆的犯人，一些照顾性的政策也相继取消，边镇将士们的社会地位日渐低下。

同时，由于北魏统治阶层的汉化，鲜卑人开始受到汉族门阀政策的影响。北魏的政坛也开始讲究出身家世。让六镇将士感到不平的是，本来同出一族，留在京城的人就可以保留贵族大姓的地位，而戍守边疆的人连入朝当官的资格都没有。

此外，孝文帝的汉化改革也远没有影响到六镇，这里仍然保持着原有的胡族风格，对洛阳的汉化改革保持着根深蒂固的仇视与偏见。这就使得未来的动乱，不仅是一次自下而上的革命，更是一次胡汉文化的剧烈冲突。北魏就在这场无法调适的文化裂变中走向了灭亡。

523 年，柔然发生严重的灾荒，其可汗阿那瓌向北魏请求援助未得到满足，于是亲率三十万部众攻入怀荒等镇，虽然在遭到北魏反击后退走，却掳走北魏军民两千余人，牲畜数十万头。边镇民众遭此劫掠，无以为生，只得求怀荒镇将武卫将军于景开仓放粮赈济。但是于景拒绝放粮，被愤怒的镇民杀死。同年四月，匈奴人破六韩拔陵在沃野镇的高阙戍聚众发动起义。破六韩拔陵是鲜卑化的匈奴人，他的起义得到诸镇胡汉军民的响应。在杀了沃野镇将后，破六韩拔陵改年号为“真王”。随后，破六韩拔陵率领着对汉化具有极大敌视情绪的北镇集团军民开始向南方进军。

次年五月，破六韩拔陵在五原（今内蒙古包头市西北）大败临淮王元彧。随后，又在白道（今内蒙古呼和浩特市西北）打败了前来镇压的安北将军李叔仁。北魏皇帝罢免了临淮王元彧的官爵，另派尚书令李崇为大都督前来镇压。这年七月，李崇部下抚军将军崔暹在白道与破六韩拔陵相遇，结果全军覆没。一时间破六韩拔陵声势大振。北魏王朝再次罢免了李崇的统帅官衔，改由广阳王元渊统率前去镇压。

元渊将军队驻扎在五原城中，不敢和破六韩拔陵交战。他的部将于谨建议采取怀柔政策："让我奉大王的威名，前去离间他们的首领，讲清祸福，也许能招降一些人。"于谨祖上是北边镇将，熟悉胡汉风俗，通晓各族语言。在得到元渊的允许后，他单骑来到叛离的西部高车部落，晓之以理，动之以情，游说其酋长乜列河。在他的劝说下，乜列河终于同意率部众三千余户南投元渊。元渊知道后甚为欢喜，本打算亲自率兵北上折敷岭（今内蒙古和林戈尔北）迎接乜列河，但被于谨阻止。据于谨估计，乜列河的南归，必然会引起破六韩拔陵的愤怒，他一定会派兵追击，魏军正可趁此机会，以乜列河为诱饵，设伏等待破六韩拔陵。果然，破六韩拔陵闻知西部高车归服北魏后，引兵追击南下途中的乜列河部落，结果被元渊、于谨的伏兵打得大败。同时，柔然可汗阿那瓌也在北魏的引诱下，率军帮助北魏军队，大败破六韩拔陵，击杀其大将孔雀等人。破六韩拔陵屡遭败绩，为躲避柔然的攻击，渡黄河欲南下，最终在折敷岭中了元渊军的埋伏，因断粮而失败，破六韩拔陵本人战死。北魏前后招降拔陵起义军二十余万人。

此次六镇起义虽被镇压，但是北魏并没有处理好这二十余万降众，只是随随便便将他们分散安置于冀（今河北冀州市）、定（今河北定县）、瀛（今河北河间市）三州“就食”。冀、定、瀛三州，历来是世家豪族集中的地区，根本容不下这二十余万降众，加之这里连年灾荒，百姓自己生存尚有问题，突然涌入这么多北方鲜卑人，社会矛盾更加激化。

525 年八月，柔玄镇兵杜洛周率六镇军民在上谷再次起义，沿用破六韩拔陵的“真王”年号，起义军迅速发展到十多万人。次年一月，怀朔镇兵、丁零族人鲜于修礼也在定州左人城起义，改元“鲁兴”。这支军队也快速发展到十多万人。两支义军在河北相互呼应，很快就占领了河北许多州县。但是不久，鲜于修礼被手下将领元洪业所杀，元洪业随即又被另一员大将葛荣所杀。葛荣原是怀朔镇军官，他接手鲜于修礼军后，拉拢当地的世家大族和地方豪强，对他们封王拜相。但是在对待民族关系上，葛荣却挑拨鲜卑族与汉族的关系，使当时出现了“欺汉儿”现象。实际上这还是两种文化无法调适的表现。

526 年九月，葛荣以轻骑偷袭，在博野（今河北蠡县）白牛逻击溃了北魏王朝的主力军，大将章武王元融被杀。元融战死后，在镇压破六韩拔陵起义中具有决定性作用的就剩广阳王元渊，可是他因惧怕葛荣的威力停军不进，遭到朝廷的猜忌，被怀疑要谋反。他的谋士于谨甚至莫名其妙地被朝廷悬赏通缉。为了辟谣，于谨亲自前往京城洛阳解释。但是不久后，葛荣即在定州府击杀元渊。于是葛荣自称天子，国号“齐”，建元“广安”。

葛荣率起义军势如破竹，锐不可当，527 年，又攻下了殷州（今河北隆尧东）、冀州，随后袭杀杜洛周，吞并了杜的部队，攻占了冀、定、瀛、殷等五州之地。这时葛荣部众号称百万。但是，由于葛荣的部队保持着胡族风气，在攻克城池后，习惯于搞屠杀，因此他虽然纵横河北，却得不到汉族世家地主的支持，始终没能建立起自己的根据地。

就在葛荣纵横河北之时，北魏朝廷中又出现了政变。随着魏孝明帝日渐长大，开始不满胡太后的大权独揽，二者就最高权力的归属发生了一系列争执，最终发展到不可调和的地步。528 年年初，孝明帝驾崩。对于孝明帝的驾崩，有人说是被灵太后胡氏毒死的。孝明帝死后，灵太后先是以孝明帝刚出生的女儿冒充儿子立为皇帝，后又改立 3 岁的小男孩元钊为帝。但先前得到孝明帝密诏，举兵进京勤王的契胡部第一领民酋长尔朱荣并没有停步，而是在“清君侧”的旗号下，继续向京城进发。

尔朱荣是北秀容（今山西朔州）契胡人。契胡人是当时北方的一个少数族部落，一直保持着自己的部落组织，孝文帝的汉化改革也没有波及他们，他们仍旧保持着北方游牧民族的风俗文化。在迁都洛阳以后，孝文帝特许尔朱氏可以留在秀容，不必迁往洛阳，他们的首领冬天去洛阳朝见皇帝，夏天回到部落所在地。在鲜卑人经历上述两次文化巨变，在文化方面飞跃发展并与汉族文化日益接近时，契胡部却依旧故我，在秀容过着几乎与世隔绝的日子。

尔朱荣对部将元天穆说：“咱们刚死掉的皇帝，都 19 岁了，天下还说他是幼帝呢！现在立个还不会说话的孩子当皇帝，这不是拿天下开玩笑吗？我准备率骑兵进京为先帝发丧，剪除奸佞，换立皇帝，你看怎么样？”元天穆鼓励道：“那你就是现世的伊尹、霍光了！”于是尔朱荣在河内拥立长乐王元子攸为帝，是为孝庄帝，并率领着不足万人的军队继续南下。

由于灵太后的所作所为实在不得人心，她派出抵御尔朱荣的军队纷纷倒戈或溃散。尔朱荣没有经过激烈战斗就进入了洛阳城。进入到完全汉化的洛阳城后，尔朱荣这个北边的契胡人生出无限的反感，他不知道这是文化差异带来的不适，但却明显感觉到，他必须改变这座城市。于是尔朱荣对当朝大臣大肆杀戮。明知大势已去的灵太后，命令后宫嫔妃和她一起到永宁寺出家为尼，但是这并不能逃过尔朱荣的屠杀。尔朱荣将灵太后连同她所立的幼帝元钊，一并投入黄河中淹死。528 年四月十三日，尔朱荣以祭天为名，诱骗北魏王公百官两千多人到河阴（今河南孟津），指责他们怂恿胡太后杀了孝明帝，随后对他们集体加以屠杀，史称“河阴之变”。此次事变后，北魏政权立即瘫痪，洛阳居民纷纷出逃，这座孝文帝迁都后已经成为北方政治、经济和文化中心的历史名城，在河阴之变后，顿时由繁华热闹陷入萧条凄凉。

其实，尔朱荣早产生了篡位称帝的念头，然而此时尔朱军中诸将对是否该立刻篡位产生了争议。以将领高欢为首的造反派，支持尔朱荣篡位自立，而以贺拔岳为首的保皇派则坚决反对。拿不定主意的尔朱荣于是用古老的胡族铸金人的方式进行占卜。可惜前后浇铸四次，都未能成功，尔朱荣觉得这是上天不支持他篡位，于是放弃了这个“大逆不道”的念头。保皇派的贺拔岳要求尔朱荣杀掉高欢以向上天谢罪。高欢虽然侥幸保住了性命，但从此对贺拔岳怀恨在心。

尔朱荣随即挥军北上，镇压葛荣的起义。528 年七月，即河阴之变的三个月以后，葛荣的起义军因内部分裂、战术失误而被尔朱荣的七千骑兵打败，尔朱荣将葛荣押至洛阳后处死。

尔朱荣早就不把孝庄帝放在眼里，大权独揽，但孝庄帝却并不甘心做傀儡皇帝。在多方密谋之下，孝庄帝终于利用一次朝见的机会，将久已恨之入骨的尔朱荣杀死。听到尔朱荣被处死的消息，他的侄儿尔朱兆很快于当年十二月，带兵杀入洛阳城中。尔朱兆抓住时年 24 岁的孝庄帝，用铁锁把这个皇帝拴在洛阳永宁寺门楼上示众。由于当时正是严冬，孝庄帝在城楼上冻得浑身哆嗦，他求尔朱兆给自己一顶头巾御寒，却最终也没有得到。尔朱兆放任手下士兵大肆抢杀，洛阳城再次成为一片废墟。尔朱兆收兵回晋阳后，也将孝庄帝带回晋阳，并将之缢杀于三级寺。被杀前，孝庄帝在佛像前祈祷，希望来世再也不要出生在帝王之家。之后，尔朱兆另立广灵王元恭为帝，是为节闵帝。

此时，尔朱氏集团内隐藏的另一大阴谋家——高欢，也在积极谋划着“起大事”。高欢，鲜卑名贺六浑，自称是渤海人（今河北景县东），其汉名“欢”即来自胡字“贺六浑”的音转。在当时起自北方民族底层，有胡汉双名者乃是常例。高欢祖父高谧在北魏朝中官至侍御史，因犯法被发配到六镇中的怀朔镇充军户。虽然有汉人血统，但由于长期在北镇地区生活，高欢在习俗上已经是个不折不扣的鲜卑人了。由于长期和少数族杂居，高欢还精通鲜卑语，懂点敕勒语，生活习惯则完全鲜卑化。

长期以来，高欢一直是个穷小子，直到娶了个有钱的老婆才发生改变。怀朔当地的大豪强匹娄内干有三个女儿，大女儿嫁给段荣，二女儿嫁给窦泰，三女儿嫁给了高欢。高欢娶了匹娄氏后，才有了一匹马，做了镇上的队主，后来改任“函使”，其职责是把公文送往洛阳。他任“函使”达六年之久，常至洛阳，对当时洛阳的腐败政治，知道得比较清楚，消息也比较灵通。

在高欢的几个至交好友中，除了匹娄家的亲戚、鲜卑人段荣、窦泰外，还有外兵使侯景（羯人）、匈奴人刘贵、户曹使孙腾以及司马子如、贾显智等人，这些人成为高欢父子后来建立东魏、北齐政权的支柱。

杜洛周在上谷发动起义后，高欢前去投奔，但暗地里和他的死党尉景、段荣、蔡俊等人策划谋杀杜洛周，夺取军权。可惜走漏了风声，高欢等仓皇逃奔葛荣。逃跑的途中，坐在牛背上的大儿子高澄掉落地下，急于逃跑的高欢竟弯弓搭箭，想要射死高澄，幸亏妻子匹娄氏向部下求救，才让后来权倾东魏的大丞相高澄得以幸免。不久，高欢又转而投靠尔朱荣。凭着阴谋家的智慧，高欢在尔朱氏集团中终于得以露出头角，并最终等来了机会。

528 年七月，葛荣起义军被尔朱荣击溃，葛荣被生擒处死，降众大多流入并州、肆州一带。当时河北连年灾荒，再加上尔朱氏的欺凌，数年间这些人发动了大小起义 26 次。尔朱兆斩杀了近一半的人，还是控制不住局势，于是他问手下将领高欢该如何对付这些人。高欢说："六镇余众，不可皆杀，应该选用可靠的人前去统率。"尔朱兆又问："应该让谁去统领呢？"高欢的死党贺拔允忙说："高欢去最合适。"高欢转身打了贺拔允一拳说："这样的事要由大王来决定，你乱说什么！"尔朱兆见高欢忠诚，即派高欢去统领六镇余众。高欢即刻从晋阳出发，率六镇余众前往山东。

从此，高欢以六镇余众为基础，崛起于河北。531 年，高欢率六镇余众在信都起兵，反抗尔朱氏，并得到了山东老百姓及河北汉族大地主的支持。高欢随后又立北魏宗室元朗为帝。532 年年初，高欢与尔朱氏联军在邺城西南的韩陵山（今河南安阳市东北）遭遇并进行了决战。高欢以三万步兵、两千骑兵的相对劣势的兵力，击败了号称二十万之众的尔朱氏联军，为高欢建立东魏奠定了基础。

高欢进入洛阳后，又废掉了元朗，另立元修为帝，即孝武帝。高欢自为大丞相，实际上总揽北魏大权。同年七月，高欢调动大军攻下晋阳，尔朱兆退到北秀容，于第二年兵败自杀。

至此，北镇集团军民对汉化极大的敌视情绪最终为高欢所利用，并形成了一个以高欢为首的上层统治集团——怀朔集团。在这场汉化与鲜卑化的冲突中，代表鲜卑化的怀朔集团最终取得了胜利。有学者认为，鲜卑化对汉化的胜利使中国历史上形成了一个"东魏—北齐的倒退"。

五、江山破碎：激进改革无法医治的后遗症

在消灭了尔朱氏势力后，高欢在尔朱氏的“根据地”晋阳修建了大丞相府，并将六镇军民从河北迁到晋阳周围，将六镇改制为六州，从此称为六州鲜卑。由于六州鲜卑构成了高欢的主要军事力量，因而在政治上他们再次得到了像北魏初期那样的地位。晋阳从此成为高欢的政治军事中心。

在高欢“起事”之前，关中的万俟丑奴发动起义，对抗尔朱氏。尔朱氏集团的尔朱天光率贺拔岳、宇文泰等将领入关镇压。韩陵山之战失败后，贺拔岳联合秦州刺史侯莫陈悦，反戈一击剪灭了尔朱天光部，并进一步消除了尔朱氏在关中的残余力量。随后，高欢又施用离间计，唆使侯莫陈悦杀掉贺拔岳。但是贺拔岳的部下宇文泰马上又击杀了侯莫陈悦，成为关中地区的实际主宰者。

宇文泰，字黑獭，据考证乃是鲜卑化的匈奴人，其父宇文肱曾经是六镇叛军鲜于修礼的将领。宇文泰最初随其父在鲜于修礼部下，后又转投到葛荣麾下。尔朱荣击败葛荣后，对宇文泰的骁勇善战非常赏识，授其统军一职，后随贺拔岳前往关中，最终成为与高欢对峙的政治势力。

534 年，高欢所立的孝武帝元修因不愿做傀儡皇帝，逃出洛阳，投奔关中的宇文泰。孝武帝沿着黄河与前来迎接他的赵贵、梁御说：“黄河水向东流，而我却在向西奔！要是有一天我能够回到

洛阳，你们就是莫大的功臣啊！”话语中颇为凄切。高欢另立元善见为孝静帝（也称孝敬帝），建立了东魏，并将洛阳的四十万民户迁往邺城。邺城从此成为东魏的都城。

孝武帝原来有三个堂妹，因她们长得漂亮，孝武帝竟不让她们出嫁，长期将她们养在宫中，与她们通奸。仓皇逃往关中时，孝武帝还不忘带去一个叫明月的堂妹。对此，宇文泰很是不齿，于是串通几位亲王将明月杀死了。从此孝武帝与宇文泰之间产生了矛盾。第二年，宇文泰索性毒死孝武帝，另立南阳王元宝炬为文帝。这个政权因与邺城的东魏并立，故史称西魏。

东西魏分立对峙后，双方经常发生战争。战争的实质，不过是高氏与宇文氏这两大势力集团的斗争。北中国再次为割据战争所撕裂。

535年，文帝元宝炬下诏数举了高欢的二十条罪状，并说：“我要亲自总领六军，与丞相一起扫灭高欢这个混蛋。”而高欢也发表檄文声讨宇文泰，并扬言要率兵百万，立即西征。次年，关中地区是一个大荒之年，史书记载当地人“死者什七八”。高欢趁此机会派出三路大军讨伐西魏，他亲率万余骑兵袭击并攻下西魏的夏州，西魏的灵州、凉州刺史皆叛归东魏。高欢行军至蒲坂（今山西永济西蒲州），造了三座浮桥，准备渡河。另两路军分别由大都督窦泰和大将军高昂率领，窦泰率万余骑直奔潼关，高昂率余部从商洛（今陕西商州）包抄蓝田（今陕西蓝田）。

宇文泰对其部下分析说：“窦泰是高欢的一员骁将，屡战屡胜，将士必起骄心，我们发奇兵先击败窦泰。”于是他假装要退到陇右，暗中却选拔精锐，从长安绕过潼关，在潼关左边的小关（禁谷）对窦泰的军队进行突袭。结果窦泰部全军覆没，窦泰本人也自杀了。高欢闻知后，赶忙撤掉浮桥，与高昂的另一路军一同撤回。这次战役被称为“小关之战”。

在此后，东西魏之间先后又发生了沙苑之战、河桥之战、邙山之战等著名战役，双方互有胜负。546 年十月，已经年过五旬的高欢再次率大军十万围攻西魏位于汾河下游的重要据点——玉壁（今山西稷山县），东西魏之间又一次爆发战争，这次战争被称为“玉壁之战”。

在玉壁城中，只有不过数千的西魏兵士，但是高欢所率领的十余万大军竟始终不能攻克。在围攻了五十多天后，东魏军队中战死、病死的士兵已有七万人之多，最后高欢也病倒了。一天夜里，有一颗流星坠于高欢的营中（古人认为陨石是将星坠落），高欢对此非常恐惧，于是撤军解围而走。归途中，军中有传言说西魏将军韦孝宽用大弩射杀了高丞相。西魏方面闻知此消息后，派大军四处高喊：“劲弩一发，凶身自殒。”为使军心不致动摇，高欢不顾病重之身，在露天大营召集诸将宴饮，并且让斛律金高唱那首著名的敕勒歌：“敕勒川，阴山下，天似穹庐，笼盖四野。天苍苍，野茫茫，风吹草低见牛羊。”

征战一生的高欢狼狈地回到晋阳，卧病不起，最终病死，时年 52 岁。

高氏掌权时期的东魏，民族矛盾依然突出。由于六州鲜卑是高欢的主要军事力量，地位很高，根本不把汉人放在眼里。有一次鲜卑将领刘贵与汉人将领高敖曹同在一处议事，下面有人报告，治河的役夫好多人淹死，刘贵说："性命不值一文钱的汉人，随他死！"这句话激怒了同为汉人的高敖曹，气得他拔刀就砍刘贵。刘贵奔逃还营，高敖曹随之鸣鼓召集属下，要率部队进攻刘贵，最后经别人劝了好久才罢手。高敖曹是高欢手下的名将，因此才敢如此。但是普通汉人在鲜卑人的眼里，真是如刘贵所说"性命不值一文钱"。

高欢对属下鲜卑士兵与汉人之间的矛盾也很明白。他既想缓和这种矛盾，又不能得罪鲜卑军人。于是他对鲜卑人说："汉人是你们的奴仆，男人为你们耕作，女人为你们织衣，上交粟帛赋税让你们衣食无忧，你们为什么还要欺凌他们呢？"他又对汉人说："鲜卑人是你们雇佣的军队，得到你们一些衣物吃食，为你们防盗击贼，能保你们安宁度日，就不要那么恨他们了。"

对那些对鲜卑怀有"深仇大恨"的汉族官员，他也想办法予以说服。在一次战争之前，一名叫杜弼的汉族大臣请求高欢出征前先消除内贼。高欢问内贼是什么人。杜弼回答说就是那些掠夺百姓的鲜卑贵族。高欢没有对他说什么，而是下令营中军士都搭弓上箭，高举大刀，夹道层层而立，接着命令杜弼在行列中来回走动一次。杜弼是书生出身，从未见过这种阵势，吓得浑身哆嗦，直流冷汗。于是，高欢对杜弼说："搭箭不射，持矛不刺，举刀不砍，你都被吓得失魂落魄。诸位勋贵将领在战场上冲锋陷阵，九死一生，虽然有人或许有贪污抢掠的行为，但与他们平时的战功相比，怎能相提并论！”杜弼忙跪地顿首，为自己冒失的举谏表示道歉。高欢就是这样，既收买了鲜卑军士的心，又让汉人说不出什么。但是二者之间的矛盾并没有从根本上解决。

据史书记载，东魏的孝静帝长得非常英俊，并且力大过人，能够用两个胳膊夹住两个石狮子翻越宫墙，箭法精准，“射每中的”；孝静帝的文才也很好，气质从容沉雅，是一个文武兼备的皇帝，当时有人说他颇具孝文帝的风采。当初高欢因为逼走了孝武帝而常常自责，加之孝静帝文武兼备，所以高欢对待孝静帝还是很恭敬的。另外，此时高欢主要考虑的是对付西部的宇文泰，收复西魏，为了达到这个目的，最好的办法当然是“挟天子以令诸侯”。

高欢死后，他的长子高澄接替他执掌大权。高澄对文武兼备的孝静帝不免产生了猜忌之心，于是让中书黄门郎崔季舒在平日里对孝静帝“盯梢”。随着高澄权力的不断增大，他已经完全不把孝静帝放在眼里了。有一次高澄陪孝静帝喝酒，高澄举着大酒杯说：“臣高澄劝陛下喝酒。”孝静帝不胜酒力，已然有醉意，听到高澄劝酒，满怀愤恨地说：“自古以来没有不灭亡的国家，朕作为皇帝对此也是无能为力啊！”言下之意是感到自己皇位不保，江山将失。高澄听后大怒，说：“朕！朕！狗脚朕！”意思是你还算个什么狗屁皇帝！骂完了高澄还觉着不解气，又让在一边的崔季舒打了孝静帝三拳，这才穿上衣服走了。第二天，孝静帝见到高澄后急忙道歉，而且还赏赐了打他的崔季舒一百匹绢。

孝静帝对这位权高势重的大将军非常惧怕乃是时人所共知的。有一天，孝静帝到野外去打猎，他骑着马在前边飞奔，侍从们追不上，害怕有什么闪失，于是就在后边大喊："陛下，不要跑了，否则大将军会生气的！"孝静帝果然不敢跑了，听话地勒马慢行。

孝静帝不堪忍受高氏集团的羞辱，想要摆脱高澄的控制。于是他与身边的一位近侍暗中策划要杀死高澄。他们以要在皇宫中造假山为借口，在皇宫中开挖了一条通向北城的地道，以备杀高澄之用。结果这件事还是被高澄知道了，于是可怜的孝静帝又被高澄骂了一通，他的那名近侍也被高澄以"造反"的罪名杀了。几天后，高澄干脆将孝静帝软禁于含章堂，东魏至此已是名存实亡，高澄已经准备好取代孝静帝了。

549年，高澄将皇子元长立为太子。实际上，高澄是要借立太子之名逼孝静帝将皇位"禅让"给自己。正当高澄在谋划如何逼孝静帝禅让皇位时，他自己却被一名膳夫给刺杀了。这名膳夫乃是南方梁朝的徐州刺史兰钦的儿子兰京，被高澄抓回来后，一直给高澄做饭。兰钦屡次要求赎回兰京，却都遭到高澄的拒绝，而且高澄对兰京还不时施以棍棒。

这天高澄正在与崔季舒密谋禅让，拟定文武百官的名单，兰京进来送饭。高澄赶紧将他呵斥出去了，并对着兰京的背影说："我昨天夜里梦见这个家伙用刀砍我，应该立刻把他杀了！"兰京听到此话后，立即跑回厨房，端起一大盘菜，并将一把尖刀放在盘子底下，再次赶到了高澄处，并不动声色地说："相国，我把菜给您拿来了。”高澄怒声问道：“你怎么又来了？我不是说不要了么？”兰京走到跟前扔掉盘子，拿出尖刀就冲高澄刺。高澄赶忙跳到一把椅子上，但是他竟然没有站稳，掉下来还把脚给扭伤了，结果被兰京猛刺数刀，一命呜呼。

高澄死后，他的弟弟高洋被封为丞相，晋爵齐王，继续执掌东魏的大权，并且加紧了篡位的步伐。由于高氏的主要军事力量集中在晋阳，所以高洋在夺取皇位前先回到晋阳，以做准备。但是高洋的母亲匹娄氏却反对高洋篡位：“你父如同龙，你兄如同虎，他们尚且不肯违背天意做皇帝，你有什么资格学尧舜夏禹禅让！”但高洋并未将母亲的话放在心上。

550年五月二日，东魏的几名大臣在高洋的指使下进宫向孝静帝奏事。侍中张亮首先对孝静帝说：“天道循环，有始有终。齐王英名，万方归心，望陛下遵天道，效尧舜，尽快禅让。”孝静帝自知大势已去，在答应禅让后，起身走出大殿，坐牛车到城北高洋给他安排好的住处去了。一年后，孝静帝被高洋用毒酒害死。

高洋在五月四日于邺城南郊即皇帝位，改国号为齐，史称北齐，改年号为天保。鲜卑拓跋氏的东魏宣告结束。

由于自然条件的原因，西魏在国力上本不如东魏。但是宇文泰进行了一系列的改革，他一方面将过去鲜卑族在塞外的民兵制度介绍到关陇地区，建立了府兵制，另一方面又通过西魏的政权组织和府兵的鲜卑、汉人混合编制，组成了关陇统治集团，稳固了自己的地位。在经济上，宇文泰大力推行均田制，使西魏的国力得以增强。同时，宇文泰在文化上标榜要继承周朝的传统，根据《周礼》建立官制。

文帝元宝炬在位 17 年后因病而死，他的儿子元钦继位为皇帝，是为西魏废帝。

元钦即位后，对宇文泰独揽大权的局面非常不满意，因此与尚书元烈合谋，要杀死宇文泰。结果这件事被宇文泰侦知，并将元烈杀死。但是元钦仍不死心，继续谋划杀死宇文泰，但是计划很快又暴露了。在元钦当皇帝的第三年（554），宇文泰将之废掉，流放到雍州，另立元钦的弟弟元廓为帝。这年夏天，被废掉的元钦还是被宇文泰给毒死了。

元廓当皇帝的第二年（556），宇文泰在巡视边防的途中病死。宇文泰临终之前将权力交给侄子宇文护，并对他说："我的儿子们年纪都小，现在外敌又十分强大，我把天下交给你了，要努力完成我的志向啊！"西魏的大权从此落入宇文护的手中。同时，宇文泰的嫡长子，年仅 15 岁的宇文觉被封为周公。

执掌西魏大权的宇文护总觉得自己的威望不如宇文泰，无法真正令众人信服。想来想去，他终于做出了一个决定：把西魏的皇帝赶下台，让宇文觉做皇帝。于是在西魏恭帝元廓做皇帝的第三年（557）十二月三十日，宇文护迫使元廓让位于宇文觉，改国号周，史称北周。下台后的元廓被封为宋王，于第二年被杀。

建立北周的宇文氏出自鲜卑宇文部，最初是鲜卑化的匈奴人，经过北魏时期鲜卑各部的进一步融合，他们已经彻底鲜卑化，成为北魏时代统一的鲜卑民族的组成部分了。北周可以说是鲜卑人建立的最后一个政权。由下表可见，不算远走中亚立国的哌哒人，鲜卑人在中国境内建立的割据政权前后共计 13 个。除汉族外，鲜卑人是中国历史上建立政权最多的古代民族。

鲜卑人建立的 13 个政权

国名	创建者	部落名	存在时间	国名	创建者	部落名	存在时间
前燕	慕容皝	慕容部	337—370	代	拓跋猗卢	拓跋部	315—376
后燕	慕容垂	慕容部	384—407	西秦	乞伏国仁	乞伏部	384—431
西燕	慕容泓	慕容部	384—394	南凉	秃发乌孤	秃发部	397—414
南燕	慕容德	慕容部	398—410	吐谷浑	叶延	吐谷浑部	329—663
北燕	冯跋	慕容部	407—436	北魏	拓跋珪	拓跋部	386—534
东魏	元善见	拓跋部	534—550	西魏	元宝炬	拓跋部	535—556
北周	宇文觉	宇文部	557—581				

北周建立的最初 15 年中，宇文护始终独掌大权，北周的前三位皇帝，孝闵帝、明帝与武帝，都为宇文护所立，但前两位也是被他所杀。北周武帝隐忍 12 年之久，最后终于找机会杀掉了宇文护，控制了北周的大权。

北周的前三位皇帝都是宇文泰之子，周武帝排名第四，小名祢罗突。据说周武帝从小就深得宇文泰的喜爱，宇文泰常对人说："成吾志者，此儿也。"在杀掉宇文护亲政以后，周武帝推行了一系列政治改革，使北周的国力蒸蒸日上，其中影响最大的当数取缔佛教。

佛教在经历魏晋南北朝时代数百年的发展之后，成为中国境内的主流宗教，而且其势力恶性膨胀，已经对封建统治者构成负面的影响。佛教寺院掌握大量的地产，将收入浪费在无用的佛事中。由于僧尼拥有免除劳役、赋税和兵役的特权，随着僧尼人数的迅速增加，政府的税收和劳役、兵役来源都受到影响。北魏时僧尼总人数已经突破二百万人，这一庞大的寄食阶层成为北魏国力的沉重负担，因此，在北魏太武帝时，就曾一度禁止过佛教。在中国历史上，前后有北魏太武帝、北周武帝、唐武宗和后周世宗等四位皇帝实行过禁止佛教的政策，史称“三武一宗”灭佛，其中北周武帝的灭佛是进行得比较彻底的一次。

574 年五月十五日，周武帝下诏“断佛、道二教，经像悉毁，罢沙门、道士，并令还民，并禁诸淫祀，礼典所不载者，尽除之”。令下之后，佛教、道教以及其他外来宗教被全面禁止，寺院被没收，分赐给王公大臣，佛像被毁，佛像上的镀金及值钱的饰品被用刀挖下来，经书被焚烧，僧尼道士被勒令还俗，连佛塔也在摧毁之列，有的史书称：“数百年来官私所造一切佛塔，扫地悉尽。”

北周武帝的灭佛政策虽然严厉，但一方面因为他本人早死、北周的短祚；另一方面因为佛教已经深入人心，不可能通过政府的强制性规定而完全消亡。所以，在周武帝去世之后，佛教迅速复兴。但周武帝的灭佛政策在当时效果是十分明显的，“求兵于僧众之间，取地于塔庙之下”，使北周的经济、军事实力都得到明显的增强。以此为基础，在 577 年，周武帝亲自统率大军，灭掉了高氏北齐，统一了中国北方。

周武帝是有远大抱负的君主，灭北齐以后，周武帝筹划先打败突厥再南下平定陈朝，实现统一中国的大业，但不幸的是，在灭北齐后的第二年，他就病死于北征突厥的途中，年仅 35 岁。北周一共经历 5 位皇帝，存在 25 年，周武帝在位便长达 18 年，在某种意义上，北周就是周武帝的北周。在他死后，北周迅速走向灭亡。

周武帝去世后，其长子宇文赟即位。宇文赟在位仅一年，却是北朝屈指可数的荒淫之主。579 年，为了过一过当太上皇的瘾，他让位给年仅 7 岁的儿子宇文衍，次年就去世了，年仅 22 岁。两年后，宇文衍的外公杨坚篡夺了北周的皇位，自己称帝，定国号为隋，这就是隋文帝。宇文氏的子孙被杨坚诛杀殆尽。后来，杨坚的儿子隋炀帝杨广恰恰被一个姓宇文的将军所杀，前后不到 40 年，隋朝宣告灭亡，取代它的是中国历史上最辉煌的朝代——唐。

北周灭亡以后，曾经在东起西辽河、西至阿姆河与锡尔河流域的东西万里地域内，先后建立过十几个政权的鲜卑人彻底退出了历史舞台，此后他们再也没有建立起自己的王朝或国家。失去统治民族的特殊地位以后，在进入中原与汉族杂居的鲜卑人之中，孝文帝汉化改革的影响开始越来越深刻地表现出来。他们逐渐接受了汉文化，并将自身的文化带入到汉文化之中，改造着汉文化，最终形成对汉人的认同感，成为汉族的组成部分，在唐代以后，进入中原的鲜卑人作为一个民族从历史上消失了。但在鲜卑人的故乡，他们的血脉与他们的文化仍旧在传递、在发展。

第八章
胡气满长安：盛唐气象的历史因缘

在北周灭亡后，曾经在东西万里地域内先后建立过十几个政权的鲜卑人彻底退出了历史舞台，逐渐消失于历史的长河之中。但鲜卑人的文化却在冲突中逐渐融入汉文化，使得随后的隋唐帝国文化趋于多元化走向，“胡音胡骑与胡妆，五十年来竞纷泊”。雍容璀璨的盛唐气象正是“毛毳腥膻满咸洛”的最佳结局。

在鲜卑人自己的政权灭亡以后，作为一个民族，鲜卑人逐渐消失于历史长河之中。久居中原与汉族杂处，他们慢慢地与汉族融为一体。除慕容、长孙、独孤这样明显的鲜卑姓氏之外，似乎他们并没有留下任何标志性的文化因素，就是这些鲜卑人的姓氏也演变为典型的汉族复姓。但如果我们认真解析继鲜卑人之后兴起的盛唐王朝，则会发现，鲜卑人已经在盛唐文明中深深地打上了自己的印记。鲜卑人在融入汉族的过程中，也将自身的文化融入汉族文明，推动着中原文明的进步。中华文明历五千年绵延不绝，与其能不断得到来自北方民族的新鲜血液的补充有着直接关系。

鲜卑人不仅在文化上影响了盛唐，历史学家们甚至发现，唐皇室明显具有鲜卑人血统，中国历史上最辉煌的盛唐王朝，竟是鲜卑人与汉族的混血家族建立的。

一、向老子求救：鲜卑化李唐皇室的无奈选择

按照正史中的说法，唐王朝的皇室李氏家族出自陇西，唐朝开国皇帝李渊是陇西成纪人（今甘肃秦安）。李渊的七世祖李暠，就是五胡十六国时期割据河西的西凉政权的创立者。在最讲究门第的魏晋南北朝时代，北方四大名门世家为崔、卢、李、郑，但其中的“李”姓指的是赵郡李氏，而不是陇西李氏。为抬高自己的门第，在唐朝初年，皇室也曾一度自称出于赵郡李氏。陈寅恪先生认为，李唐的先世要么是赵郡李氏的“破落户”，要么是赵郡李氏的“假冒牌”。但根据《元和郡县图志》记载，赵郡李氏的显著支派的活动范围，不出原常山郡，其微弱支派也有在巨鹿居住的，但都与陇西没有关系。

据说李暠是西汉名将李广的十六世孙，可是世家大族重视的是文官而非武将，将家世追溯到抗击匈奴一辈子也未能获得封侯的李广，不见得能给李氏增加什么光彩。

来自陇西的李氏并不是传统的世家大族，即使在其夺取帝位以后，在老牌世家的眼中也还只是一个“暴发户”。这些魏晋以来的名门望族甚至以与李唐皇室通婚为耻辱。为了弥补自家出身低的不

足，唐太宗李世民即位之后，就命大臣高士廉、韦挺等人重新排定全国世家大族的等级，写成《氏族志》一书。高士廉等人没有明白李世民的用意，在书的初稿中，还是将山东世族黄门侍郎崔干定为第一等。李世民看过后大为不满，对高士廉等人说："我现在要重新确定族姓等级，目的是要提高当朝官员的社会地位，为何还要把崔氏列为第一！现在确定等级，不必考虑各家族几代以前的门第，只以现在的官职高下作为划定等级的依据。"高士廉等人虽对原书进行了修改，将皇族陇西李氏列为第一，后族长孙氏列为第二，但还是不得不把崔氏列为第三。

但这种事需要社会至少是世家大族的普遍认同，并不是皇帝的一纸命令就可以改变的。李世民新刊定的《氏族志》，传统的高门大族都不屑一顾，他们虽然嘴上不敢说，但心中仍旧蔑视陇西李氏。

为改变这种状况，皇室不得不下功夫为自己寻找一个更富有号召力的祖先。于是，李氏将其始祖由李暠上溯到李广，再上溯到先秦道家学派的始祖、后来被道教奉为太上老君的老子李耳，宣称唐高祖李渊是李耳的五十六代孙，唐太宗李世民是李耳的五十七代孙。

在中国的姓氏发展史中，李姓的历史并不十分古老，其出现不会早于周代。《姓解》即说："周之前未见李氏。"传说老子的母亲怀胎长达 81 年，最后在李树下割左腑而生老子。如果将在母腹中的时间记入其年龄的话，老子出生时就已经 81 岁了，所以传说老子生下来头发就是白的。传说中没有提到老子的父母是谁，只是说他“生而指李树，故为李姓”。如此看来，在老子之前是没有“李”这个姓的。

可是《史记》中明确记载，老子是楚国苦县人，也就是今河南鹿邑县人，他的后裔何时迁入陇西成纪却又是个说不清楚的问题了。

关于李姓的起源还有另一个传说。东夷族首领皋陶，曾在尧、舜时代担任大理之职（掌管刑法的官），于是以官名为姓氏，称“理”氏。因为在古字中“理”与“李”相通，所以后来改写为李氏。但是，李家是不可能将始祖上溯到东夷人皋陶的，编造家谱本来是为了炫耀门第，如果反而由此将自己归入“夷狄”之流，岂不是得不偿失？所以，李家也只能将老子拉来作为本家族的始祖了。

改认祖宗，是一个漫长的过程。从李渊开始经过了六代皇帝，直到唐玄宗天宝元年（742）才正式完成了这个过程。唐玄宗下诏改赵郡郡望为陇西郡望，并宣布李暠的后裔都被视为李唐的宗室皇亲。始祖李耳、世居陇西，也就成为李唐皇室家谱的正统说法。目前已经发现的李唐宗室的墓志，如：淮安靖王李寿、虢王李凤、越王李贞、汝南公主李字、长乐公主李丽质、永泰公主李仙蕙、懿德太子李重润、潞王李贤、云麾将军李思训，这些人的墓志上都称其是“陇西狄道人”，可见这种编造的家谱已经成为李唐宗室对外的统一口径。

不仅李唐皇室自称陇西李氏，在整个唐代，凡是李姓，要显示其门第的高贵，也都要假称为陇西李氏，以便与皇室拉上关系，成为“皇亲宗室”。这已经成为一种流行的社会时尚，以至有些来自天竺、大食、波斯的外国人的后裔，在被赐姓李氏之后，也都想办法攀附陇西李氏。

按照李唐皇室的正统说法，西凉李暠共有10个儿子，其中李歆（字士业）为西凉后主，也就是唐皇室的祖先。

李暠—┬—李飜—李宝—李冲
　　　└—李歆—李重耳—李熙—李天锡—李虎—李昺—李渊—李世民

照这样看来，李冲与李熙是同一祖父的堂兄弟，血统十分接近。在北魏太和年间，李冲宗族十分显贵，当时的世家没有人能够与之相比，他们一系为陇西显贵望族，但他们并不承认李熙这一族是同族兄弟。由此看来，李唐皇室自称是西凉李暠之后，虽然这个门第不够辉煌，但很可能也是冒充的。

另外，陈寅恪先生发现，李熙的父亲李重耳的经历，与史书中记载的李初古拔的经历几乎一模一样，很可能李重耳就是李初古拔，也就是说，李唐王室可能是李初古拔的后裔，而不是西凉李暠的后裔。

自李熙之孙李虎开始，李唐皇室祖先的事迹才开始清楚起来。李虎，字文彬，陇西成纪人，曾是北周宇文泰手下大将，后被封为柱国大将军、太尉、尚书左仆射、陇西郡公，并赐姓大野氏。至隋文帝杨坚在北周执政时，允许其复姓李。李虎生有八子，李昞为小儿子，这就是李渊之父，李世民的祖父。

可是，如果李唐皇室不是出自陇西李氏，他们究竟是出自何族呢?

据释彦悰《唐护法沙门法琳别传》记载，唐代僧人法琳曾当着李世民的面，对李家出自老子、属于陇西李氏的说法加以驳斥："琳闻拓跋达阇，唐言李氏，陛下之李，斯即其苗，非柱下陇西之流也。"法琳明确指出，唐皇室的李氏不是出自老子，也不是陇西李氏，而是拓跋达阇改汉姓的产物，李家是拓跋达阇的后裔。由此看来，李家祖上竟是鲜卑人，其鲜卑语的姓氏为拓跋，与北魏皇室同姓。如果此说成立，我们倒可以将唐王朝看成鲜卑人建立的北魏王朝的复兴了。

我们在史书中还可以发现，李渊的祖父李虎有兄名"起头"，有弟名"乞豆"，起头之子名"达摩"，显然，这些都不是汉语名字。如果陈寅恪先生的考证是对的，李氏始祖真的是李初古拔的话，这也不是汉语名字。这无疑提醒我们，法琳的说法是有根据的，否则他也不会当着皇帝的面指斥皇族出自鲜卑人，这毕竟是要冒被杀头的风险的。

如果真如法琳所说，李氏出自鲜卑人，我们对中国古代的历史就要有一个新的认识了。北周不再是鲜卑人建立的最后一个王朝，此后鲜卑人不仅又建立了自己的政权，还统一了全国，成为中国历史上最鼎盛的时代。在中国的政治舞台上，自 439 年北魏统一黄河流域之后，至 1911 年清王朝灭亡以前，除了明王朝统治下的 267 年时间，主宰中国政坛的都是北方民族。

当然，说李唐皇室出自鲜卑人，目前还只是部分历史学家的推测，远不足以形成定论，需要继续研究。但说李唐皇室具有鲜卑人的血统，则是无可置疑的。

李世民的祖父李昞的妻子独孤氏，是鲜卑名将独孤信的女儿。

独孤信，本名独孤如愿，武川镇（今内蒙古武川西南）人，祖籍云中。其祖先伏留屯曾任部落大人，到独孤信的祖父俟尼时，举部迁往武川。俟尼去世后，独孤信的父亲独孤库继任部落酋长，其妻费连氏也出身于鲜卑贵族之家。独孤信相貌俊美，精于骑射。在北魏分裂为东、西魏之后，独孤信归属西魏，因战功受封为八大柱国之一，成为朝中举足轻重的大臣。

独孤信共有六子七女。长女嫁给了北周明帝，生周宣帝；小女儿嫁给了隋文帝杨坚，生隋炀帝杨广；四女儿就是李昞的妻子，唐朝开国皇帝李渊的母亲。因为他的女儿中出了三位皇后，而且是不同朝代的皇后，还各自都有儿子继承了皇位，独孤信也被称为“三朝国丈”“中国第一岳父”。

李世民的外祖父窦毅也是鲜卑人，在北周为八大柱国之一。窦氏是其汉姓，其鲜卑语的姓氏为纥豆陵氏。李世民的外祖母是北周武帝的姐姐襄阳长公主宇文氏，而建立北周的宇文氏被认为出自东部鲜卑三部之一的宇文部，是鲜卑化的匈奴人，在北魏统治期间，他们已经被视为鲜卑人了。李世民的母亲窦氏与李渊的婚事，在某种意义上可以称得上是比武招亲。窦毅让人在家门上画了两只孔雀，谁能在百步外射两箭，每箭射中一只孔雀的眼睛，就招谁做女婿。结果是，前来应试的几十人中，只有李渊两箭都射中了。

唐朝开国皇帝李渊，其父系血统是否出自鲜卑人姑且不论，就其母系而言，他至少存在一半的鲜卑族血统。而唐代最伟大的君主李世民，其祖父、祖母、外祖父、外祖母四位当中，除祖父的族属难以确定之外，其他三位都肯定是鲜卑人，李世民的身上至少有四分之三的鲜卑族血统。李世民的妻子长孙氏也是鲜卑人，可以肯定，在李唐的前三位皇帝中，鲜卑族的血统在逐渐增强。

李世民血统构成表

与李世民关系	姓名	官职/称谓	民族	备注
李世民祖父	李昞	北周骠骑大将军	汉	
李世民祖母	独孤氏		鲜卑	柱国大将军独孤信之女
李世民外祖父	窦毅	北周上柱国	鲜卑	原为纥豆陵氏
李世民外祖母	宇文氏		鲜卑	柱国大将军宇文泰之女
李世民父亲	李渊	隋太原留守、唐高祖	汉	
李世民母亲	窦氏		鲜卑	
	李世民	唐太宗	汉	
李世民妻子	长孙氏		鲜卑	

李氏至少到李世民的时代，还保有许多北方民族的风俗，李世民的弟弟李元吉，小字就叫“三胡”。李世民的太子李承乾，毕生最大的愿望竟是到蒙古草原上去过游牧人的生活，不知是不是因为在他的身上至多也只有八分之一汉族血统的缘故。李氏家族的一些

成员在相貌上也与北方民族的相貌特征接近，其中最典型的是李渊的曾孙——滕王李涉。

也许，正如陈寅恪先生所说："李唐一族之所以崛兴，盖取塞外野蛮精悍之血，注入中原文化颓废之躯，旧染既除，新机重启，遂能创空前之世局。"唐代辉煌的文明、开放的社会，不能说与李氏复杂的族属没有任何关系。

二、文化上的南北朝：中国区域格局的划时代转变

早在黄河流域出现国家以前，这里就已经形成了东西对峙竞相发展的区域格局。傅斯年指出，夏王朝建立以前，黄河流域主要是华夏族系与东夷族系的东西对立，也就是所谓的"夷夏东西"。中国最早的国家的出现，实际上就是这两大族系进行整合的结果。但东西对峙的区域格局并未随着国家的出现而消失。夏代由来自西方华夏的族群建立，取代夏的则是发源于东方的商，西周的建立者无疑来自西部，并且以夏文化的继承者自居。

发展至战国时代，秦国与山东六国的对峙，是东西两大区域对抗的最好体现，在秦南下攻取巴、蜀之后，这种东西对峙的区域格局不仅更加明显，而且由黄河流域向南发展，涵盖了长江流域。统一中国的秦王朝来自西部，而取代秦朝的汉王朝的建立者则兴起于东方。我们可以说，东西对峙是自中国文明初曙持续至汉代的中国

区域格局的最大特点。

但自汉代以后，这种格局逐渐向南北对抗转变，至 439 年拓跋鲜卑建立的北魏统一了中国北方，与汉族建立的南朝对峙，中国出现了第一次南北朝时代，中国的区域格局彻底由东西对峙转为南北对抗。

东晋避乱南迁之后，以汉族传统文化改造江南地区的土著文化，在江南延续着汉王朝的传统，虽然也有发展和变化，但主流是继承。来自蒙古草原以及东北、西北各地的少数族迁入黄河流域，对这一片孕育汉文化的土地构成文化上的冲击，使之具有少数民族化的趋势。拓跋鲜卑入主黄河流域之后，鲜卑诸部逐渐整合，形成统一的鲜卑民族，这对北方草原文化在黄河流域的传播无疑起到了促进作用。草原文化在融入中原文化，也在改造着中原文化。

在汉王朝灭亡以后，由于南北不同的文化发展道路，中国主流文化出现分裂，南方与北方逐渐形成各具特色的文化传统，这种传统虽然几经演变，但都一直传承到今天，以至于在今天，中国文化仍然存在南北方的差异。可以说，鲜卑人在建立起政治上的北朝的同时，也发展出文化上的北朝，而其在文化上的影响远比其在政治上的影响深远。隋唐在政治上统一了南北，却对文化上的南北朝无能为力。

494 年，北魏孝文帝迁都洛阳以后进行了一系列改革，非常引人注目的是其中的一些强制鲜卑人汉化的内容。孝文帝不仅提倡鲜卑人与汉族通婚，而且要求鲜卑人改穿汉服，说汉语，改用汉姓。

孝文帝率先垂范，将皇族的姓氏拓跋，改为汉姓“元”，自己改名为元宏。对于不能在朝廷上使用汉语的鲜卑族官员，甚至要受到降职的处分。孝文帝还规定，迁到洛阳的鲜卑人一律以洛阳为原籍，死后不准迁葬北方。很多人认为，经过孝文帝的汉化改革之后，进入中原地区的鲜卑人迅速汉化了。实际上，孝文帝的汉化改革究竟成效如何，是值得我们考察的。可以肯定，在北魏末年至东魏、西魏时代，鲜卑人的汉化过程曾出现反弹现象，孝文帝禁止的东西再次复兴。

仅就鲜卑语而言，在孝文帝以后相当长一段时间里，还是黄河流域的一种通用语言。北齐的实际缔造者高欢，在向部队训话时就常常使用鲜卑语。颜之推提到，北齐的一位汉族士大夫曾经对他说：“我有一个女儿，年已十七了，通晓诗书，我要请人教她鲜卑语和弹琵琶，只要她学会这两样，去侍奉公卿大臣，会无人不爱的。”隋至唐初，还流传着十几种教人学习鲜卑语的书籍，可见上述事例并不是个别现象。

不仅进入中原的鲜卑人仍旧讲鲜卑语，许多汉人也学习鲜卑语。由于南方汉语受吴语、越语的影响，北方汉语受包括鲜卑语在内的草原民族语言的影响，汉语的南北方言差异开始变得非常明显。此外还形成了一个非常特殊的现象，北方士大夫与平民间不存在语言方面的差异，而南方的士大夫与平民却使用不同的汉语方言。

在北魏末期以及东魏、西魏时代，鲜卑人还出现了一个复姓的热潮。从前在孝文帝的强制下改为汉姓的鲜卑人，现在纷纷将姓氏改回鲜卑复姓。不仅如此，开创北周的宇文泰还有一个新的发明，赐有功的汉族将领们鲜卑姓，后来建立隋朝的杨氏，在此时就曾被赐姓普六茹氏，因此，隋朝的开国皇帝杨坚也被称为普六茹坚。

在饮食上，黄河流域的汉族人受鲜卑人影响，也喜欢吃羊肉，饮酪浆；而南方的汉族则保持着食唯稻鱼的传统，普遍喜爱饮茶。南齐名士王肃初到洛阳时，吃不惯羊肉，喝不惯酪浆，仍按南方生活习惯，“常饭鲫鱼羹，渴饮茗汁”。北方人见王肃一杯接一杯地饮茶，就给他起了个绰号叫“漏卮”，意思是没有底的杯子。几年后，王肃习惯了北方生活，也开始吃奶粥和羊肉，当被问及羊肉和鲫鱼、酪浆与茶水哪个更好时，王肃说：“羊为陆地之最，鱼乃水族之珍，各有千秋。只是茶叶比不过酪浆，只能算酪浆的奴仆。”王肃的这段评价流传很广，从此茶也被称为“酪奴”。

有趣的是，王肃的祖先，东晋著名宰相王导，在初从北方迁到南方的时候，也是非常喜欢奶制品的。《世说新语》一书记载，王导曾经招待来拜访他的陆玩吃酪。陆玩出自东吴四大姓中的陆氏，是典型的南方人，吃不惯酪，当天夜里难受了一宿，在第二天他给王导的信中说：“昨食酪小过，通夜委顿。民虽吴人，几为伧鬼。”这在南朝被一直传为笑谈。王家带着北方民族的饮食风俗南迁，到带着南方汉人的饮食风俗北迁，重新习惯于北方民族的饮食，这一过程深刻地揭示出南北饮食文化的差异。

北魏首都洛阳城内的归正里，俗称吴人坊，居住的多是南方迁来的汉人，由于这些汉人多保持着南方的生活习惯，归正里卖水产品的特别多，因而被北方汉人贬称为“鱼鳖市”。

北方受游牧民族风俗的影响，几乎人人都会骑马，很多汉人也精于骑射。南方汉人出行则一律坐车。周弘正因为常常骑马，被评价为“放达”。南方人官至尚书郎如果出行骑马，就会受到弹劾。很多人根本不会骑马，甚至有的人听到马叫都吓得要死，说：“这不是虎么，怎么说是马。”因为骑马，北方汉人逐渐接受了鲜卑人的服饰，习惯穿窄袖圆领的袍服；由于乘车，南方汉人特别是士大夫阶层，仍保持着宽衣博带的装束，习惯穿大袖交领的袍服。

鲜卑族中妇女的社会地位比较高，这也影响到黄河流域的汉族。颜之推在《颜氏家训》中，曾对南北方汉族妇女参与社会活动的情况做过比较：

> 江东妇女，略无交游，其婚姻之家，或十数年间，未相识者，惟以信命赠遗，致殷勤焉。邺下风俗，专以妇持门户，争讼曲直，造请逢迎，车乘填街衢，绮罗盈府寺，代子求官，为夫诉屈。此乃恒、代之遗风乎？南间贫素，皆事外饰，车乘衣服，必贵整齐；家人妻子，不免饥寒。河北人事，多由内政，绮罗金翠，不可废阙，羸马悴奴，仅充而已；倡和之礼，或尔汝之。

所谓“妇持门户”，就是女人当家。受鲜卑人的影响，这在北方汉人中已经是普遍现象，而在南方汉人中则是绝对不可能的。

南北方的学术取向在南北朝时期也存在着明显的差异。无论在南、在北，儒家经学仍旧是官方意识形态，也是占统治地位的思想学派，但北方的儒学更多地继承了汉代以来的经学传统，重视为儒家经典作注疏，而南方最流行的则是新兴起的玄学，以老庄思想来解释儒家学说，有道家与儒家相结合的趋势，非常重视清谈。北方无论在文学还是在史学方面，都受北方民族的影响，表现出质朴粗犷的特点，而南方在沈约、王融等人发明四声以后，音韵格律更为精严，诗歌与骈体文的艺术成就达到一个新的高度。

《魏书》的作者魏收在北朝以长于文学著称，南朝的徐陵出使北朝时，魏收向他赠送了自己的文集，希望徐陵可以带回去，在南朝流传，以扩大自己的知名度。可是在渡江的时候，徐陵却将魏收的文集抛入长江之中。随从们问徐陵为什么要这么做，徐陵的答复是："我是要为魏收藏拙。"这虽然含有南朝文人蔑视北方文人的成分，但北方文学水平不如南朝，于此亦可见一斑。我们对比一下魏收所著《魏书》和南朝沈约所著《宋书》，自然不难看出，如论文辞的华美，前者显然远不及后者。

对于南北方学术的差异，古人已经有非常精辟的概括："南人约简，得其英华，北学深芜，穷其枝叶。"应该说这种评价还是相当准确的。

北方的粗犷不仅表现于文学方面，在书法方面也有所表现。南北朝时期，书法明显分裂为南北两派，清代大学者阮元早已精辟地归纳为"北碑南帖"。北方最精美的书法作品往往都是碑刻，而南方最精美的书法作品则大多是尺牍。北派书法，继承了汉隶的遗风，笔法古拙劲正，风格质朴方严，长于楷书；南派书法多疏放妍妙，长于行书。如果说南北两派的代表作，则南方是梁朝的《鹤铭》，北方是北魏的《郑文公碑》。总体来说，北书刚强，南书蕴藉。

随着北方民族相继进入中原地区，他们带来了大量本族或外族的音乐。北朝的舞曲不仅受到以鲜卑音乐为代表的北方民族音乐的影响，也受到来自西域的域外音乐的影响。在舞蹈方面，北朝虽然是华戎兼采，但占主要地位的是北方民族的舞蹈。北朝也有自己的创造，周武帝平齐，作《永安乐》，“舞者八十人，刻木为面，狗喙兽耳，以金饰之，垂线为发，画猰皮帽。舞蹈姿制，犹作羌胡状”。所谓“犹作羌胡状”，说明北朝的舞蹈受“羌胡”音乐舞蹈影响很深。

在北朝，有故事情节的歌舞逐渐流行，《旧唐书·音乐志》列述的那时最主要的歌舞戏，有《代面》《踏摇娘》等。

《代面》又称为《兰陵王入阵式》。传说北齐的兰陵王高长恭勇武善战，但因貌美少威，所以每次作战，都戴上形状狰狞的假面具，令敌人望而生畏。歌舞表演时扮演者着紫衣，束金腰带，执鞭戴面具，作“指挥击刺之容”。《踏摇娘》也产生于北齐，说的是当时有一姓苏的平民常酗酒嗜饮，每逢醉后就打妻子，他的妻子愤怨不已地向邻里哭诉。表演时由男人着女人衣服，边歌边舞入场向人们诉苦。每唱一段，旁观的人合着舞蹈节奏齐声和唱：“踏摇，和来！踏摇娘苦，和来！”之后有扮演丈夫者入场，两人做殴斗状。显然，这是一出逗人笑乐的讽刺性喜剧。这几种民间歌舞表演，只有笛、拍板、腰鼓、两仗鼓伴奏，但已结合了歌舞、人物装扮和故事情节，表演中有化装、帮腔、换场，已经是戏曲的雏形了。

从龙门石窟的造像中我们还可以看到14种当时的乐器，其中以笛、笙、排箫、鸡娄鼓、筝、阮、铜钹等乐器为多，说明这些乐器在当时社会上已普遍流行。北朝流行的14种乐器中，有8种是传统乐器，其余6种为新传入的乐器。当时最为流行的乐器有7种，其中民族乐器5种，其余两种为新输入的域外乐器。

北方民歌比南方民歌的题材更广泛，内容更丰富。在各少数民族中，鲜卑族建立的北魏对音乐文化的发展作出了较大的贡献。北魏在太武帝统一北中国以后，曾大量接受了先进的汉族音乐文化。鼓吹乐也就是在这个时期利用了鲜卑族民歌曲调，填新词共150章，叫作“真人代歌”，也被称为“北歌”。后来南朝的统治者陈后主，还专门派宫女去学习这种“北歌”，在南朝的宴会中演奏，称为“代北”。这时候南北方的鼓吹乐不但都加入了“北歌”，而且还吸收了中原地区流行的吹乐器“筚篥”等少数民族乐器，因此，无论在曲调上还是在乐队编制上，都有了新的面貌。

北朝民歌大部分保留在《乐府诗集·梁鼓角横吹曲》中，约60首。“横吹曲”本来是北方少数民族在马上演奏的乐曲，因为用的乐器是军鼓和号角，所以称作“鼓角横吹曲”，这里指的是战歌。“梁鼓角横吹曲”并不是梁朝民歌，而是梁朝乐府机构保存下来的流传到南方的北朝乐府。其中比较著名的有《敕勒歌》《企喻歌》等。

《敕勒歌》就是从鲜卑语翻译过来的民歌中最值得注意的一首。高欢在晋阳病危时，曾挣扎着接见当时的权贵大臣们，让铁勒族将领斛律金演唱《敕勒歌》，高欢与之唱和，在场的人都为之感动，不觉流下了眼泪。现在保存下来的《敕勒歌》的汉语歌词是："敕勒川，阴山下。天似穹庐，笼盖四野。天苍苍，野茫茫，风吹草低见牛羊。"虽然只有 27 个字，但出色地描绘了辽阔苍茫的草原景象，反映了北方民族的生活和精神面貌。

受鲜卑等北方民族的影响，北朝的民歌也表现出粗犷质朴的风格。如《折杨柳歌辞》："门前一株枣，岁岁不知老。阿婆不嫁女，那得孙儿抱。"《地驱乐歌辞》："驱羊入谷，白羊在前。老女不嫁，蹋地唤天。"这种风格的情歌绝对不可能出现在南朝。

佛教虽然至晚在公元 1 世纪就已经传入中国，但中国境内信奉佛教者一直数量非常少，在相当长一段时间里，佛教在汉人的眼中还是一种异域胡人的宗教。南北朝时期，佛教迅速发展，成为中国最有影响力的宗教，这与北方民族建立的政权的提倡有着密切的关系。曾有大臣进谏后赵的羯族统治者石虎，提出佛是胡神，不是中原皇帝所应信奉的，石虎的答复是："我虽然现在统治着中原，但我本是出生在胡地的羯族，佛是胡神，不正是我应该敬奉的神吗？"当时的一些佛教高僧也注意到了统治者对待佛教态度的转变，敏锐地把握住了时机，利用统治者的支持大力传教。南北朝时期的名僧释道安就曾经说过“不依国主，则法事难立”，一针见血地指出，没有统治者的支持，佛教的广泛传播是非常困难的。在少数族统治者与佛教界的共同努力下，佛教在南北朝时代成为中国最流行的宗教。北魏有寺院 3 万余处，僧尼近 200 万人。南朝虽然不及北朝发达，但后人也曾慨叹：“南朝四百八十寺，多少楼台烟雨中。”实际上，南朝的寺院又何止 480 处，据现代学者的统计，南朝的宋，有佛寺 1913 所，南齐有 2015 所，到梁代则达到 2846 所。

随着佛教在中国境内的传播，也逐渐出现了南北的差异。在南北朝后期，在南方开始形成最具中国特色的佛教宗派——禅宗，禅宗在后代的发展，使佛教最终完成了本土化过程，形成中国式佛教或者说汉传佛教、汉地佛教，直到今天仍是佛教最重要的分支。而北方的佛教更多地受到西域的影响，较多地保存了佛教初传入中国时的形态，其最大的特点是石窟造像。中国四大石窟，甘肃敦煌莫高窟、天水麦积山石窟、山西大同云冈石窟和河南洛阳龙门石窟，都出现在北朝。其中，山西大同云冈石窟和河南洛阳龙门石窟，分别位于北魏前期都城平城和后期都城洛阳附近。

今天的大同，古时称平城，是北魏拓跋氏入主中原的第一都，自 398 年北魏太武帝迁都平城后，这里作为北魏的都城共经历 7 帝 96 年。位于大同市区西 16 公里处武周山麓的云冈石窟始凿于北魏文成帝即位（452）之时，主要的洞窟大都开凿于和平元年至孝文帝太和十八年（460—494）之间，东西绵延 1 公里，现存洞窟 53

个，石雕造像 51000 余尊。

北魏迁都洛阳后，在统治阶级的倡导扶持下，在北方兴起了一个开窟造像的热潮。龙门石窟，在今河南洛阳市南龙门山（伊阙）。孝文帝在迁都洛阳后，大规模在此开凿石窟，直至晚唐。历代帝王在龙门山阙口东西两山断崖所凿，共计有窟龛 2100 余座，题记 3680 种，造像 97000 余尊。保存了自北魏以来历代大量佛教艺术，通称龙门石窟，或龙门造像。

这时龙门石窟普遍出现了瘦削型的“秀骨清像”和“褒衣博带”式的服装，呈现出划时代的特征和风格。至此，中国石窟艺术在造像方面发生了根本性的改变，石窟艺术的东方风格开始形成，出现了中原化的佛教形象。这种新的艺术风格普遍出现和形成于以洛阳龙门石窟为代表的中原诸石窟，所以称其为中原风格。

中原风格不仅可以从龙门石窟的北魏造像中看到，而且从洛阳出土的北魏永宁寺塔基残造像、北魏陵墓神道石刻人、元邵墓出土的陶俑、洛阳出土的北魏画像石棺、流落海外的宁懋石室和孝子画像石等中均能见到。

还应提到的是石窟壁画中的飞天，共有泥塑、雕刻、绘画以及薄肉塑四种形式的飞天。虽然飞天的故乡在印度，但麦积山石窟的飞天却是中外文化共同孕育的艺术结晶，是印度佛教天人和中国道教神仙融合而成的中国文化的飞天。她没有翅膀，她是借助云彩而不依靠云彩，只凭借飘曳的衣裙、飞舞的彩带。凌空翱翔的美丽少女，是中国古代艺术家最具天才的杰作。同时，在壁画、雕塑中出现的舞蹈、乐器，为研究中国古代音乐等方面提供了宝贵的资料。

总体说来，北朝在军事方面具有优势，但在文化方面却明显落后于南朝。不仅南朝的典章制度、礼乐文物优于北朝，就是思想、艺术、文学等方面，南朝也都明显地超越北朝。北魏孝文帝的汉化改革，在某种意义上，就是因为意识到在文化方面远逊于南朝而做出的努力。孝文帝重用从南朝来投奔的文人士大夫，引进南朝的典章制度与礼乐文物，表现了拓跋鲜卑的统治者要在文化方面也胜过南朝的期盼。

在孝文帝改革期间，南北朝在制度文明的层面上差距日益缩小，已经出现了南北合流的趋势，但在文学、艺术、风俗等方面，文化上的南北朝却仍然如故。更为重要的是，孝文帝发展北朝文化的方法，不是吸纳汉文化的先进因素，发展本民族文化，而是强制鲜卑人全盘汉化，以丧失本族文化特色为代价，追求形成与南朝相同的文化并在层次上超越南朝。这不仅是不可能的，也会受到鲜卑人的抵抗，因而是行不通的。在北魏末期至东魏、西魏期间出现了对汉化趋势的反动，也就是历史的必然了。

孝文帝虽然 4 岁就登上了皇位，但年仅 32 岁就去世了。在如此短暂的时间里，他显然还来不及完成他的文化改革工程。继任的北魏帝王们逐渐失去了对文化方面的关注，他们将注意力更多地投向奢靡的享乐，北朝的文化也就由孝文帝时走向全面汉化回归到其自身发展的轨道上来，最终成为与南朝文化相平行的另一种中国主流文化。当迁入黄河流域的北方各族没有融入汉族之中时，中国文化的南北差异尚可以理解为南方汉族文化与北方民族文化间的差异，可是，在黄河流域各族与汉族融合以后，这种文化上的南北差异就完全表现为汉文化自身的区域差异了。

南北朝是一个民族关系复杂动荡的历史时期。在此阶段，大规模的民族迁移和民族融合进入高潮，北方的匈奴、鲜卑、羯、氐、羌等“胡”族先后进入中原，纷纷建立政权，使游牧或半农半牧民族的“胡”文化与中原农业社会的“汉”文化发生长时间交汇，并在冲突中走向融合，也使得这一时期的文化走向趋于多元化。

随着诸多民族整合为新汉族的进程日益深化，汉胡交汇的效应逐渐充分释放。北朝文化的出现，对于后来北方民族的社会发展起了决定性的作用。今时今日，中国文化上依然保留着明显的南北差异，这些都应归功于北朝在中国历史上所作的贡献。由此南北两地共同发展，为后来隋朝统一，以及强大的盛唐王朝打下坚实的基础，最终在公元 8 世纪形成了璀璨绚烂的大唐文化。

三、胡音胡骑与胡妆：大唐盛世的新时尚

南北朝的多元文化激荡，终于推出了气度恢宏且如史诗般壮丽的盛唐文化。唐朝，在中国的历史上无论哪个方面都有可圈可点之处，而其中最重要的，无疑是唐朝人在文化方面的兼容并包的大气派。在这种精神的指导下，唐朝人大量吸纳中国北方民族的文化以

及来自西域和南亚的域外文化，给中国文化注入了新的活力，最终开创了盛唐文明，谱写了中国古代历史的最辉煌篇章。

陈寅恪先生曾指出，隋唐制度有三个源头：一是北魏、北齐；二是梁、陈；三是西魏、北周。其中居于主导地位的显然是北魏、北齐这一源头，也就是一种深受鲜卑文化影响的制度文化。其实，唐代不仅在制度文化的层面是如此，在文化的其他方面又何尝不是如此，而这一切都与统治者开放的心态有着直接的关系。

唐王朝的皇室李氏是否出自鲜卑人固然尚无定论，但皇室深受鲜卑文化影响则是无可置疑的事实。对这一点，宋代大学者朱熹早已经有着深刻的理解，他在评价唐代皇室的一些做法的时候指出："唐源流出于夷狄，故闺门失礼之事，不以为异。"也就是说，李氏家族受到北方民族风俗文化的影响，做出过许多在中原传统礼法看来是不可思议的事情。或者说，李氏家族的一些事情，按汉族传统礼法来看是失礼甚至是极其错误的，而按着鲜卑人的风俗却是非常正常的。其中最典型的例子是在婚姻方面。

由于草原生活的艰辛，没有成年男子的家庭是很难在草原上生活下去的，所以，北方民族普遍不存在丈夫死后妻子要为之守节不嫁的习俗，而是流行一种特殊的婚俗，学者们称之为"接续婚"或"转房婚"。所谓"接续"，是指丈夫去世后，妻子改嫁给丈夫的兄弟或者叔侄。就男方而言，是同一家族的男人接替娶同一个女子。甚至在父亲去世后，他的长子可以接着娶除自己生母以外的父亲的妾为妻。汉王朝与北方民族和亲时，也尊重北方民族的这种婚俗，下嫁的公主在丈夫去世后往往改嫁给继任的统治者，也就是她丈夫的其他妻子所生的儿子。嫁给匈奴呼韩邪单于的王昭君，在呼韩邪单于去世后就曾改嫁给他的儿子，并与之生了两个女儿。这种婚姻的优点在于，不仅可以保证孤儿寡母的生存，也能增加家族内部的凝聚力。

按中原汉族的礼法来看，唐朝皇族中多次出现乱伦之事，如李世民杀死其弟李元吉后，将李元吉之妻杨氏纳入宫中为妃；李世民的儿子唐高宗李治，在李世民去世后纳其才人武则天为昭仪，后来还封为皇后。但这些如果按北方民族的风俗来看，都属于正常的"接续婚"的范畴，是非常正常和普遍的婚姻形态，根本与乱伦无关。从中我们可以看出李氏受北方游牧民族文化的影响之深。玄武门之变后李世民跪吮李渊的乳头，这显然也是胡俗。

史书记载，北方民族尊称唐太宗为"天可汗"，用北方民族称呼最高统治者的称号来称呼唐太宗，唐朝君臣都不以为忤，如果不是唐朝君臣受北方民族文化影响很深，这显然是不可能的。宋代范祖禹就曾对唐太宗接受"天可汗"的称号表示不满，认为唐太宗是"以万乘之主，而兼为夷狄之君，不耻其名，而受其佞，事不师古，不足为后世法也"。

唐代著名诗人元稹在《法曲》中，对胡风对当时社会的影响有着生动的描述：

自从胡骑起烟尘，毛毳腥膻满咸洛。

女为胡妇学胡妆，伎进胡音务胡乐。
火凤声沉多咽绝，春莺啭罢长萧索。
胡音胡骑与胡妆，五十年来竞纷泊。

元稹是唐代与白居易齐名的大诗人，世称“元白”，还将他排在白居易之前。但少为人知的是，元稹就是鲜卑人的后裔，他的祖先出自北魏皇室拓跋氏，后来按照北魏孝文帝改皇室拓跋氏为汉姓元的规定，这一支鲜卑人才改为姓元。元稹就是《西厢记》的男主角张生的原型。据说，元稹在 23 岁时遇到了年仅 17 岁的崔莺莺，在红娘的帮助下，成全了两个人的一段恋情。但不久后元稹赴长安应试，并另娶，崔莺莺最终也改嫁他人。在崔莺莺婚后，元稹还曾以表兄的身份前往拜见，但崔莺莺拒见元稹，而是赠诗一首：“自从销瘦减容光，万转千回懒下床。不为傍人羞不起，为郎憔悴却羞郎。”元稹将自己这段经历写成《会真记》一书，成为后世《西厢记》的底本。

唐朝人受北方游牧民族风俗影响最明显的方面首推服饰。

唐朝的帽子同今时一样，依照季节的变化使用不同的面料，夏天人们常戴笠帽，而冬天常戴毡帽。毡帽最初是在北方民族中流行的帽子，用羊毛编织而成，百姓贵族通用。鲜卑人将毡帽带入中原，由于毡帽能够抵御风寒，所以在唐朝的北部地区十分流行。其中有一种能遮住耳朵的，称为压耳毡帽，多流行于平民和士兵当中。毡帽如果有檐，则称为毡笠。唐初的鲜卑族大臣长孙无忌曾用乌羊毛制成“浑脱毡帽”，很有气派，当时很多人都模仿他的样式制作，称为“赵公浑脱”（赵公是长孙无忌的爵号）。此外一些喜好打扮的人，在冬天还戴用貂皮制成的貂皮帽，这也是来自北方民族的习俗。

唐代著名画家阎立本曾作过一幅名为《昭君入匈奴》画，画中的妇女戴着帷帽。《旧唐书》的作者认为，帷帽至隋代才开始在中原地区流行，原本不是汉族人的服饰。帷帽的形制，我们今天可从考古资料中看到，其特点是帽的四周垂丝网，拖裙至颈部，既障风沙，又防窥视，这是承袭鲜卑长裙帽之形制演变而来的。但隋至唐初，却成为汉族妇女中非常流行的帽子款式。到了玄宗开元年间，人们觉得帷帽有时遮挡住了面部，渐渐地弃置不用，但取代帷帽的也不是汉族传统帽子，而是另一种源自北方民族的帽子，即所谓胡帽。由于胡帽比较小，这样面部姿容就可以暴露出来。唐朝宫廷女性的着装特点是：身着华丽彩衣，靓装露脸、袒胸、窄袖，胡帽正符合她们对时尚的要求。

为适应游牧的马上生活与草原上寒冷的气候，北方各族的服饰虽然也略有不同，但基本上都是保暖效果较好的圆领窄袖袍服，与中原汉族传统的交领大袖袍服截然不同。战国时代的赵武灵王为加强赵国的军事实力，曾经实行过“胡服骑射”改革，“胡服”在赵国究竟流行到何种程度我们不得而知，但战国以后，中原各地肯定仍保持着汉族的传统服饰。直到鲜卑人入主中原以后，才将草原民族的服装带入中原地区。下至唐代，圆领窄袖袍服成为在中原汉族中极为流行的服装。唐人张守节的《史记正义》对“胡服”是这样解释的：“今时服也。”在他看来，所谓“时服”，就是唐朝人日常所穿服装。可见，唐代汉人的服装深受胡服的影响，这一点连唐人自己也感觉到了。

史书中谈到唐代妇女的“胡服”，流行于开元、天宝年间，这似乎不够全面。就出土的大量文物来看，唐代妇女着“胡服”的现象，早在唐初及唐前期就已经存在了。她们所穿的“胡服”，实际上就是北朝以来男子常穿之服，其特点是小袖袍、靴，这也是所谓的“女着男装”。

唐李凤墓（营建年代575年）壁画中，有一男装女侍，着圆领小袖袍、黑腰带、条文小口裤，双手捧物于胸前。唐房陵公主墓（营建年代673年）壁画中，有持花男装女侍。在唐李贤墓壁画中，有捧一方盒的侍女，亦是女着男装。这种开放的风气打破了儒教的男尊女卑的束缚，在当时具有积极的意义。在唐代李爽墓（营建年代668年）壁画中，有一吹箫女伎，同样身着男装，小袖袍、黑腰带、条文小口裤，手执长箫，樱唇轻吐，姿态优美。这些唐墓壁画的人物很多是穿小袖袍的，从而给人一种强烈的感受：小袖袍的确是唐代早期最时兴、最通常的服装。

在壁画中还可看到另外的服饰——靴。也是在南北朝时代以后，受到鲜卑人的影响，中原汉族才开始习惯着靴。古代靴的样式与现代靴子相同，有长靿、短靿之分，长靿即今天的高筒靴，短靿即今天的短筒靴。隋唐时期不分男女贵贱，也不分胡汉华夷都经常穿用。当时的靴子因质地不同，又有各种不同的名称。如皇帝所穿为“六合靴”，百官群僚有“乌皮靴”，宫廷贵族妇女多穿软地棉鞠靴。

窄袖袍、革带、靴，三者合在一起构成典型的草原民族服饰，而这在唐初也是汉族中最流行的服饰。唐李寿墓（营建年代630年）壁画上：骑马侍卫二人，穿圆领小袖袍、革带、黑靴；骑马仪仗16人，皆着圆领小袖袍，苏带、小管裤、黑靴；整装待行侍者7人（其中一人为胡人），皆着圆领小袖袍、革带、小管裤；步行仪仗4人，列朝侍者8人，皆穿小袖袍、革带、黑靴。这是侍卫者的服饰。唐李贤墓（营建年代706年）壁画上的《狩猎出行图》，有40多个骑马狩猎者，簇拥着主人纵马驰向猎场，皆着小袖袍（或为圆领，或为翻领）、革带、皮靴。

唐初，甚至宫中的女子在出行时也多骑马、着靴，明显地受到草原民族妇女的影响，这种风俗在中国其他朝代是罕见的。

随着胡服传入中原的还有胡食，胡食在首都长安十分流行，《旧唐书》中甚至说，唐代长安“贵人御馔，仅供胡食”，上流社会的饮食习惯竟然完全地“胡化”了，达到仅享用胡食而抛弃汉族传统食品的程度。

胡食可以分饼、饭、酒三大类。饼主要有胡饼、烧饼、五福饼等，其中最流行的是胡饼；饭类包括胡麻饭、胡羹、胡麻羹、豆豉等；酒类最著名的有三勒浆、葡萄酒、龙膏酒。

唐代西域各民族到长安经营饮食业的很多，他们开设的酒肆，侍者多为胡女，故称胡姬酒肆。异域的美女、别具风味的饮食，还有助兴的胡姬歌舞，使这些酒店成为长安豪侠少年与风流文士常常光顾的地方。大诗人李白就是常客之一，他曾在《少年行》诗中写道：

> 五陵年少金市东，银鞍白马度春风。
> 落花踏尽游何处？笑入胡姬酒肆中。

唐代女性审美观也因受胡风浸染而由魏晋时期的纤瘦变为丰腴。唐代一些艺术作品中展示的妇女骑马击毬的情景，一反汉文化以阴柔为妇女典则的传统，透露出胡族女性勇敢、无拘无束的性格。

鲜卑人妇女的社会地位比较高。“其俗从妇人计，至战斗时乃自决之”，也就是说，在日常生活中都是女人说了算，只有在战争中男子才拥有决策权。受鲜卑人这种风俗的影响，自北朝开始，中原汉族的妇女地位也处于上升之中，北方汉族妇女参加社会活动已经是非常普遍的现象。正是在这样一种社会风气之下，唐初才出现了中国历史上唯一的一位女皇帝武则天，而其他朝代尽管也存在女性掌握政权的现象，但都仅限于垂帘听政，无法走到前台。

因为唐代妇女社会地位比较高，又出现另一个有趣的现象，就是唐代怕老婆的现象比较普遍。其中最著名的可能当数宰相房玄龄的夫人。唐太宗要赏给房玄龄美女，因为怕老婆，房玄龄死活不敢接受。唐太宗亲自开导房玄龄的妻子，但她说什么也不同意。最后，唐太宗命人斟了一杯醋，谎称是毒酒，说："如果你再坚持不肯，那就是违抗圣旨，抗旨者应喝毒酒死！"房玄龄的妻子听了，毫不犹豫，接过醋一饮而尽。唐太宗感叹道："这夫人我见了尚且害怕，更何况房玄龄！"这就是我们今天说"吃醋"一词的来历。唐中宗惧怕韦皇后，正巧当时朝中的御史大夫裴谈也惧内，有一次宫廷宴会上，有位优人写了一首"回波词"当场演唱："回波尔时栲栳，怕妇也是大好，外边只有裴谈，内里无过李老。"韦皇后听了，重赏了这位艺人，唐中宗与裴谈也只能相对苦笑。

唐朝人甚至总结出怕老婆的理论，以自我解嘲："怕老婆原因有三：刚刚结婚时，她相貌端庄美丽，如同活菩萨，哪能有人不怕菩萨呢？中年以后，生儿育女，她越来越像母老虎，哪能有人不怕老虎呢？等到她年老的时候，脸上皱纹成堆，如同鸠盘荼鬼，哪能有人不怕鬼呢？"

受北方民族"妇贞而女淫"风俗的影响，唐代对女子婚前的贞节问题也不是很重视。像崔莺莺那样，在婚前已经与他人发生过性关系，而且其故事还被前男友写成书广为流传的事，若是换作其他朝代，恐怕很难不受歧视地嫁出去，其丈夫也绝不会允许元稹来登门拜访的。由此我们可以看出唐代社会风气的确与众不同。

唐代胡乐也比较流行，所谓"胡乐"，指的是西域地区的音乐，包括乐曲、歌舞等。鲜卑人建立的北朝将西域胡乐大量引入中原地区，使之在汉族中流行开来。入唐后，胡乐更得到了社会各阶层的喜爱，成为一时风尚。胡乐与传统的“雅乐”“古乐”相融合，渗透到社会各个层面。唐乐正是中国传统音乐与异域音乐特别是与胡乐融合的结果。胡乐与汉乐水乳交融，形成独具特色的唐代音乐文化。

唐朝宫廷音乐分为雅乐、清乐、燕（宴）乐三种。沈括《梦溪笔谈》中说：“自唐天宝十三载，始诏法曲与胡部合奏，自此奏乐全失古法，以先王之乐为雅乐，前世新声为清乐，合胡部者为燕乐。”唐代雅乐也并非纯“雅”，其中杂糅了胡乐的成分。唐朝最初确定雅乐时，“陈梁旧乐，杂用吴楚之音，周齐旧乐，多用胡戎之伎，于是斟酌南北，考以古音，作为大唐雅乐”。可见唐代雅乐从一开始就是胡汉兼采的。唐朝自创的三大舞，《七德舞》、《九功舞》和《上元舞》，也是胡汉音乐融合的产物。唐玄宗时最有名的《霓裳羽衣曲》也是根据胡乐改编的。

随着胡乐的流行，胡乐在河西走廊发展成为一个独立的乐种——“胡部新声”，与龟兹乐并列。天宝年间，“胡部新声”又由河西传入长安，最终有了王建《凉州行》中所描述的“洛阳家家学胡乐”的局面。

在娱乐方面，唐代长安的胡化倾向也很明显，如打波罗球戏、元夜燃灯等，都是具有胡化特征的唐代娱乐方式。波罗球戏又名“击鞠”，唐时俗称打球。波罗球源自波斯，盛行于中亚，唐太宗时首先传入中原。元夜燃灯也是受西域礼佛习惯影响而形成的一种新的节日娱乐风俗。《法苑珠林》卷三十九载，印度等地“每年至佛大神变月……即印度十二月三十日，于唐国当正月十五，于此之时，放光雨花，大起深信”。每年正月十五、十六两夜，长安悬灯结彩，举行大规模的礼佛祈福活动。元宵节点灯放焰火的风俗沿袭至今。

在唐代，鲜卑人还保持着辫发的风俗。在一次宫廷宴会上，唐太宗让大臣们作诗互相嘲讽取乐，大书法家欧阳询嘲讽唐太宗的妻兄长孙无忌的诗是这样的：“索头连背暖，漫裆畏肚寒。只因心浑浑，所以面团团。”所谓“索头连背暖”，是指长孙无忌按鲜卑人的习惯辫发垂于后背，故欧阳询嘲笑长孙无忌，说他的辫子连背部的保暖问题也解决了。漫裆，又作“缦裆”，即不开裆的裤，也就是满裆裤，生长于马背之上的游牧民族的裤子都是满裆裤，而中原汉族则不是如此。从欧阳询将此作为长孙无忌的特点进行描述来看，至少在唐初，穿满裆裤的风气在汉族中并不普遍。此后汉族中流行满裆裤，当与受鲜卑人的影响有关。

鲜卑人对中原汉人风俗文化的方方面面都产生了不同程度的影响，与此同时，鲜卑人也在更多的层面上吸纳着汉族文化，使鲜卑人与汉人在文化方面的差异越来越小，并随着文化的趋同出现了认知心理方面的趋同。最终，鲜卑人作为一个民族在中国历史上彻底消失了。

尾 声
留在故乡的人们

在公元 1 世纪开始的鲜卑大迁徙浪潮中，有一小部分人抱着怀疑的目光，鄙夷地审视着远去的人们。几百年后，他们终于耐不住寂寞，先后走出大山，开始对农耕文明发起新一轮猛烈冲击。他们就是曾经令宋朝乃至欧洲人一筹莫展的契丹和蒙古!

在 1 世纪开始的鲜卑人的迁徙大潮中，仍旧有一小部分人抱着对故乡的极度热爱而留了下来，在他们的祖先栖息的地方，他们仍旧按照祖先的方式生活着。在东部鲜卑的宇文部被慕容部击溃之后，一部分宇文部众向北流浪，与这些留在故乡的人们相融合，充实了大兴安岭两麓鲜卑人的势力，也使这里的鲜卑人在社会文化方面有了明显的发展。进入唐朝以后，当中原地区的鲜卑人逐渐汉化、融入汉族之中的时候，活动在大兴安岭南麓的两支鲜卑人的后裔逐渐兴起，这就是契丹人和库莫奚人。

如同他们的祖先与乌桓人一起行动、一起兴起并最终融为一体那样，契丹人与库莫奚人也是几乎同时兴起。契丹人征服奚人之后，两族常常一起行动并相互通婚，结果再难分彼此。在契丹人建立辽王朝的过程中，奚人发挥着极其特殊的作用。

契丹人的建国过程是极其曲折的。自唐初他们就已经拥有了相当的实力，并开始向国家社会演进，但由于他们的居住地西拉木伦河和老哈河流域与中原地区相邻，兴起中的契丹人不断遭遇来自中原的打压，一次次被击溃，又一次次重组。直到唐王朝灭亡，中原地区进入五代十国的割据混战时代之后，摆脱来自中原的压力束缚的契丹人才迅速建立起自己的国家。

在契丹人与中原势力苦苦抗争，努力构建自己的国家时，在大兴安岭北麓，另一支鲜卑人的后裔却在默默地发展，这就是室韦人。至唐代中后期，室韦人已经在鲜卑人的故乡发展为一个相当大的族群，拥有数十个分支部落，其中一支被称为蒙兀室韦的小部落开始逐渐离开大兴安岭的林海，向蒙古草原迁徙，这就是后来震惊世界的蒙古人的祖先。

自鲜卑人兴起以后，巍巍兴安岭几度辉煌，又几度沉寂，可是山区中的生活却几乎是一成不变的。

当山区的居民走出大山以后，他们不论是西进成为蒙古草原上的牧人，还是南下成为辽西的农民，随着经济类型的改变以及与中原先进文化的接触，他们都会迅速迸发出令人不可思议的活力，不仅会将自身的文化发展到一个全新的高度，而且成为中原的统治民族，建立北朝甚至统一全中国。

可是，进入中原地区的北方民族从来不会返回大兴安岭这片故土，无论他们在中原遇到何种艰难困苦，他们似乎全然忘记了他们的故乡，而故乡似乎也完全忘记了他们——后来在大兴安岭中兴起的民族，甚至不存在回忆他们并不遥远的祖先业绩的神话。当一个从山林中走出的民族最后消失于中原大地之后，大兴安岭周围的历史也就再一次恢复了沉寂。这个曾经辉煌过的民族在故乡几乎留不下任何痕迹，大山的周围依然故我，不变的渔猎采集经济，不变的部落社会，以及不变的不关心山外世事默默无闻地生活着的人们。而当另一个族群走出群山的时候，我们发现，一切又都会从头开始，由部落社会开始，由渔猎采集经济开始，他们一点点地发展出较高的文明，而后又是同样的归宿——消失在中原大地。

历史不仅仅具有规律性，甚至具有周期性，但令历史学家们困惑的是，山区历史的这种周期性原因何在？为什么这里的历史要一而再、再而三地“从头跃”？当人与山的稳态平衡被打破之后，人为什么能改变山外的历史，却不能改变山区的历史？山民的身上到底蕴藏着何种因素，使他们能够在人数处于劣势的情况下一次又一次地征服山外的人们？

鲜卑人早已离我们远去了，可是他们留下的种种历史之谜却令我们困惑，令我们惊叹，令我们止不住去探究这一段早已尘封的往事。似乎鲜卑人与大兴安岭一样，对于大多数人来说，并不遥远，但却完全陌生，而当你走进它的时候，你会为之震惊！

逝去的是草原夕阳里马背上的身影，留下的是热爱故乡的人们！

参考书目

马长寿 . 乌桓与鲜卑［M］. 上海：上海人民出版社，1962.

林幹 . 东胡史［M］. 呼和浩特：内蒙古人民出版社，1989.

林幹 . 中国古代北方民族通论［M］. 呼和浩特：内蒙古人民出版社，1998.

林幹，再思 . 东胡乌桓鲜卑研究与附论［M］. 呼和浩特：内蒙古大学出版社，1995.

张博泉 . 鲜卑新论［M］. 长春：吉林文史出版社，1993.

杜士铎主编 . 北魏史［M］. 太原：山西高校联合出版社，1992.

陶克涛 . 毡乡春秋：拓跋篇［M］. 呼和浩特：内蒙古人民出版社，1997.

田余庆 . 拓跋史探［M］. 北京：生活・读书・新知三联书店，2003.

李凭 . 北魏平城时代［M］. 北京：社会科学文献出版社，2000.

洪涛 . 五凉史略［M］. 北京：中国社会科学出版社，1992.

余太山 . 嚈哒史研究［M］. 济南：齐鲁书社，1986.

［日］前田正名 . 平城历史地理学研究［M］. 北京：书目文献出版社，1994 .

周伟洲．吐谷浑史［M］．银川：宁夏人民出版社，1985.

周伟洲．吐谷浑史入门［M］．西宁：青海人民出版社，1988.

周伟洲．南凉与西秦［M］．西安：陕西人民出版社，1987.

孙进己．东北民族源流［M］．哈尔滨：黑龙江人民出版社，1987.

干志耿，孙秀仁．黑龙江古代民族史纲［M］．哈尔滨：黑龙江人民出版社，1987.

王钟翰．中国民族史［M］．北京：中国社会科学出版社，1994.

白翠琴．魏晋南北朝民族史［M］．成都：四川民族出版社，1996.

白寿彝主编．中国通史（第5卷）：中古时代·三国两晋南北朝时期［M］．上海：上海人民出版社，1995.